Ensaios Críticos e Filosóficos

Coleção Debates

Dirigida por J. Guinsburg

Conselho Editorial: Anatol Rosenfeld (1912-1973), Anita Novinsky, Aracy Amaral, Augusto de Campos, Bóris Schnaiderman, Carlos Guilherme Mota, Celso Lafer, Dante Moreira Leite, Gita K. Guinsburg, Haroldo de Campos, Leyla Perrone-Moysés, Lúcio Gomes Machado, Maria de Lourdes Santos Machado, Modesto Carone Netto, Paulo Emílio Salles Gomes, Regina Schnaiderman, Robert N. V. C. Nicol, Rosa R. Krausz, Sábato Magaldi, Sergio Miceli, Willi Bolle e Zulmira Ribeiro Tavares.

Equipe de realização — Tradução: José Rubens Siqueira de Madureira; Revisão: Plinio Martins Filho; Produção: Lúcio Gomes Machado.

Obra publicada com a colaboração da

UNIVERSIDADE DE SÃO PAULO

REITOR: *Prof. Dr. Miguel Reale*

EDITORA DA UNIVERSIDADE DE SÃO PAULO

Comissão Editorial:

Presidente — Prof. Dr. Mário Guimarães Ferri (Instituto de Biociências). Membros: Prof. Dr. A. Brito da Cunha (Instituto de Biociências), Prof. Dr. Carlos da Silva Lacaz (Instituto de Ciências Biomédicas), Prof. Dr. Irineu Strenger (Faculdade de Direito) e Prof. Dr. Pérsio de Souza Santos (Escola Politécnica).

ramon xirau
ENSAIOS CRÍTICOS E FILOSÓFICOS

EDITORA PERSPECTIVA

EDITORA DA UNIVERSIDADE DE SÃO PAULO

© Ramón Xirau

Direitos em língua portuguesa reservados à
EDITORA PERSPECTIVA S.A.
Av. Brigadeiro Luís Antônio, 3025
Telefone: 288-8388
01401 São Paulo Brasil
1975

FICHA CATALOGRÁFICA

[Preparada pelo Centro de Catalogação-na-fonte,
CÂMARA BRASILEIRA DO LIVRO, SP]

X38e

Xirau, Ramón.
    Ensaios críticos e filosóficos [tradução: José Rubens Siqueira de Madureira] São Paulo, Perspectiva, Ed. da Universidade de São Paulo, 1975.
    (Debates, 107)

    Conteúdo parcial. - I. Ensaio crítico. - II. Ensaio filosófico. - III. Paisagem: Florença.

    1. Filosofia 2. Florença - Descrição 3. Literatura - História e crítica I. Título. II. Série.

CDD-809
-100
75-0046   -914.551

Índices para o catálogo sistemático:

1. Filosofia 100
2. Florença : Descrição 914.551
3. Literatura : História e crítica 809

SUMÁRIO

I. ENSAIO CRÍTICO

   1. De Trovas e Trovadores 11
   2. O Madeiro Ardente 25

      I. *Um desenho* 27
      II. *O paradoxo nos poemas* 29
      III. *A imagem significativa* 32
      IV. *Regresso ao madeiro ardente* 35

   3. Vicente Huidobro: Teoria e Prática do Criacionismo 37
   4. A Relação Metal-Morte nos Poemas de García Lorca 49
   5. Leitura de *Cântico* 59

6. Borges Refuta o Tempo 71
7. José Lezama Lima: Da Imagem e Semelhança 79
8. Octavio Paz, Poeta da Participação 89
   A experiência da solidão 90
9. Para e de *Blanco* 97
   "Salamandra" 98
   "Blanco" 100

II. ENSAIO FILOSÓFICO

10. Wittgenstein e o "Místico" 107
    A interpretação de Zemach 110
    Outros sentidos do místico? 112
    Strawson interpreta Wittgenstein. Conclusões 114

11. Pierre Teilhard de Chardin 117

12. Estruturalismo: Um Novo Discurso Filosófico? 131

13. Nelson Goodman 147

14. Linguagem Privada: De Wittgenstein a Descartes 155
    I. *De Wittgenstein* 156
    II. *Linguagem privada. Implicações* 157
    III. *Ayer, Mundle* 159
    IV. *Descartes e conclusão* 161

15. Inatismo. De Idéias e não-Idéias 165
16. Palavra e Silêncio 181
17. Deuses, Ídolos, Argumentos 191
    I. *Jardim incrível-Jardim crível* 192
    VI. *De perfeições* 197

III. PAISAGEM

18. Florença 203
    Platão 207
    Plotino 208
    Marsilio Ficino 208
    Maquiavel 212
    Maquiavel: do homem e da história 215
    Conceito da história 223
    Pico della Mirandola 228
    Parênteses: Borromini. Roma 232

I. ENSAIO CRÍTICO

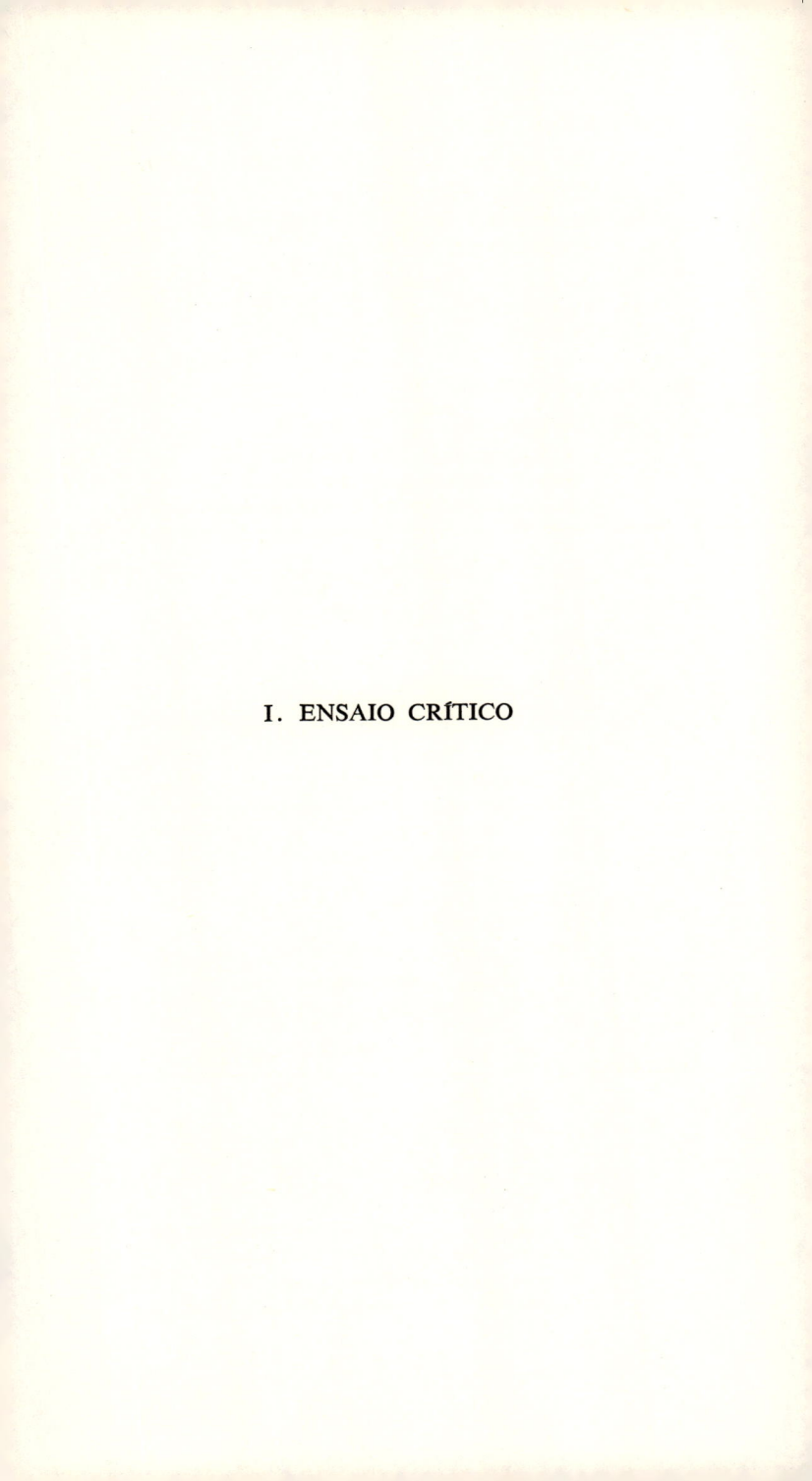

1. DE TROVAS E TROVADORES*

A literatura occitânica — palavra pela qual me refiro à literatura que, não sem confusão, tem sido chamada de provençal — desenvolveu-se entre o século XI e o século XIII numa região que, em traços gerais, se estende do rio Loire até o rio Ebro e da costa atlântica da Gália Meridional até as regiões da Toscana. Essa literatura e, mais especialmente, a dos trovadores, está na raiz da lírica do Ocidente: italiana, francesa, portuguesa, catalã, castelhana. Estudá-la, recordá-la e revivê-la não é apenas fazer história mas sim, muito precisamente referir-nos a uma presença que ainda move a poesia de nossos tempos.

(*) "DE TROVAS y trovadores". In: *Poetas de México y España*, Madri, Porrúa Turanzas, 1962.

Meu propósito nestas páginas consiste apenas em recordar essa presença. Para fazê-lo seria necessário enquadrar a poesia dos trovadores nas coordenadas da civilização, história e crenças da Occitânia Medieval. Dois poetas — Bernart de Ventadour e Arnaut Daniel — permitir-me-ão definir o sentido da lírica trovadoresca; uma novela do século XIII — *Flamenca* — esclarecerá, por sua própria simplicidade, a temática vital dos trovadores e a visão daquele mundo que um estudioso qualificou de "milagroso".

II

A língua dos trovadores foi batizada por Dante com o nome de *lingua d'ocha*. Dante se referia, é claro, àquela língua em que a palavra "sim" era pronunciada "oc". Tal definição, puramente lingüística, deu origem ao vocábulo Occitânia, terra onde se fala em Oc. A palavra é muito precisa para nos referirmos tanto a uma região lingüística quanto a uma civilização que teve limites geográficos, históricos e culturais definidos.

As terras de Occitânia foram, segundo Charles Camproux (*Histoire de la Littérature Occitane*) "muito mais romanizadas que o resto da Gália". Essa maior romanização explica, em boa parte, o emprego precoce da língua vulgar e, talvez, o desenvolvimento de um novo estilo de vida. O fato é que já no século XII a Occitânia era uma civilização de características definidas. A Casa de Toulouse, cidade que no século XII era a terceira na Europa depois de Roma e Veneza, era governada pela dinastia dos Ramón. Nos momentos de mais alto prestígio, Toulouse foi o centro principal da civilização de Oc. Eram vassalos de Toulouse os senhores de Béziers e de Albi, de Narbonne e de Carcassonne. Mas essa vassalagem nunca chegou a significar uma dependência total. Toulouse não foi a capital de um Estado que nunca chegou a existir. Desprovida de uma verdadeira organização política, unida por uma língua de origem comum e por uma forma cultural que se estende de Toulouse a Barcelona, de Béziers à Itália, a Occitânia foi, antes de mais nada, "uma fraternidade de civilização" (Camproux, *op. cit.*).

Mesmo levando em conta sua estrutura feudal, as diversas cidades e senhorios da Occitânia não deixam de lembrar as Cidades-Estado dos gregos. Cada cidade tinha suas próprias leis (*establiments*). Essa diversidade legal permitia um espírito de liberdade pouco freqüente na época das Cruzadas. Na cidade de Saint-Gilles um judeu chegou a ser prefeito; Ramón VI convidava o Bispo de Toulouse a assistir aos sermões de um sacerdote cátaro.

Isso porque, na realidade, uma espécie de lei não-escrita governava e unia toda essa diversidade de aldeias e cidades: a lei de *paratge*. Essa palavra, derivada de *par* ("igual"), é a expressão de uma forma de vida cuja compreensão é necessária para entendermos o mundo dos trovadores. Para os homens — homens e mulheres, sem exceção — o critério de conduta devia ser buscado na igualdade. Acaso não se encontra na breve, dolorosa e apaixonada obra de Beatriz, condessa de Dia, uma das expressões mais vivas da lírica trovadoresca? E o caso da condessa de Dia não é único, nem excepcional. Maria de Ventadour e Clara de Anduze foram também poetisas do amor cortesão. Essa igualdade, "paridade" de que todos participam, traz em si um forte espírito de compreensão e sensível tônica de tolerância; não uma igualdade que é forma de rebeldia e de honra, como o ditado castelhano *nadie es más que nadie*, mas sim a noção de que, se todos os homens são iguais, não se devem dominar nem pela violência nem pela agressão, mas sim por um constante desejo de paz.

O *paratge* pode ter dado vigor e força moral aos homens da Occitânia. Não deixou de ser uma das causas de sua debilidade política. Quando Inocêncio III resolve lançar uma Cruzada contra as heresias do Sul e se alia às ambições nacionais da Casa de França guiada por Blanca de Castilla, os senhores da Occitânia não podem opor sua fortaleza moral à força e violência organizadas. É bem verdade que existiram tentativas de unificação política. A Casa de Barcelona, por longos anos desejosa de domínio político e territorial, decidiu prestar ajuda à Casa de Toulouse. Um exército comandado por Pedro II da Catalunha marchou para o Norte, ao encontro das tropas de Simon de Montfort. Em 1213, nas terras de Muret, a batalha entre Occitanos e Cruzados foi confusa e indefinida. Ali porém, naqueles campos, morre Pedro II e morrem, com a retirada de seu exército para além dos Pireneus, tanto as esperanças políticas dos reis catalães, como os desejos de independência da Gália do Sul. Não terminam as resistências. Em 1217, levantam-se barricadas na cidade de Toulouse e parece, apenas por um momento, que a Occitânia será capaz de libertar-se. Brilham espadas em aldeias e cidades e o grito de liberdade chega até a Toscana. Os Cruzados, no entanto, conquistam pouco a pouco, aldeia após aldeia, cidadela após cidadela, um castelo após outro até chegar à fortaleza de Montsegur. Ali, no cume de uma montanha, os cátaros e senhores da Occitânia organizam sua última resistência. Montsegur converte-se num centro militar e espiritual, último templo da heresia cátara. Isolado, o castelo de Montsegur acaba sucumbindo e, com o desaparecimento da última resistência, desaparece também a "fraternidade de civilização", que foi a Occitânia. Bernart Siscar, trovador de pouca projeção, encontra palavras emocionantes para contar a nostalgia de um mundo perdido:

> A Tolosa e Proensa,
> e la terra d'Argensa
> Bessers e' Carcassey
> que vos vi e quo'us vey!*

III

Mencionei as heresias da Occitânia. Na ralidade essas heresias podem ser reduzidas, se por um lado criarmos teorias pouco populares como o panteísmo e o materialismo, à crença dos Cátaros. Os Cátaros, isto é, os "puros", adquiriram maior importância à medida que passavam os anos e, em princípios do século XIII, quando São Domingos de Gusmão percorria as terras do midi, dominavam grande parte do mundo espiritual occitano. Mais adiante esclarecerei o sentido da região Cátara. É útil, antes de apresentá-la brevemente, tentar encontrar suas origens.

Já nos séculos anteriores ao Cristianismo surgira na Pérsia uma nova fé que encontraria ecos e contra-ecos em toda a baixada do Mediterrâneo. No *Alcibíades I* Platão explica a educação que se dava aos príncipes persas. Um dos educadores, que era também sacerdote, ensinava "a magia de Zoroastro... que é a adoração dos Deuses..." A religião de Zoroastro ensinava que o mundo se reparte em dois princípios que lutam por dominá-lo: o princípio do Bem (Ormuz) e o princípio do Mal (Arimã). Essa crença dualista teve destino amplo e variado. Influenciados por ela, pelo maniqueísmo e pela filosofia neoplatônica, um grupo de cristãos primitivos, os gnósticos, quis explicar a presença do mal na terra. Desejosos de conservar a absoluta bondade e a absoluta pureza de Deus, pensaram que o Mal era criação de Satanás. Para que o homem pudesse salvar sua alma era necessária a presença de toda uma escala de intermediários, entre eles Cristo. Filosofia da elevação e da liberação o gnosticismo denuncia o mal, renuncia ao mundo e quer anular a carne. O maniqueísmo participou também desse mesmo grau de espiritualidade exacerbada. Manes, que havia nascido na Pérsia em 216, sustentava igualmente a existência de dois princípios: o Bem e o Mal. Porém, não caiamos na tentação de pensar que o maniqueísmo acreditava que esses

---

(*) Toulouse e Provença / e a terra de Argensa / Béziers e Carcassonne / como as vi e como as vejo. (N. do T.)

dois princípios eram "deuses". O Bispo Fausto disse-o claramente a Santo Agostinho. O único Deus, para os maniqueus, era o Bem. A história do mundo era a história de uma catarse na qual Deus acabaria por triunfar sobre o princípio do mal.

Tanto o gnosticismo como o maniqueísmo foram seitas esotéricas. A grande massa dos crentes era obrigada a seguir os ensinamentos de um pequeno grupo de iniciados, possuidores da verdade. Tolerantes com os crentes, os iniciados não o eram consigo mesmos. Daí sua aceitação do amor carnal entre os homens e mulheres que constituíam a massa da igreja. Daí também a forma extremada de ascetismo que essas religiões adquiriram dentro do círculo dos iniciados. A destruição do amor carnal, unida à idéia do fim do mundo e à idéia de um Apocalipse imediato e necessário, era uma conseqüência fundamental de sua doutrina. Lemos no *Evangelho dos Egípcios* (século II): "A Salomé, que perguntava quanto duraria o tempo da morte, disse o Senhor: Enquanto vós mulheres gereis vossos filhos". A destruição do amor adquiria duas formas opostas e convergentes: por um lado uma renúncia total, por outro a luxúria e a libertinagem como formas de desprezo a tudo o que era sensual e sensível.

Voltemos aos Cátaros. Apesar de nosso conhecimento de suas doutrinas ainda ser imperfeito — afinal, trata-se de uma seita secreta — parece fora de dúvidas que suas origens estão nas crenças maniqueístas. Fernand Niel (*Albigeois et Cathares*) mostrou como, por meio da seita dos Bogomilos, as convicções maniqueístas passaram, no seculo XI, às terras búlgaras e dali para a Dalmácia e Itália. Gordon Leff (*Medieval thought*) recorda que o contato com o Oriente já era direto desde o tempo das primeiras Cruzadas. O contato ter-se-ia transformado muito prontamente em verdadeiro contágio. Não se deve esquecer a presença dos árabes na Espanha. A seita dos sufistas, de origem gnóstica, não esteve ausente do Califato de Córdoba.

Seja qual for a forma de transmissão do maniqueísmo, o fato é que a "santa igreja" dos Cátaros se desenvolveu, muito próxima ao maniqueísmo e ao gnosticismo, com vigor especialmente notável nas terras de Oc.

Como seus antepassados, os Cátaros acreditam que este mundo é obra do mal. Afastar-se do mundo, esse é o gênero de purificação exigido pelos Cátaros. Divididos, como nas seitas antigas, em pequenos grupos de iniciados (*perfecti*) e a massa dos fiéis (*credenti*) os Cátaros ensinaram uma doutrina esotérica, espiritualista, desencarnada, que influiu, direta e indiretamente, na poesia dos trovadores. Entre eles, a renúncia à carne é radical e absoluta. Seu único sacramento, o *consolamentum*, exclui todo tipo de símbolo material. A mulher, idealizada, converte-se em símbolo e, como tal, chega a adquirir às vezes o nível de "perfeita". É provavelmente ocioso tentar reduzir toda a poesia trovadoresca às crenças cátaras, mas seria injusto esquecer a presença dos Cátaros quando nos referimos a uma poesia que se baseia nas "leis do amor".

IV

Nem toda a literatura occitânica pode ser reduzida à lírica dos trovadores. Já desde o ano 1000 se registram textos escritos em língua de Oc. É assim o *Boeci*, uma espécie de biografia espiritual em cujas páginas Boécio se dirige ao céu — o símbolo não deixa de ser importante — conduzido por uma mulher. Mas a grande época da literatura occitânica se situa nos séculos XII e XIII. No século XII Guilhem, conde de Poitiers, escreve os primeiros poemas trovadorescos. No mesmo século um autor desconhecido constrói um importante poema épico: *Girart de Roussillon*. Abundam os romances: *Philomena*, traduzido do latim e, já no século XII, *Flamenca*, escrito diretamente em língua vulgar. É bastante digna de crédito a existência de um *Tristan*, anterior às versões conhecidas e escrito em língua de Oc. Novela, epopéia, lírica, abundam os gêneros, com exceção do teatro. A poesia dos trovadores nasce nesse ambiente literário e constitui sua culminação.

O caráter único da poesia trovadoresca fez correr as penas e encheu páginas. Onde encontrar de fato suas origens? Ribera e Biffrault mostram a influência da poesia árabe na poesia occitânica; André Berry, com uma ingenuidade não carente de sentido, prefere ver nela uma espécie de milagre; Denis de Rougemont percebe nos trovadores os sinais inequívocos da religião cátara e parece se aproximar da verdade quando relaciona as expressões do amor desgraçado na lírica trovadoresca com a teoria desencarnada dos novos maniqueístas. Não se deve esquecer, tratando-se de fontes e origens, a poesia latina medieval. O amor idealizado aparece claramente em vários poemas do *Manuscrito de Benedictbeuern* (século XII):

> iam amores virginale
> totus ardeo,
> novus, novus amor
> est, quo pereo*

(*) pelo amor de uma virgem / estou ardendo, / novo, novo amor / por quem morro

Mais importante, por sua data de origem (século X), me parece a *Alba*, gênero predileto dos trovadores.

É provável que existam todas essas influências e confluências. Mas o fato, o fato inusitado é a própria poesia dos trovadores. Para ela devemos dirigir nossas atenções.

Não devemos esquecer que a lírica do amor cortesão nasce numa sociedade cavalheiresca. Protegidos pelos senhores, por sua vez freqüentemente poetas, os trovadores seguem uma teoria muito específica do amor. Como observa acuradamente A. Serra Baldó (*Els Trobadors*) "o poeta está submetido ao poder do amor numa gradação semelhante à do regime feudal". Os termos em que se define a relação entre o trovador e sua amada (*domnei*) é muito significativo. O trovador é, na verdade, um vassalo, vassalo de amor e vassalo de seu senhor. Não surpreende que, se por um lado, o gênero mais cultivado pelos trovadores é o da *canção* amorosa, outro gênero de importância semelhante seja a *sirvente* que as *Leys d'Amors* definem nestes termos: "repreensão ou maledicência geral para castigar os insensatos e os malvados". Ao declarar-se amante de sua dama o trovador se declara automaticamente inimigo dos inimigos de seu senhor.

Apesar desses dois gêneros serem sem dúvida os mais importantes dentre os cultivados pelos trovadores, não são os únicos nessa lírica que apresenta várias gamas e vários matizes. A perda das pessoas queridas dá lugar ao *lamento*; a discussão sobre temas amorosos ou políticos, ao *jogo partido*; a poesia bucólica se inicia, segundo Jenaroy, com a *pastorele;* na *alba,* assistimos à separação dos amantes quando nasce o dia; a dança trata os temas amorosos mediante a utilização de um estribilho. Multiplicam-se as formas e se dividem os trovadores entre os que preferem uma linguagem clara e direta (*trobar leu*) e os que se inclinam para um estilo mais secreto que se pode comparar ao conceptismo e ao cultismo (*trobar clus*). Mais além de todas essas divisões, no coração da lírica da Occitânia, permanece o estilo tipicamente trovadoresco, o do amor idealizado, do erotismo e da paixão, o das "leis de amor".

V

Bernart de Ventadour, Arnaut Daniel, a novela *Flamenca*, esses são os exemplos que escolhi para definir o sentido da lírica trovadoresca. A escolha não é totalmente gratuita. Ela é necessariamente incompleta e utilizo-a apenas para dar uma idéia viva do que foi (do que é) aquela poética voz criadora de toda uma forma de dicção que chega até os nossos dias.

Bernart, filho do padeiro de Ventadour, no Lemousin, foi provavelmente o maior dos poetas de seu tempo. Nascido em 1148 vemo-lo sucessivamente enamorado, segundo seu biógrafo (Uc de Saint-Circ), da "mui gentil e alegre" esposa do senhor de Ventadour. "Longo tempo durou seu amor", tão longo quanto a ignorância do castelão. Descoberto, Ventadour peregrina pelo mundo em busca do amor impossível (tão impossível quanto a Dulcinéia de Dom Quixote?) e parece encontrá-lo reencarnado numa nova dama, em terras da Normandia e de Toulouse. Em cada porto um novo amor? Melhor dizer que em cada porto Bernart havia de encontrar a encarnação de um mesmo amor único, insubstituível. A esse Amor Ventadour dedica os melhores versos de poesias que poucas vezes se afastam da perfeição.

No próprio texto de seus poemas Bernart explica sua teoria do amor e da poesia. A poesia deve nascer de uma necessidade íntima, de um profundo movimento do coração:

> Chantrs no pot gaire valer,
> si d'ins dal cor no mou le chans*

Mas o canto só brota do coração se existir um verdadeiro amor, móvel e fim último de toda poesia:

> ni chans no pot dal cor mover,
> si no i es fin'amor corans**

A afirmação do amor como fonte, leito e desembocadura, está no âmago da poesia de Bernart. Em um de seus aspectos a doutrina poética de Bernart recorda as mais altas instâncias do amor platônico. Assim, quando Bernart observa a transformação das coisas deste mundo, seu fluxo e desaparecimento, descobre também, no centro da transformação, lei e origem de toda presença, a permanência do amor:

> Lo temps vai e ven e vire
> per jorns, per mes e per ans,
> et eu, las!, no.n sai que dire,
> c'ades es us mos talans***.

Entretanto, divergindo do amor platônico, cujo objetivo é a contemplação das essências do universo, divergin-

---

(*) Pouco vale o canto, / se não nasce do coração
(**) nem pode o canto surgir no coração / se não houver amor sincero e verdadeiro.
(***) O tempo vai, volta e retorna / por dias, meses e anos / e eu, ai!, não sei que dizer / pois meu desejo é sempre igual.

do também do amor dos místicos, cujo projeto transcende o caminho para chegar ao ato de fusão, o amor de Bernart não se realiza. Seu objetivo não está além do amor, mas sim dentro dos limites do amor. Como Tristão no bosque, Bernart coloca entre seu corpo e o corpo da amada constantes espadas transparentes que, tornando impossível a realização do amor e do desejo, prolongam-nos, aprofundam e dão-lhes sentido. Esse é o "amor perfeito" que se coloca constantes obstáculos para continuar, sem mácula, na perfeição do amor. São típicos os breves traços, sem dúvida delicados, também irreais, mediante os quais o poeta descreve o corpo feminino e converte-o assim em realidade interior, símbolo e imagem de um amor íntimo cujo projeto está na própria ausência da projeção:

> cors be faitz, delgatz e plas,
> frescha cara colorida,
> cui Deus formets ab sas mas!*

O poeta compara sua dama a um cavalheiro que tudo vence e a chama, às vezes, de *bona domna*, provável reminiscência daqueles "bons homens" que foram os Cátaros. Mas, além de suas descrições, Bernart encontra no amor uma dupla revelação.

Houve quem pensasse, com base em uma comparação que o poeta desenvolve em uma de suas canções, que Bernart foi um "Novo Narciso" (A. Serra Baldó). Se se entende por isso que Bernart descreve mais seu estado espiritual que o objeto de amor, é justa a idéia. Mais exato seria dizer que Bernart mergulha em si mesmo não tanto por narcisismo, mas sim para encontrar, em sua consciência, a imagem *real* de sua amada. A poesia é, assim, a revelação do amor na consciência amorosa do poeta. E essa revelação é precisamente a revelação de um amor que persiste enquanto irrealizável. Essa esperança contínua, na ausência da amada, não pode ser um mal:

> Ben es mos mals de bel semblan
> que mais val nos mals qu'autre bes...**

E, de fato, esse "semblante", essa "aparência" vale mais para o poeta que acredita no amor perfeito do que em qualquer realização de seus desejos.

Uma vez revelada sua vida anterior (jogo de imagens e de esperanças que prolongam novas esperanças), a re-

---

(*) corpo bem feito, delicado e liso / fresco rosto colorido / que Deus moldou com suas mãos!
(**) Bem é o meu mal de bom semblante, que mais vale mau mal que um outro bem...

velação do mundo é também realizável. Mas essa segunda revelação é, assim como a primeira, uma verdadeira transmutação. Todos os poetas desrealizaram os dados da sensibilidade e da imaginação, todos levaram a cabo, em graus distintos, o que Rimbaud chamava a "alquimia do verbo". Bernart transforma a realidade em grau tão extremado e ao mesmo tempo tão belo, que o mundo, agora imagem de sua própria consciência que anela por anelos, se converte num símbolo total da interioridade do poeta:

> Tant si mo cor ple de joya,
>   tot me desnatura.
> Flor blancha, vermelh'e groya
>   me par la frejura,
> c'ab lo ven et ab la ploya
>   me creis l'aventura,
> per que mos pretz mont'e poya
>   e mos chans melhura.
> Tan ai al cor d'amor.
>   de joi e de doussor,
> ...que.l gels me sembla flor
>   e la neu verdura.*

Conta Urc de Saint-Circ que Bernart, ao perder sua dama normanda, "ficou muito triste e dolorido". Veio a Toulouse procurar nova vassalagem. Porém, seu senhor, Ramón V de Toulouse morreu pouco depois de sua chegada. Bernart, privado de vassalagem, sem senhora e sem *domnei*, retirou-se para Dalon. Aí terminou a vida e sua busca de um amor que continuou sendo amor entre flor e gelo, verdura e neve, pelo simples fato de se conservar na esperança que só persiste enquanto persiste, nada mais nada menos que esperança.

> Ieu sui Arnaut, que plor e vai cantan
> Consiros vei la passada folor...**

Com essas palavras escritas em provençal, Dante prepara o final do Canto XXVI do *Purgatório*. Aí (e também na *Vulgari eloquentia*) Dante afirma que Arnaut foi o maior dos trovadores, seu mestre e modelo. A menção é especialmente importante se levarmos em conta que Arnaut, nascido em 1150, em plena idade do ouro da Occitânia, foi o mais perfeito de todos os mestres do *trobar clus*,

(*) Tão cheio de alegria está meu coração, que tudo se transforma para mim; o inverno se me parece flores brancas, vermelhas e amarelas, pois minha alegria cresce com o vento e a chuva. Assim aumenta meu valor e melhora o meu canto. Tenho o coração tão cheio de amor, de gozo e de doçura, que o gelo se me parece flor e a neve, verdura.
(**) Eu sou Arnaut que chora e vai cantando / e triste vejo minha passada loucura...

tão presente na raiz do *dolce stil nuovo* que invadiria as terras da Itália.

Essa poesia voluntariamente obscura conseguiu ocultar doutrinas esotéricas a que hoje escapam à nossa capacidade de entender os "sinais secretos" de que já falava Bernart de Ventadour. A chave dessa linguagem escondida e fechada foi sem dúvida mais óbvia para os contemporâneos dos trovadores do que para nós. Também as alusões cultas de Góngora eram mais evidentes e imediatas para os conhecedores contemporâneos de uma mitologia que estava na moda. As *Leys d'Amors* fornecem algumas dessas chaves. Consideremos a palavra *femna* (mulher). Se cada letra sucessiva das que constituem a palavra se converte na inicial de outra palavra nova podemos obter o seguinte resultado: janela (F), envenenada (E), pela morte (M), nossa (N), aportando (A). Assim, *femna* pode significar: janela envenenada que nos traz a morte. Casos semelhantes são encontrados na poesia de Arnaut Daniel. Uma de suas canções começa assim: "L'aura'amara" (a aura amarga). As mesmas palavras podem significar "Laura amarga". Essa interpretação se impõe, em sua voluntária ambigüidade, quando lemos outro verso do próprio Daniel: "Eu sui Arnautz qu'ams l'aura"*.

Toda a poesia de Daniel está entretecida de ambigüidades. No entanto, elas não se desvanecem em truques fáceis como os dos barrocos menores. Em sua linguagem ambígua Arnaut demonstra uma excepcional qualidade para multiplicar os sentidos das imagens. Uma estrofe é suficiente para dar idéia da complexidade imaginativa e alusiva de Daniel:

> Pois flori la seca verga
> ri de N'Adam mogron nebot ni oncle,
> tan fina amors cum cella qu'el cor m'intra
> no coig fos anc en cors non eis en arma;
> on qu'ill estei, fors en plaza o dinz cambra,
> mos cors no.is part de lieis tant cum ten l'ongla**.

O tema central continua sendo aqui, como em Bernart e na maioria dos trovadores, o do amor impossível. Mas o estilo é muito distinto do do enamorado de Ventadour. Se o sentido geral da estrofe é bastante claro, já não o são tanto os elementos que a compõem. O primeiro verso deu lugar a grande diversidade de interpretações.

(*) Eu sou Arnaut que amassa a aura; ou também, eu sou Arnaut que amou a Laura.

(**) Desde que floresceu sua vara / e surgiram os sobrinhos e tios de Adão, / tão delicado amor como o que penetra meu coração / não creio tenha havido em corpo nem em alma; / donde quer que esteja, na rua ou em casa, / e dela não se separa nem o espaço de uma unha.

A "vara" a que se refere o poeta é, para uns, a vara de Aarão que floresceu diante do tabernáculo; para outros é uma alusão à Virgem Maria; outros pensam que pode significar ambas as coisas de uma vez pois a vara de Aarão é, muitas vezes, o símbolo da Virgem. Pode-se acrescentar a essas hipóteses uma quarta interpretação. A vara poderia também ser a árvore do Bem e do Mal, seca e enrugada com o pecado do primeiro homem. Talvez se esclareça até certo ponto a ambigüidade se lermos com cuidado a última estrofe desse poema:

> Arnautz tramet sa chansson d'ongla e d'oncle
> a grat de lieis que de sa verga'a l'arma,
> son Desirat, cui prentz en cambra intra*.

Não é impossível que a palavra "vara" tenha um significado claramente sexual. Tenha-o ou não, o sentido da estrofe se altera totalmente se o Desejado, que os críticos identificam geralmente com Bertran de Born, trovador amigo do poeta, for interpretado como uma simbolização desse Amor com maiúscula cantado pelos trovadores. Sendo a hipótese aceitável, a vara da primeira estrofe adquire agora um sentido renovado que nada subtrai aos significados anteriores e que vem apenas demonstrar, mais uma vez, a ambigüidade essencial dessa poesia. A vara, símbolo do amor, está na amada distante e é, ao mesmo tempo, terrena e pura, carnal e idealizada, sexual e virginal. O Desejado, o que transmite, anula tempos e distâncias e, na imaginação do poeta, a inocência e a posse se juntam numa única imagem.

Porém, deixemos no mistério uma poesia que quis ser secreta, fechada e misteriosa. Sua beleza cristalina nada perde mesmo que não possamos contar todas as estrias do cristal. De seu purgatório dantesco, Arnaut, velho e moderno, segue seu caminho de sinais multiplicados. Seu caminho não foi o da lógica, precisamente porque, em sua renovada variedade de sentidos, em sua combinação de "rimas caras" e de segredos sigilosos, ele realizava o ideal difícil e transparente de uma poesia que vive precisamente da riqueza de interpretações que permite.

Flamenca é uma novela de cerca de 8 000 versos que, segundo Joseph Anglade, foi escrita no primeiro terço do século XIII por autor desconhecido.

A primeira virtude de uma novela deve estar em sua capacidade de divertir e entreter. *Flamenca* diverte e entretém e também consegue ser uma das mais claras manifestações do amor cortesão.

(*) Arnaut transmite sua canção da unha e do tio / com a aquiescência daquela que tem sua vara / a seu Desejado, cujo valor penetra em toda alcova.

O argumento, apesar da lacuna de algumas linhas no começo e de uma boa parte do final, pode ser reduzido a algumas linhas simples. Os pais de Flamenca decidem casá-la com o nobre e já maduro Archambault de Bourbon. Imediatamente ciumento de sua mulher jovem e bela, Archambault a encerra numa torre da qual é, ao mesmo tempo, guardião e vigia. Longe do castelo, Guilhem de Nevers sente vagos desejos de amor. O Amor personificado aparece diante de Guilhem e o "assedia por todos os lados, quer durma, quer vele". Pouco a pouco Guilhem se enamora de sua desconhecida Flamenca e decide empreender a viagem até Bourbon. Flamenca goza de uma breve e limitada liberdade para assistir à missa. Guilhem se disfarça de coroinha para poder dar início a um diálogo feito de palavras soltas que, dia a dia, vai formando uma declaração de amor. Um dia Guilhem diz: "las!" (ai!) e Flamenca responde: "Que plans?" (Que lamentas?) Guilhem: "d'amor"; Flamenca: "per cui?" (por quem?); Guilhem: "per vos"; Flamenca: "Qu'en pues?" (que posso fazer?); Guilhem: "Garir" (curar). Continua a declaração entre minuciosas descrições de torneios, exatas análises dos personagens, confidências de Flamenca à sua guardiã Alix, até que Guilhem, já combinada a data, cava um túnel até a prisão de Flamenca. Dá-se o encontro e o gozo.

Mas um dia Flamenca, bem na tradição do amor cortesão, impõe a seu amante um ano de separação. Guilhem se vai para retornar no próximo torneio. No final do texto ficamos sabendo que o marido curou-se de seus ciúmes. Nada mais sabemos. Apenas, talvez, que, depois da prova imposta, os amores de Guilhem e Flamenca serão retomados.

Em *Flamenca* se repetem quase todos os temas tocados pelos trovadores. A personificação do Amor, que Dante repetirá na *Vita nuova*, a descrição de um amor perfeito que chega, à distância, numa espécie de inspiração, a prova imposta por Flamenca, nova manifestação de um amor que perdura ao se distanciar, a linguagem cifrada e secreta que dia a dia os enamorados se comunicam. Se poderia objetar que em Flamenca o amor adquire realidade carnal. Alix, a conselheira, critica as mulheres que se consideram castas e puras e que na verdade são hipócritas. A presença do amor carnal é aqui um fato, como o foi também entre os trovadores. Mas esse fato é mais um símbolo do amor perfeito que um fim em si. O Amor, interior e supra-sensível, continua dominando o mundo dos trovadores e é o arquétipo necessário de toda a civilização da Occitânia.

Quando Virgílio desaparece, Dante entra no Paraíso Terrestre e encontra os "santos olhares" de Beatriz. Em sua ascensão celeste Dante vê a imagem do amor, um amor que ele descreve assim em *Vita nuova*: "... digo que em qualquer lugar que aparecesse, graças à esperança de sua excelente saudação, parecia-me que ninguém era meu inimigo; e caía sobre mim tal calor de caridade que, sem dúvida, nesse momento eu perdoaria a quem quer que me tivesse injuriado; e se alguém me interrogasse então sobre qualquer assunto, só poderia lhe dizer 'Amor' com um semblante vestido de humildade. E quando ela se dispunha a saudar-me, o espírito do Amor, destruindo todas as demais percepções... dizia-me 'rende homenagem à tua senhora' ". Através de Dante e de Petrarca, dos renascentistas da Espanha, Portugal, Catalunha, França, Inglaterra, a lírica de Bertran de Born, Beatriz de Dia, Ventadour, Daniel, Vaqueires... inaugura a poesia européia moderna. A poesia das *Leys d'Amors* enfatiza, de Chaucer a Apollinaire, de Santillana a Pound, o desenvolvimento de uma forma lírica e um ideal amoroso que os poetas de hoje, muitas vezes sem sabê-lo, ainda revivem.

2. O MADEIRO ARDENTE*

De donde, para mayor claridad de lo dicho y de lo que se va a decir, conviene aquí notar que esta purgativa y amorosa noticia o luz divina que aquí decimos, de la misma manera se ha en el alma purgándola e disponiéndola para unirla consigo perfectamente e se ha el fuego en el madero para transformarlo en sí; porque el fuego material, en aplicándose al madero, lo primeiro que hace es comenzarle a secar, echándole la humedad fuera, y haciéndole llorar el agua que en sí tiene. Luego le va poniendo negro, oscuro y feo, y aun de mal color, y yéndole secando poco a poco, le va sacando a luz y echando afuera todos los accidentes feos y oscuros que tiene contrarios al fue-

(*) "EL MADERO ardiente". In: *Palabra y silencio*, 2. ed., Siglo XXI, 1971.

> *go y, finalmente, comenzándole a inflamar por de fuera y calentarle, viene a transformarle en sí y ponerle tan hermoso como el mismo fuego. En el cual término ya de parte del madero ninguna pasión hay ni acción propia, salvo la gravedad y cantidad más espesa que la del fuego, porque las propiedades del fuego y acciones tiene en sí; porque está seco y seca; está caliente y calienta; está claro y esclarece; está ligero mucho más que antes, obrando con él el fuego estas propiedades y efectos.*
>
> SAN JUAN DE LA CRUZ, *Noche oscura*, Livro II, Cap. X, 1.

Toda poesia verdadeira se aproxima do sagrado. Em San Juan de la Cruz, os poemas, as "canções" como ele prefere dizer, não só se aproximam do sagrado mas sim constituem a própria expressão de sua vida religiosa, de sua experiência mística. Essa unidade entre o "sentido interno" e sua expressão, em verso ou numa prosa que comenta e prolonga o verso, torna duplamente difícil o comentário do crítico. Se a poesia já é por si própria indizível em palavras que não sejam as do poema, se, com mais razão, a experiência mística é inefável por natureza, como atrever-se a comentar uma poesia que é toda alma? Um justificado temor aparece nas obras dos críticos, de Menéndez y Pelayo até Dámaso Alonso, quando tratam da poesia de San Juan de la Cruz. Tal é o temor com que inicio estas linhas. Procederei à análise de alguns processos empregados por San Juan para conduzir-nos, poeticamente, à própria borda do silêncio, da contemplação e da inefabilidade. Porém, não devemos entender por processos algo externo à obra, uma espécie de regra que o poeta teria aplicado conscientemente para revelar, até o ponto em que falam as palavras, uma experiência íntima e transmissível apenas por sugestões. Os processos são simplesmente os caminhos que San Juan de la Cruz empregou como formas vivas para transmitir sua experiência vivida. Não é de estranhar que San Juan se expressasse por meios poéticos. Conforme fez notar Edith Stein, a "objetividade sagrada" é semelhante à objetividade da criança "que ainda recebe as impressões e reage diante delas" e é comparável à objetividade do artista "no poder intato de sua natureza impressionável" (*La ciencia de la Cruz*). Poeta, San Juan de la Cruz empregará os processos dos poetas: paradoxo, imagem, metáfora. Nenhum deles será um fim em si. Disse Edith Stein que "o perigo está em que o artista possa dar-se por satisfeito com a criação da imagem, como se nada mais se exigisse dele"

(*La ciencia de la Cruz*). San Juan não se limita à complacência que possam oferecer as imagens poéticas. Além delas, indecifrável, está seu verdadeiro significado. Mais que espelhos, as imagens são, assim, janelas. Essa transmissão de uma experiência indizível exige, necessariamente, a rutura da linguagem no próprio centro de seus significados comuns. A linguagem falada que temos por natureza nos remete à silenciosa linguagem que nos é dada por graça sobrenatural. San Juan de la Cruz, mais que qualquer outro poeta, nos oferece a experiência de uma poesia que transcende a si mesma, a caminho da fusão do madeiro com a chama.

I. Um desenho

> ... porque sólo el que por ello pasa, lo sabrá sentir, mas no decir*.
>
> *Subida al monte Carmelo*, I, 7.

No comentário em prosa ao *La subida al monte Carmelo*, San Juan de la Cruz introduz-nos repetidamente ao reino do inefável. Por que é inefável esse reino? Para explicá-lo San Juan propõe a doutrina da noite escura da alma. Por que é noite essa noite? Por três razões. É noite "pelos termos em que se manifesta a alma", isto é, pelo fato de renunciar ao mundo sensível e cobri-lo com uma espécie de véu de obscuridade; é noite "por causa do meio ou caminho por onde tem de ir a alma a essa união, o qual é a fé" (*Subida al monte Carmelo*, II, 1): noite, finalmente, "por causa do fim a que vai, que é Deus" (*Ibidem*, II, 1). Desse tríplice aspecto noturno das vias contemplativas e da via unitiva surge a tríplice raiz da inefabilidade. A linguagem humana, feita à medida do mundo sensível, fica sem referências reais quando abandona suas âncoras no mundo sensível; se vê no desconhecido quando caminha pelas vias da fé que "estão sobre a luz natural" e "excedem todo humano entendimento"; anula-a o silêncio diante de um Deus infinito que nossas palavras humanas atadas ao finito não podem expressar. A experiência mística é indizível na medida em que se ausenta do mundo, quanto ao meio noturno de uma fé cega e quanto ao fim da contemplação de Deus.

Para dizer com palavras esse noturno indescritível, San Juan de la Cruz emprega principalmente o paradoxo, sempre que pela palavra paradoxo entendamos não um

---

(*) ... porque somente aquele que por isso passa, saberá senti-lo, mas não contar.

problema insolúvel, não um pensamento que apenas esteja fora do comum, mas sim, mais precisamente, a reunião de termos ou imagens contraditórias que em sua própria contradição anulam a palavra para fazer brotar a Palavra verdadeira, a Palavra feita de "música calada".

Encabeçando o comentário em prosa de *La subida al monte Carmelo* há um desenho pela mão de San Juan de la Cruz. Ao pé do desenho quatro grupos de oito versículos, em cada um dos quais San Juan refere-se, respectivamente, aos modos de "vir ao todo", "ter o todo", "não impedir o todo" e o "indício que se tem do todo". O processo paradoxal de São João está claro em todos eles, mas é explícito sobretudo nos modos de ter o todo, onde se nos apresentam quatro formas de uma renúncia que é encontro:

> Para venir a saberlo todo,
> no quieras saber algo en nada.
>
> Para venir a gustarlo todo,
> no quieras gustar algo en nada.
>
> Para venir a poseerlo todo,
> no quieras poseer algo en nada.
>
> Para venir a serlo todo,
> no quieras ser algo en nada*.

Esses quatro versículos apresentam muito claramente as duas vias clássicas dos teólogos místicos: a via negativa e a via positiva descoberta pelo Aeropagita. Apesar da presença, na obra de San Juan, da via positiva ou atributiva (quatro afirmações sucessivas do "todo"), predomina nos versículos a via negativa. Entender um Deus infinito é, primordialmente, negar nEle quanto nos rodeie neste nosso mundo finito. O que San Juan afirma é a impossibilidade de alcançar a visão de Deus mediante conhecimentos, afetos, vontades ou entidades de ordem natural.

O próprio desenho representa o esquema de um monte e as diversas vias, erradas e justas, pelas quais a alma tenta levar a cabo sua ascensão. São dois os caminhos errados: à esquerda as buscas falsas pela carência de renúncia: "Por haberlas procurado / tuve menos que tuviera / si por la senda subiera"**. À direita, a alma per-

---

(*) Para vir a saber tudo, / não queiras saber algo de nada.
Para vir a sentir tudo, / não queiras sentir algo de nada.
Para vir a possuir tudo, / não queiras possuir algo de nada.
Para vir a ser tudo, / não queiras ser algo de nada. (N. do T.)

(**) Por havê-las procurado / tive menos que teria / se pelo caminho subisse. (N. do T.)

28

dida nos labirintos do mundo: "Cuanto más los procuraba / con tanto menos me hallé"*. E, novamente, na metade da subida, "no monte nada". No último momento da subida, a alma, já nua, pode dizer: "Ya por aquí no hay camino / que para el justo no hay ley"**. E, no cume do monte, transcendidas as imagens, transcendidas as vias do conhecimento natural, a alma chega ao porto da Segurança. Ali, as virtudes teologais: a fé, a esperança e, sobretudo, como em São Paulo, a Caridade, escrita por San Juan com maiúscula. Chegou a alma ao cume da contemplação e o poeta pôde escrever: "sólo mora en este monte / la gloria y honra de Dios"***.

Por negação de quanto pertença a este mundo, a alma alcança a sabedoria divina que é também *Divinum Silentium*, divino silêncio, silêncio porque eterno, silêncio porque infinito, silêncio porque, em seu salto de vida, a alma recupera, por meio da graça, a sua condição sobrenatural. A alma fica endeusada. Para San Juan, assim como para São Paulo, as almas que alcançam a visão "... são deuses por participação iguais e companheiros seus de Deus" (*Cántico espiritual*, xxxix, 6).

Renúncia ao intelecto para chegar a Deus pelos "abismos da fé", renúncia à memória para alcançar a esperança, renúncia à vontade para transcendê-la nessa vontade do bem que se chama Caridade. Essa é a série paradoxal da ascensão mística de San Juan. Esse é também o paradoxo que aparece no próprio centro de sua poesia.

II. *O paradoxo nos poemas*

O paradoxo se apresenta nos poemas, ora em forma conceitual, ora em forma de metáfora, que se sustentam nos dados sensíveis. São quatro os poemas em que o paradoxo é inteiramente explícito: "Entréme donde no supe...", "Tras un amoroso lance", "Vivo sin vivir en mí" e "Con arrimo y sin arrimo". Para ver claramente o papel do paradoxo na contemplação mística e nas vias que conduzem a essa contemplação, bastará considerar os dois primeiros.

"Entréme donde no supe...", o poema de San Juan onde talvez abundem mais os conceitos, trata de "um êxtase de alta contemplação". O poema gira em torno da

---

(*) Quanto mais os procurava / com tanto menos me achava. (N. do T.)

(**) Por aqui já não há caminho / que para o justo não há lei. (N. do T.)

(***) moram neste monte somente / a glória e a honra de Deus. (N. do T.)

impossibilidade de entender por meios naturais — sensíveis ou inteligíveis — aquele "não sei quê" que o poeta conseguiu ver. O poema é assim, duplamente paradoxal: no jogo dos paradoxos mediante os quais o poeta transforma o sentido das palavras; e também, em sua totalidade, como poema, visto que nele San Juan tenta dizer precisamente aquilo que não se pode dizer. O sentido do poema nos é entregue desde o primeiro terceto:

> Entréme donde no supe,
> y quedéme no sabiendo,
> toda ciencia trascendiendo*.

Apenas por sugestão e depois de mostrar a impossibilidade de entender humanamente o êxtase "sentido" mas não "dito", San Juan entrediz sua visão em algumas palavras que sugerem um mais além do paradoxo, breves raios de luz que a visão filtra no poema. Às vezes San Juan emprega qualificativos que por si mesmos implicam uma transcendência do qualificativo: "Grandes cosas entendí", "Era cosa tan secreta", / "Y es de tan alta excelencia / aqueste sumo saber"**. Em outros versos San Juan compara sua experiência à experiência comum dos sentidos ("Cuanto sabía primero / mucho bajo le parece")*** ou da ciência ("Que los sabios arguyendo / jamás le pueden vencer...")****. Porém, se há uma palavra que transcende o paradoxo e nos oferece um breve vislumbre da contemplação, essa é a palavra *soledad*. Tudo no poema conduz a ela. Nela está o significado final que transcende o paradoxo e afirma, como por indicação, o sentido real do êxtase.

Soledad. Palavra que San Juan utiliza com freqüência para indicar os momentos privilegiados de sua visão. A própria solidão culminante do *Cántico espiritual*:

> En soledad vivía,
> y en soledad ha puesto ya su nido,
> y en soledad la guía
> a solas su querido,
> también en soledad de amor herido*****.

(*) Penetrei onde não soube, / e fiquei sem saber / transcendendo toda ciência. (N. do T.)
(**) Grandes coisas entendi, / era coisa tão secreta / e é de tão alta excelência / este supremo saber. (N. do T.)
(***) Quanto sabia primeiro / muito baixo lhe parece. (N. do T.)
(****) Que os sábios questionando / jamais a podem vencer. (N. do T.)
(*****) Em solidão vivia / e em solidão já fez seu ninho / e em solidão a guia sozinha o seu querido / também em solidão de amor ferido. (N. do T.)

Solidão da alma antes do conhecimento de Deus, solidão em que a alma "chega à união do Verbo, desarraigamento da alma que é maior arraigamento na Graça, solidão da alma, por fim, que quis abandonar-se só a Deus" (*Cántico espiritual*, xxxv, 2-7). Além dos paradoxos, além das contradições vive essa solidão que é a silenciosa epifania de uma atenção iluminada.

Em "Tras un amoroso lance" San Juan de la Cruz trabalha com paradoxos menos conceituais e mais claramente sensíveis. O poeta trata mais da via que conduz a Deus que da própria visão. Já disse Dámaso Alonso que "seu tema nada mais é que a transposição ao divino de um semipopular" (*La poesía de San Juan de la Cruz*). Parece indubitável que se deva buscar a origem dessas coplas em poemas populares sobre a caça com falcões. Porém, em San Juan, a caça, apesar de símbolo da busca e da união última, vem unida à imagem continuada de vôo. E esse vôo é a imagem viva da vida espiritual. Assim o viu Gaston Bachelard que, ao escrever sobre Shelley, diz: "... a vida espiritual é caracterizada pela sua operação dominante: quer crescer, elevar-se. Busca instintivamente a *altura*" (*O ar e os sonhos*). A alma, aqui como no *Cántico espiritual*, "vai em vôo", procura a sua via natural de ascensão para alcançar seu objetivo sobrenatural. E o vôo, nesse espaço puro, é uma subida que ascende ("mil vôos passei de um vôo") apenas quando parece cair, quando sente que perdeu o pé na realidade do mundo e constitui visão já sem notícia de objetos que a situem, em direção à verdadeira visão:

> Dije: no habrá quien alcance;
> y abatíme tanto, tanto
> que fui tan alto, tan alto,
> que le di a la caza alcance*.

Saltum mortale chamará Kierkegaard a essa experiência total do homem religioso. Haveria que chamá-lo salto de vida nesse poema de San Juan. No centro dessas coplas parecem ressoar de novo os ecos daquelas quatro palavras que no desenho da *Subida* conduziam à visão de Deus: nada, nada, nada, nada. Nada por meio do qual a alma alcança a Caridade, sua caça.

Em "Entréme donde no supe" observamos paradoxos construídos à base de conceitos. Em "Tras un amoroso lance" os paradoxos (queda e ascensão, alto, baixo, caça) baseiam-se em imagens sensíveis. Muitas das metáforas empregadas por San Juan de la Cruz são, ao mesmo tem-

---

(*) Disse: não haverá quem alcance; / e abati-me tanto, tanto, / que fui tão alto, tão alto, / que alcancei a caça. (N. do T.)

po, de origem sensível e de forma paradoxal. E isso porque a metáfora, que costuma unir termos distintos para fundi-los numa imagem nova, pode também unir termos contrários que chegam a criar uma verdadeira explosão dos significados naturais. A "regalada llama"* ou o "cauterio suave"** de *Llama de amor viva*, a "música callada"*** ou "la soledad sonora"**** do *Cántico espiritual* pertencem a esse gênero metafórico. Deve-se notar que essas quatro metáforas referem-se ao último momento da contemplação e não às vias que a ela conduzem. O cautério é suave porque representa a "Nosso Senhor... fogo de amor" (*Llama de amor viva*, II, 2); e a "chaga do cautério será chaga derretida porque sendo o cautério de amor suave, ela será chaga de amor suave e assim será derretida suavemente" (*Ibidem*, II, 6); e é calada a música porque é "inteligência sossegada e quieta, sem ruído de vozes..." (*Cántico espiritual*, XV, 25); e sonora é a solidão "porque ainda que aquela música seja calada quanto aos sentidos e potências naturais, é a solidão muito sonora para as potências espirituais" (*Ibidem*, XV, 26). Chegamos de novo à própria borda do silêncio, à quietude "sem ruído de vozes". E a nós, assim como ao poeta, converte-nos novamente uma única linguagem: a do silêncio.

III. *A imagem significativa*

> Está una imagen muy perfecta con muchos y muy subidos primores y delicados y sutiles esmaltes, y algunos tan primos y tan sutiles que no se pueden bien acabar de determinar por su delicadeza y excelencia*****.
>
> *Subida al monte Carmelo*, II, V. 9.

"A imagem" — escreve Edith Stein — "aponta ao imaginado porque lhe é intrinsecamente similar" (*La ciencia de la Cruz*). A imagem tem assim um ponto de referência preciso que costuma ser um dado dos sentidos. Se imagino o mar, o ato imaginativo me remete a uma experiência sensível prévia. Naturalmente, o mesmo ponto de referência pode variar segundo os indivíduos ao associar-se à vida psíquica de quem o tenha percebido. Con-

---

(*) derretida ou dissolvida chama. (N. do T.)
(**) cautério suave. (N. do T.)
(***) música calada. (N. do T.)
(****) a solidão sonora. (N. do T.)
(*****) Trata-se de uma imagem muito perfeita com muitos e bem elevados primores e delicados e sutis esmaltes; e alguns tão primorosos e tão sutis que não se pode determinar inteiramente por sua delicadeza e excelência. (N. do T.)

tudo, e apesar dos matizes individuais, a imagem tem um ponto de referência comum. Assim entendida, a imagem tem a uma só vez a forma mais simples e talvez a mais completa da expressão poética. Não dizia Juan Maragall que a verdadeira linguagem era a daquela menina dos Pireneus que, em sua própria língua, indicando o céu, dizia simplesmente: "Lis esteles..."? E isso porque na imagem vêm unir-se a consciência e seu objeto, o ideal e o real, a palavra e o ato. Não é estranho que San Juan de la Cruz, cuja mística é contemplação e é ação, seja também um poeta de imagens.

Dámaso Alonso notou em certas estrofes de San Juan uma "função predominante do substantivo, às custas da função verbal, mas sobretudo às custas do adjetivo" (*La poesía de San Juan de la Cruz*). Referindo-se à função do substantivo, Dámaso Alonso fala precisamente do que é chamado de imagem. Com efeito, quando cita as estrofes 13 e 14 do *Cántico espiritual* ("ciervo vulnerado", "otero", "valles solitarios", "ríos sonorosos", "silbo de los aires")* não faz senão enumerar séries de imagens.

Porém, para entender o verdadeiro papel da imagem na poesia de San Juan é bom determinar um exemplo preciso. Limito-me ao segundo verso da segunda estrofe da *Noche oscura*:

Por la secreta escala disfrazada**

O verso poderia ser entendido como uma descrição direta do imaginado. O ponto de referência comum de cada uma dessas palavras e de todas elas em seu conjunto sugere subida e saída modificadas pelo segredo duas vezes indicados pelas palavras *secreta* e *disfrazada*. Porém, além dessa referência comum, inteligível a todos, cada uma das palavras tem para San Juan, um ponto de referência particular que o poeta explicita em seus comentários em prosa. Basta a imagem do *disfraz* para entender como a imagem é transcendida por seus significados, implícitos no pensamento de San Juan.

A estrofe descreve um momento de busca, quando a alma sai do mundo para chegar a Deus. Essa busca está eivada de uma sabedoria secreta e fundamentada nos "dez graus da escala mística de amor divino segundo São Bernardo e Santo Tomás" (*Noche oscura*, xix, 1). Para realizar sua ascensão a alma deve disfarçar-se e o que era uma imagem simples e imediata se torna interpretável no

---

(*) Veado ferido; cerro (pequeno monte isolado na campina); vales solitários; rios sonoros, silvo dos ares. (N. do T.)
(**) Por secreta escada disfarçada. (N. do T.)

texto em prosa de San Juan. A alma, com efeito, "sai aqui disfarçada com aquele disfarce que mais vivamente representa as afeições de seu espírito e para que vá mais segura de seus adversários e inimigos que são demônio, mundo e carne" (*Noche oscura*, xxi, 3). Esse disfarce (*Ibidem*, xxi, 31) são as três virtudes teologais, cada uma das quais é representada por uma cor: a fé pela brancura "que portava a alma na saída dessa noite escura" (*Ibidem*, xii, 5), a fé que é a mais segura defesa contra o demônio; a esperança pela "segunda cor que é uma alminha verde", graças à qual a alma "livra-se e ampara-se do segundo inimigo que é o mundo" (*Ibidem*, xxi, 6); a Caridade, "remate e perfeição desse disfarce e libré" por uma "excelente toga vermelha" (*Ibidem*, xxi, 10), "que é a do amor, que no Amado faz mais amor" e pela qual a alma se ampara do terceiro inimigo, a carne e, mais ainda, "torna válidas as demais virtudes dando-lhes vigor e força para amparar a alma..." (*Ibidem*, xxi, 10). O ponto de referência imediato, literal da imagem, fica assim transcendido e emoldurado na teologia, e a experiência de San Juan remete-se agora não apenas à sua própria visão, mas também às visões que apresentaram a São Paulo e no *Cântico dos Cânticos*. A imagem, como o paradoxo, nos conduz ao silêncio. Por meio do paradoxo podíamos romper a linguagem cotidiana e estar abertos a todos os significados. Graças à imagem, San Juan transcende o conteúdo imediato dela para convertê-la em símbolo de sua ardente contemplação noturna do mundo. No entanto, em última instância, esse símbolo é, como o foi antes da linguagem dos paradoxos, indizível. Além da palavra fé está a fé vivida e indizível porque "esvazia e obscurece o entendimento de toda sua inteligência natural" (*Ibidem*, xxi, 11); além da palavra esperança, a "disposição" à verdadeira esperança vivida que "esvazia e aparta a memória de toda possessão de criatura" (*Ibidem*, xxi, 11); e além da palavra Caridade, a "disposição" real e vivida da alma caritativa que "aniquila as afeições e apetites da vontade de qualquer coisa que não seja Deus" (*Ibidem*, xxi, 11).

Estamos outra vez frente à via negativa, frente a um vazio que é presença e uma aniquilação que é realmente ser. Sempre, em San Juan, um "entender não entendendo"; um *mais que entender, atender*. Porque nele, sempre — e daí o silêncio — além das imagens, além das palavras, está a Palavra. Como dizia em uma carta de 1587, "a maior necessidade que temos é a de calar a esse Deus com o apetite da língua, cuja linguagem, que só ele ouve, é a calada do amor" (*Carta a las Carmelitas Descalzas de Beas*, Granada, 22 de novembro de 1587).

IV. *Regresso ao madeiro ardente*

Seguramente influenciados pelo Romantismo, tendemos a ver em San Juan de la Cruz um poeta da noite. E a noite é sem dúvida a imagem e o símbolo mais em evidência de toda a obra lírica de San Juan. Porém, essa noite — último silêncio, única "linguagem que só ele ouve" — está impregnada de luz. Poeta das fontes do espírito, das águas inspiradoras da graça, San Juan de la Cruz é, principalmente, um poeta luminoso e, mais que luminoso, ardente por contato de Amor. Noite e luz se confabulam na unidade de visão: "Que es la tenebrosa nube / que a la noche esclarecía"*. Porém, mais autenticamente, a luz triunfa no próprio centro das trevas "mais certo que a luz do meio-dia". Luz mais luminosa que qualquer das luzes deste mundo, luz invisível e silenciosa da qual todas as imagens humanas podem apenas nos dar uma pálida imitação.

Está el rayo de sol dando en una vidriera. Si la vidriera tiene algunos velos de manchas o nieblas, no la podrá esclarecer o transformar en su luz totalmente como si estuviera limpia de todas aquellas manchas y sencilla; antes tanto menos la esclarecerá, cuando ella estuviese menos desnuda de aquellos velos y manchas; y tanto más cuanto más limpia estuviere, y no quedará por el rayo, sino por ella, tanto, que si ella estuviera limpia y pura del todo, de tal manera la transformará y la esclarecerá el rayo, que parecerá el mismo rayo y dará la misma luz que el rayo; aunque a la verdad, la vidriera, aunque se parece al mismo rayo, tiene su naturaleza distinta del mismo rayo; mas podemos decir que aquella vidriera es rayo o luz por participación. Y así, el alma está embistiendo, o, por mejor decir, en ella está morando esta divina luz del ser de Dios por naturaleza, que habemos dicho**.

Subida al monte Carmelo, v. 6.

(*) Que é a tenebrosa nuvem / que a noite iluminada. (N. do T.)

(**) Bate o raio de sol numa vidraça. Se a vidraça está velada por manchas ou névoas, não poderá ele iluminá-la ou transformá-la inteiramente em sua luz como se estivesse limpa de todas aquelas manchas e simples; antes, tanto menos a iluminará, quanto menos desnuda esteja ela daqueles véus e manchas; e tanto mais, quanto mais limpa esteja e isso não se deverá tanto ao raio, mas a ela, que se estivesse limpa e pura de todo, de tal maneira a transformará e iluminará o raio que ela parecerá o próprio raio e dará a mesma luz que o raio; ainda que na verdade, a vidraça, mesmo parecendo o próprio raio, tem sua natureza distinta do raio em si; mas podemos dizer que aquela vidraça é raio ou luz por participação. E assim, a alma está investida, ou melhor dizendo, nela está morando essa divina luz do ser de Deus por natureza, como dissemos.

3. VICENTE HUIDOBRO: TEORIA E PRÁTICA DO CRIACIONISMO*

I

O poeta da idade clássica — penso sobretudo na idade clássica francesa — foi imitador preciso de formas objetivas, um dramaturgo do "verossímil". Ele acreditava, fundamentalmente, numa precisa relação entre nossos conceitos (ou imagens) e as "coisas" às quais nossos conceitos (ou imagens) se referem[1]. Boileau o definiu de uma vez por todas quando escreveu: *Que la nature soit votre*

(*) HUIDOBRO. "Teoría y Práctica del creacionismo". *Poesía Iberoamericana contemporánea*, Sep-Setentas, 1972.

(1) Não esquecer que a *mimesis*, em Aristóteles, não exclui a invenção.

étude unique. A arte clássica francesa era uma arte do *bon sens*, essa "razão" que, segundo Descartes "é a coisa mais bem repartida do mundo". O bom senso, para o clássico francês, consiste, nas artes, em imitar as formas da natureza ou da conduta humana. O que equivale a dizer que o poeta clássico não se considera a si mesmo, antes de tudo, como criador[2]. O Romantismo começa a ver no poeta um inventor da realidade. Inspirado, endemoninhado ou endeusado como o poeta descrito por Platão em seus primeiros diálogos, o romântico aspira a recriar o mundo. O romântico acredita no inconsciente, na inspiração, na união dos opostos dentro do espírito, na veracidade dos sonhos[3]. Mais que de coisas e objetos, o romântico é poeta da subjetividade, dessa subjetividade inconsciente que ignora a si mesma.

Não muito distanciados do idealismo dos românticos, os simbolistas franceses tendem a um idealismo puro, a uma arte pela arte que culminará na escrita branca de Mallarmé.

Não é fácil conhecer as causas desse processo de idealização. O próprio processo foi visto com clareza tanto por um marxista como por um católico. Christopher Caudwell, em *Illusion and reality* mostra como a Revolução Industrial e o conseqüente desenvolvimento de uma nova classe social deixam o poeta isolado. Assim, a solidão dos românticos ou dos simbolistas aparece como anti-sociabilidade. Henri De Lubac, em *O drama do humanismo ateu*, aponta como o processo ideológico típico do século XIX é o de substituir a Deus pelo homem e que essa substituição conduz não apenas ao teísmo, mas também ao que já Proudhon, socialista e utópico, havia chamado "antiteísmo". Corretamente De Lubac analisa esse processo em alguns pensadores do século passado: Comte, Nietzsche, parcialmente Marx. A idéia de De Lubac pode se aplicar também aos poetas[4].

O romântico e, sobretudo, o simbolista, querem ser criadores porque, perdida a divindade, já não lhes resta outro Deus que o da intimidade pessoal. O caso de Mallarmé é um bom exemplo dessa angustiada tentativa de substituição que já havia sido afirmada por Feuerbach, entre outros, ao dizer que o homem é o único deus do homem. Poucos poetas empregam, como Mallarmé, a pa-

---

(2) Tanto o poeta como o pintor. Por exemplo: Poussin.

(3) Vide ALBERT BÉGUIN, *El alma romántica y el sueño*, México, Fondo de Cultura Económica, 1954.

(4) Analisei esse processo para mostrar que essa substituição não apenas nega Deus, mas também que, ao afirmar como absolutos entes deste mundo, cria ídolos (o Progresso, a História, o Homem). Vide minha: *Introducción a la historia de la Filosofía*, 3. ed., UNAM, 1971.

lavra "abolir". Trata-se, com efeito, de "abolir" o mundo. A intenção de Mallarmé é a intenção do criador puro; seu intento, o da escrita total. Em uma carta a Verlaine, Mallarmé confessava que queria escrever *o* livro. Anulado o velho mundo da Natureza e anulado o velho mundo da Escrita — isto é, anulados os dois livros em que leram os homens do passado —, Mallarmé quer criar um mundo-livro, uma escrita exata e pura que venha a substituir o Livro e a Natureza. Na mesma carta escreve Mallarmé: "teria de ser não sei quem para fazê-lo". Podemos interpretar a totalidade da obra de Mallarmé como uma bela oscilação entre o Ideal e a impossibilidade de realizar o Ideal: daí as tentativas e as dúvidas, daí essa escada impossível — e dubitativa como o foi Hamlet — que é *Igitur*; daí a mescla de vontade de Forma e de angústia. O poeta criador sabe-se, ao mesmo tempo, "nada mais que uma constelação".

Mallarmé resulta um momento álgido — e belíssimo — desse desejo de criar o poema puro, a escrita absoluta. Não é caso único. Rimbaud, cuja estética e cuja vida são tão distintas das de Mallarmé, quis também realizar a criação pura; quis acostumar-se à "simples alucinação" e vangloriar-se de "possuir todas as paisagens impossíveis". Porém, Rimbaud também sabia que suas próprias invenções poéticas eram "sofismas mágicos". "O primeiro" Rilke também pensou estabelecer um mundo estético absoluto. "Rilke, solitário por natureza e por costume, havia criado uma filosofia da solidão que era também uma filosofia da arte"[5]. O que se chamou de arte pela arte é, em suas raízes, a arte que aspira à totalidade. O poema, sacralizado, vem a substituir o Deus perdido. Mas o poeta sabe, ao mesmo tempo, que seu poema é sagrado e profano; que sua criação é relativa e absoluta; que nela há entusiasmo — endeusamento — e amargura.

Guillaume Apollinaire parece situar-se, em muitas de suas obras, numa tradição de poesia cantada e elegíaca que flui de Villon a Verlaine. Entretanto, escreve, comentando o Cubismo: "são demais os pintores que ainda adoram as plantas, as pedras, o mar ou os homens". E em outro aforismo: "o que diferencia o Cubismo da pintura antiga é que não se trata de uma arte de imitação, mas sim de uma arte de concepção que tende a elevar-se até a criação"[6].

De 1842, data do nascimento de Mallarmé, até 1913, data da publicação de *Os pintores cubistas* de Apollinaire, a maioria dos poetas quis ser criadora no sentido mais

(5) Cf. C. M. BOWRA, *La herencia del simbolismo*.
(6) APOLLINAIRE, G. *Les peintres cubistes*.

radical dessa palavra. Não se conformam, como Rubén Darío, em ser a voz inspirada pela divindade; querem, em suas obras, ser essa própria divindade. E ao desejarem sê-la se atribuem um dos atributos de Deus: a criação. Huidobro tinha 20 anos em 1913. Uns anos mais tarde ele inauguraria nas letras hispânicas o criacionismo. Sua teoria do criacionismo, que é uma novidade em nosso mundo, merece ser situada em um processo histórico que — conforme vimos — se inicia com os românticos e se torna agudo na França durante o século XIX.

II

Já se mostrou que Huidobro começou a desenvolver suas idéias sobre a criação poética quando, em 1913, fundou, como desafio e resposta a Rubén Darío, a revista *Azul*[7]. Na realidade, as idéias expressas nesse primeiro período parece mostrar mais um espírito inquieto que um corpo preciso de doutrina. Mais que de idéias dever-se-ia falar aqui de expressões de inconformismo e desejos, ainrelativamente vagos, de inovação. De fato, algumas das expressões desses anos parecem ligar Huidobro aos futuristas, os mesmos futuristas contra os quais haveria de reagir mais tarde.

A partir de 1914, as idéias de Huidobro começam a se dirigir para o que virá a ser sua estética definitiva. No manifesto *Non serviam*, ele escreve: "Temos cantado à Natureza (coisa que a ela bem pouco importa). Nunca criamos realidades próprias, como ela o faz ou fez em tempos passados quando era jovem e cheia de impulsos criadores". A palavra "criação" é aqui mencionada duas vezes. Huidobro já anuncia seu futuro idealismo poético. A realidade terá que surgir da consciência ou, conforme dirá Huidobro mais tarde, os poetas chegarão a "fazer um poema como a natureza faz uma árvore". Em 1916, quando Huidobro seguramente conhecia Mallarmé, Rimbaud, Apollinaire, faz uma conferência no Ateneu Hispânico de Buenos Aires. Nela, traça a história da poesia e da arte. Resume: "toda a história da arte nada mais é que a história da evolução do homem-espelho ao homem-deus". Se o poeta era o imitador da natureza, ele será a partir de agora o criador de realidades poéticas novas, precisamente porque surgem da consciência e não do mundo. O poeta será, verdadeiramente, essa natureza criadora de suas próprias árvores imaginativas. Não é de es-

---

(7) Demonstrou-o A. DE UNDURRAFA na introdução a: V. HUIDOBRO, *Poesía y prosa*, Aguilar. As citações que se fazem aqui dos manifestos de Huidobro procedem dessa introdução e de textos que aparecem no livro.

tranhar que Huidobro refute a metafísica e prefira seguir o exemplo da ciência. Nem tampouco que mais que a ciência pura, ele tome por modelo a técnica que deriva da ciência. A "arte da mecânica" aproxima-se da poesia porque é capaz de criar novos seres que possuem movimento próprio, do mesmo modo que o poema é criatura móvel da consciência. Mas, aqui também, a relação entre Huidobro e Apollinaire é mais que estreita[8]. Não havia Apollinaire dito que a poesia nasce com a artilharia? E, no entanto, tanto para Apollinaire, mestre, como para Huidobro, discípulo, o poeta vai mais longe que o homem de ciência ou que o técnico. Disse Apollinaire sobre os poetas: "saberão de coisas precisas / como acreditam saber / os sábios" (*Calligrammes*). Em *Automne régulier* (1925), anos depois de ter colaborado com Apollinaire e Réverdy na revista *Nord-Sud*, Huidobro conta, em dois versos, sua verdade poética:

> Calle el ruiseñor al fondo de la vida
> Yo soy el único cantor de hoy*.

Huidobro situa-se na vanguarda da literatura européia e, muito mais claramente, na vanguarda da literatura escrita em castelhano[9]. O vanguardismo de Huidobro é, no entanto, contrário ao dos futuristas e dos surrealistas[10]. Ele não acredita, como os primeiros, que a poesia de passo ginástico, da bofetada e do murro seja coisa nova ("O senhor Marinetti que leia a *Odisséia* e a *Ilíada*"). Não acredita, como os segundos, que o automatismo da consciência seja fonte de criação poética porque a poesia implica pensamento e "o pensamento implica controle".

Huidobro, como Mallarmé, como Rimbaud, como o Rilke que ainda não tinha escrito as *Elegias do Duíno*, acredita na poesia como criação. A concordância com

---

(8) Essa fixação pela técnica poderia fazer pensar que Huidobro é antecessor de muitos artistas atuais. Creio que o "maquinismo" de Huidobro e desses artistas é, no entanto, de signos contrários. Em Huidobro existe uma admiração pelo objeto técnico — admiração de que compartilham muitos de seus contemporâneos. As máquinas recém-criadas, entre outros, por um Tinguely, são antimáquinas, destruição da máquina por si mesma e querem ser constantes da reação dos artistas contemporâneos contra o tecnicismo e a tecnificação de nossos dias.

(*) Cale o rouxinol no fundo da vida / Eu sou o único cantor de hoje. (N. do T.)

(9) Não é tão claro que se situe na primeira vanguarda da nova poesia francesa. Huidobro foi primeiro? Réverdy foi primeiro? É difícil — e relativamente secundáro — sabê-lo.

(10) Vanguardismo: palavra vaga e às vezes injusta. O Surrealismo não se propõe tanto a ser vanguardista quanto a buscar — pacto dos contrários com o inconsciente — uma verdade que havia sido descoberta mais que em parte pelos românticos alemães: Jean-Paul, Novalis, Hoelderlin, Von Arnim. Além disso, Goethe já havia escrito: "Creio que tudo o que faz o gênio se faz pelo inconsciente".

uma tradição que esbocei acima, parece-me bem estabelecida. Não é menos clara a dupla tendência — anti-social, antiteísta — que também assinalei. Poeta aristocrático, Huidobro escreve: "O valor da linguagem da poesia está em razão inversa ao seu distanciamento da linguagem que se fala"; poeta criador, Vicente Huidobro vê a si mesmo — ele próprio o declara — como esse homem-deus que pode "falar-nos daqueles tempos e de todos os tempos e todos os espaços porque somente ele possui os espelhos vertiginosos que surpreendem a passagem das metamorfoses".

III

Era imprescindível situar a teoria de Huidobro; mais importante é compreendê-la a partir de sua própria poesia. Conhecemos a intenção profunda do criacionismo. Vamos agora definir o sentido e o significado da imagem criacionista.

A análise de algumas metáforas de Huidobro pode nos dar a chave para uma resposta. O criacionismo começa por realizar uma série de transformações que deseja sejam mágicas. Lentamente anula-se o mundo:

> Todo era otra cosa
> Nada vuelve nada vuelve
> Se van las flores y las hierbas*.

Suprimido o mundo, o poeta pode iniciar seu trabalho de criação. Em vez do mundo entrar pelos olhos há que fazer com que os olhos criem o mundo:

> Desbordará mi corazón sobre la tierra
> y el universo será mi corazón**.

A imagem criacionista porta âncoras; abandona o mundo; renuncia ao mundo. Deixará de ser um espelho e, em vez de ser um adjetivo aplicável à realidade, será uma forma substantivada da qual a realidade seja adjetivo. Assim, a imagem criacionista é livre. Pode associar vocábulos, idéias, sensações em medo de ver-se limitada pela realidade, pela natureza ou pelo mundo. Livre associação — apesar de controlada e não inconsciente — que manifesta estes versos de poemas diferentes e momentos diferentes:

(*) Tudo era outra coisa / nada volta nada volta / vão-se as flores e as ervas. (N. do T.)
(**) Transbordará meu coração sobre a terra / e o universo será meu coração. (N. do T.)

> Los puertos se alejan
> Llevados por el viento
>
> . . .
>
> Y entre los nidos del agua
> Se sostiene un nido
>
> . . .
>
> De la horca de la aurora penden todas las ciudades
> Las ciudades que humean como pipas*.

Poder-se-iam multiplicar casos e exemplos. Em todos eles encontraríamos o mesmo gênero de associação entre idéias ou imagens de origem variada e de símbolos variados numa nova imagem que não tem ponto de referência na realidade que nos é entregue pelos sentidos.

Pode-se pensar que o criacionismo não é novo. E, com efeito, qualquer poeta autêntico procede sempre mediante certa desfiguração dos dados sensoriais. A principal diferença entre o criacionismo e a transfiguração que sempre empreenderam os poetas consiste em que o poeta criacionista deseja conscientemente a desrealização que pratica. Se todo poeta cria *outra* realidade, o criacionismo *deseja* criá-la. A vontade criadora de Huidobro é a vontade do "poeta-deus".

IV

Até aqui, aspectos teóricos do criacionismo de Huidobro. Qual o sentido de sua poesia em si?

Quando Huidobro chega a Paris, Apollinaire está publicando seus grandes poemas sobre a guerra e sobre o amor. A guerra é fato presente e inescapável para quem vive em Paris dos anos 17 e 18. Huidobro não podia escapar ao desejo de escrever poemas de guerra. Porém, junto com a presença da guerra, Paris introduz naqueles anos novos exotismos: jazz, técnicas cinematográficas, arte negra. A França descobre uma nova cultura: a dos Estados Unidos. É o momento em que Apollinaire escreve:

> Sur la côte du Texas
> Entre Mobile et Galveston il y a
> Un grand jardin tout plein de roses.

(*) Os portos se distanciam / Levados pelo vento
. . .
E entre os ninhos da água / Se sustenta um ninho
. . .
Da forca da aurora pendem todas as cidades / As cidades que fumaceiam como cachimbos. (N. do T.)

43

Huidobro não tarda em redobrar os ecos:

> En el Far West
>   donde hay una sola luna
>   El cow-boy canta
> Y él
>   la cabeza entre las rodillas danza un Cake
>   [Walk
> New York a algunos kilómetros*.

Porém, esse exotismo adquire um sentido mais profundo quando se interpreta os Estados Unidos através da arte negra. Em *Vientos contrarios*, Huidobro declara: "amo a arte negra porque não é uma arte de escravos". E o poeta põe na boca dos negros uma visão cosmogônica que nos revela que as estrelas são seres vivos que nascem, vivem, comem, digerem, copulam, se reproduzem e morrem[11].

O otimismo invade a Europa ao acabar a guerra. Um otimismo que se encontra tanto no mestre quanto no discípulo. Apollinaire escreve:

> Hommes de l'avenir souvenez-vous de moi
> Je vivais à l'époque où finissaient les rois.

Huidobro:

> Camino del destierro
> el último rey portaba al cuello
> una cadena de lámparas extintas**.

Entre 1917 e 1919 Huidobro é, sem dúvida, o discípulo de Apollinaire e, como Apollinaire, parece aproximar-se dos pintores cubistas. Essa não é, no entanto, a tendência poética que prevalecerá na obra madura de Huidobro. Sua poesia se tornará cada dia mais pessoal. Mais do que assinalar filiações, contatos e contágios, importa agora indicar essa originalidade poética — criadora e criacionista — de Huidobro.

Uma primeira leitura dos poemas de Huidobro poderia deixar-nos uma dupla impressão de ambigüidade e imprecisão. Nada parece sustentar-se nesse mundo fan-

---

(*) No faroeste / onde só existe uma lua / O *cowboy* canta / E ele / com a cabeça entre os joelhos dança um *cake-walk* / New York a alguns quilômetros. (N. do T.)

(11) A influência norte-americana é sensível no pós-guerra europeu. Ela o é também em outro grande iniciador das letras hispânicas contemporâneas: José Juan Tablada.

(**) A caminho do desterro / o último rei portava ao pescoço / uma corrente de lâmpadas extintas. (N. do T.)

tasmagórico em que brilham imagens, cores, relâmpagos de objetos ao mesmo tempo substanciais e fugidios. Qual a causa dessa aparente vaguidade? Detenhamo-nos brevemente em uma das imagens constantes na poesia de Huidobro: asas, pássaros, vôos. Em alguns poemas, asas e pássaros adquirem um sentido bem preciso. Huidobro descreve um primeiro vôo:

> Aquel pájaro que vuela por primera vez
> Se aleja del nido mirando hacia atrás*.

Descritivo e súplice, dirige-se aos pássaros:

> Esta tarde el viento arrastra sus bufandas al viento
> Tejed mis pájaros queridos un techo de cantos**

Asas, pássaros, vôos, têm um sentido preciso: respondem a sensações claras e claramente perceptíveis. Pouco a pouco, pássaros, vôos, asas, levam âncoras, perdem corpo, se desrealizam para contagiar todo o mundo poético. Em algumas ocasiões a imagem das asas é um esboço de espaço:

> Cruzamiento de alas
>   bajo el cielo nuevo***.

Em outros casos, nada raros, as asas expressam uma realidade metaforicamente associada:

> Cuando baten las palomas de los aplausos
> y la emoción ondula en las arterias de los astros
> . . .
>
> Se vuelan los sombreros
> Tienen alas pero no cantam****.

Não é estranho que o avião substitua o pássaro quando o saúda o vôo de umas mãos:

> Hacia el solo aeroplano
> Que cantará un día en el azul

(*) Aquele pássaro que voa pela primeira vez / Afasta-se do ninho olhando para trás. (N. do T.)
(**) Esta tarde o vento arrasta seu cachecol ao vento / Tecei meus pássaros queridos um teto de cantos. (N. do T.)
(***) Cruzamento de asas / sob um novo céu. (N. do T.)
(****) Quando batem as pombas dos aplausos / e a emoção ondula nas artérias dos astros
. . . .
Se voam os chapéus / Têm asas, mas não cantam. (N. do T.)

45

> Se alzará de los años
> Una bandada de manos*.

O interesse do poeta se centraliza cada vez mais na imagem em vez do imaginado. A tal ponto que, em algumas metáforas, a imagem se inverte. Já não se trata de asas reais (aquele pássaro que voava pela primeira vez), nem de metáforas por contágio (quando batem as pombas dos aplausos). O reino alado se interioriza; já faz Parte da consciência do poeta. Sua própria vida é vôo e considera-se sob a espécie de vôo:

> Hay mariposas en mi pecho
> Voy andando a semejanza de cosa alada**.

Vôos, asas, pássaros, não são tanto expressões do mundo real, mas manifestações objetivadas do mundo interior. O mundo real converte-se em metáfora da consciência. E a asa do pássaro é apenas a projeção do caráter alado e aéreo da alma.

A imagem do vôo vive na obra de muitos poetas: de Ovídio a Keats; de Parmênides a e. e. cummings[12]. Nem por isso deixa de ser especialmente significativa na obra de Vicente Huidobro. Se o vôo é — ao contrário dos sonhos da terra — o sonho da interioridade, Huidobro — criador e criacionista — deve ser considerado antes de mais nada, como poeta que renuncia ao mundo para substituí-lo pelo ar, o sopro, o *animus* da alma. A poesia de Huidobro centraliza-se no céu. Essa tendência etérea e interiorizante explica, em suas raízes mais profundas, o criacionismo de Huidobro. Porque o criacionismo é a tentativa de construir a realidade dentro dos limites do "eu" e Huidobro, ao mesmo tempo que desenvolve uma teoria do eu criador, desejando-a total, escreve uma poesia voluntariamente desterrada do mundo físico.

As metáforas do ar podem ser utilizadas tanto para indicar ascensão, como queda, progresso ou abismo, liberdade ou gravidade. O menino triste de que fala Huidobro é um "menino sem asas"; a moça doente deixa "suas asas na porta" para entrar no sanatório; o mutilado é aquele ser cujas duas "asinhas murcharam". Falta de asas significa carência de vida. Ter asas é enfrentar o risco de viver. Risco tanto maior quando Huidobro se dá conta que de seu universo estético estão ausentes tanto o uni-

---

(*) Para o aeroplano sozinho / Que cantará um dia no azul / Se elevará dos anos / Um bando de mãos. (N. do T.)
(**) Há mariposas em meu peito / Vou andando à semelhança de coisa alada. (N. do T.)
(12) Cf. GASTON BACHELARD, *El aire y los sueños*.

verso quanto Deus. Subsiste apenas a criação do poeta, alucinação desejada; ausência de coisa e palavra. Se as coisas querem regressar à sua origem, como as flores retornam para seu "aroma", para suas "pétalas", para suas "cores próprias", elas se esvaziarão no nada. A origem é o inexistente, o oco, o vazio:

> Volvemos a la nada
> El mar está hecho de vuestras hojas y de nuestro
> [aroma
> Y el dolor del aroma es la vida de las hojas*.

O vôo lúdico das mãos que aplaudem, o vôo do chapéu que despenca do pico da Torre Eiffel são imagens leves de uma queda mais grave, mais profunda. O poeta das criações puras converteu-se no poeta das "alucinações simples" cultivadas por Rimbaud. Sua vida está no vazio, suspensa apenas, atraída pelo peso de sua própria queda num espaço sem centro: "La zona vacía donde una pluma planea / desde el principio del mundo"**[13].

V

O destino da poesia absoluta e absolutamente criada é manifestado claramente no poema mais ambicioso de Vicente Huidobro: "Altazor".

Por sua intenção épica — mesmo tratando-se apenas de uma épica mental e subjetiva —, Altazor é irmão de *La Anábasis*, *The Waste Land*, *Narciso* ou *Muerte sin fin*. Anulado o mundo, "Altazor" constitui a épica — e o drama — de uma consciência solitária.

Desde a primeira estrofe sabemos que "Altazor" é o poema da queda e da morte. Repetidamente, Huidobro se enfrenta com sua própria imagem "espelhante", a de um mergulho num espaço que o poeta declarou vazio:

> Altazor morirás...
> ... Cae
> cae eternamente
> cae al fondo del infinito
> cae al fondo de ti mismo***.

(*) Voltamos ao nada / O mar é feito de vossas folhas e de nosso aroma / E a dor do aroma é a vida das folhas. (N. do T.)
(**) A zona vazia onde voa uma pluma / desde o princípio do mundo. (N. do T.)
(13) Naturalmente as imagens aladas não constituem a totalidade dessa poesia rica e bela. Mostram, como poucas, o sentido — isto é: a *direção* — da poesia de Huidobro.
(***) Altazor, morrerás... / ...Cai / cai eternamente / cai ao fundo do infinito / cai ao fundo de ti mesmo. (N. do T.)

A queda de Altazor — queda sem mácula nem pecado — é a queda da alma, da consciência sozinha. Não se trata aqui de uma alma abstrata: é a alma de Huidobro-Altazor:

> Justicia qué has hecho de mi Vicente Huidobro
> se me cae el dolor de la lengua y las alas marchitas*.

Apesar do vazio, do oco, do nada, Huidobro tenta ser a voz do universo, bem à imagem e semelhança de Walt Whitman. Diante da aniquilação, Altazor quer sacudir-se no vazio com "blasfêmias e gritos". Depois de grito e blasfêmia — subidas apenas aparentes —, Altazor se sente elevado ao mundo que cria em sua imaginação.

"Sou todo o homem", diz o poeta Huidobro-Whitman. Quer se sentir: "terrestre, humano, terreno, desmesurado". O poeta parece ter-se integrado na raiz de um mundo que pode anular o vazio:

> Soy desmesuradamente cósmico
> Las piedras las plantas las montañas
> Me saludan las abejas y las ratas
> Los leones y las águilas
> Los astros los crepúsculos las albas
> Los ríos y las selvas me preguntan**.

Porém, o poeta sabe que esse mundo é seu mundo, sabe que essa realidade é sua criação, sabe que nada existe a não ser sua alucinada lucidez de visionário sem objeto de visão. Quer chegar a ser tudo e, ao querer ser o mundo que ele mesmo cria, sabe que a perfeição que busca — tentativa de ser Deus, "nostalgia de ser barro e pedra ou Deus" — deixa aberto o caminho da angústia. O mundo se reduz à palavra, a palavra a balbucio, o balbucio a bonitos trocadilhos de imagens: "la goloniña, la gologira, la golongira, la golonbrisa, la golonchilla". Huidobro, criador de linguagem, poeta da palavra e da morte da palavra, descobre que o mundo inteiro "se petrifica lentamente" até chegar a derramar-se no nada que cintila desde um princípio no espírito criacionista do poeta-deus.

(*) Justiça, que fizeste de mim Vicente Huidobro / cai-se-me a dor da língua e as asas emurchecidas. (N. do T.)
(**) Sou desmesuradamente cósmico / As pedras as plantas as montanhas / Me saúdam as abelhas e os ratos / Os leões e as águias / Os astros os crepúsculos as auroras / Os rios e as selvas me perguntam. (N. do T.)

4. A RELAÇÃO METAL-MORTE NOS POEMAS DE GARCÍA LORCA*

A Raimundo Lida

Disse uma vez García Lorca que, na Espanha, "o mais importante de tudo tem sempre um último valor metálico de morte" ("Teoría de juego del duende": VII, 149)[1]. Morte e metal aparecem associados ao longo de sua obra poética: sob a forma de sutis e tímidas sugestões no *Libro de poemas* (1921); com mais precisão nos punhais de *Poema del cante jondo* (1921), estendendo-se

(*) "LA RELACIÓN metal-muerte en la poesía de García Lorca". In: *Poesía Hispanoamericana y española*, UNAM, 1961.

(1) Farei as citações sempre pela edição de *Obras completas* de GARCÍA LORCA, Buenos Aires, 3. ed., 1942, com indicação de volume e de páginas.

a novas zonas de objetos (cicutas, urtigas, pitas, penhascos) no *Romancero gitano* (1927); dolorosamente agudos em *Poeta en Nueva York* (1929-30), até chegar a ser símbolo da Espanha no "Llanto por Ignacio Sánchez Mejías" (1935)[2].

Desde o começo[3], a morte domina mesmo aqueles poemas em que mais parece triunfar a vida — o próprio mês de abril "enche com ninhos de ouro / as floridas caveiras" ("Canción primaveral" em *Libro de poemas*: II, 28) e a imagem do metal já alterna ritmicamente com outras de profundo tom dramático:

> Esquilones de plata
> llevan los bueyes
> Mi corazón desangra
> como una fuente*.

Os cincerros de 1919 converter-se-ão em "sons de bordão" das "terríveis cinco da tarde" ("Llanto": IV, 152 153).

Nesses primeiros poemas a relação metal-corte ainda não está clara. "Tremular prateado de asas" ("Santiago" em *Libro de poemas*: II, 49), tremor do "Farolzinho da rua" ("Sorpresa" em *Poema del cante jondo*: IV, 86), "metálicas gotas" do "inseto do tempo" ("Consulta" em *Libro de poemas*: II, 82) são metáforas que anunciam o desenvolvimento mais exato do tema em poemas posteriores. Apenas numa ocasião, na "Elegía a doña Juana la Loca" (1918) (*Libro de poemas*: II, 30), ao mencionar pela primeira vez o punhal — o feridor e homicida por excelência — García Lorca define a imagem que haverá de constituir depois o centro de seu grupo de metáforas metálicas:

> Tenías la pasión que da el cielo de España
> La pasión del puñal, de la oreja y el llanto**.

Mais precisa ainda, mostra-se a relação metal-morte nos poemas esquemáticos, imediatos, de construção sintá-

---

(2) Não me detenho especialmente no *Diván de Tamarit*, porque nesse livro não se manifesta grande novidade no tocante ao símbolo que ora me ocupa.

(3) Por "primeiro período" entendo aquele que compreende: *Libro de poemas* (1918-1921), *Primeras canciones* (1922), *Canciones* (1921-1924) e *Poemas del cante jondo* (1921).

(*) Cincerros de prata
 levam os bois
 Meu coração dessangra
 como uma fonte. (N. do T.)

(**) Tinhas a paixão dada pelo céu da Espanha / A paixão do punhal, da orelha e do pranto. (N. do T.)

tica simples do *Poema del cante jondo* (1921). Nesse livro já não domina o vago como nos *Primeros poemas* ou nas *Canciones*. A clara precisão dos poemas esclarece por completo o sentido mortal dos metais.

Temas de caráter religioso que García Lorca expressará mais tarde em sua obra, se nos apresentam nas cinco chagas da guitarra ("as cinco chagas de Cristo / cortadas em Almeria" do romance *La monja gitana*). Diz assim, em "La guitarra" (IV, 75):

> ¡Oh guitarra!
> Corazón malherido
> por cinco espadas*.

A morte-punhal que penetra na carne ("o punhal / entra no coração / como a relha do arado / no ermo", "Puñal": IV, 83) inicia em *Poemas del cante jondo* um tema fecundo que continuará a se desenvolver ao longo da obra de García Lorca[4]. Na Espanha, onde "um morto é mais morto ... que em qualquer outra parte do mundo", onde "o que quer saltar para o sonho, fere os pés no fio de navalha barbeira"[5], a morte pelo metal, agressiva, violenta, converte-se em símbolo.

É óbvio o sentido do metal como arma. Porém, García Lorca não se contenta em mostrar-nos essa vinculação, mas ainda classifica os metais. No "Diálogo del amargo" (IV, 139 e 141) diz o ginete — a imagem do ginete está sempre ligada à morte —[6]: "As facas de ouro vão sozinhas ao coração. As de prata cortam o pescoço como uma folha de erva... As outras facas não servem. As outras facas são brancas e se assustam com o sangue. As que nós vendemos são frias". Mais precioso o metal mais segura a morte. A partir desse momento a prata, por

---

(*) Oh, guitarra! / Coração malferido / por cinco espadas.

(4) Quem não verá nesses versos o anúncio do "alfinete que perfura / até encontrar as raizinhas do grito" ("Asesinato" em *Poeta en Nueva York*: VII, 34) ou o da faca (*Bodas de sangre*: I, 135) que penetre "pelas carnes assombradas, / e que pára no lugar / onde treme emaranhada / a escura raiz do grito"?

(5) "Las lanas infantiles" (VII, 121). Vide também "Teoría y juego del duende", VII, 148): "Um morto na Espanha está mais vivo como morto que em qualquer outro lugar do mundo: fere seu perfil com o fio de uma navalha barbeira".

(6) Em García Lorca o ginete é ora a própria morte ("Diálogo del amargo") ora o homem depois da morte (as "Canciones de jinete"). Sobre o tema do cavalo e do ginete, cf., J. F. CIRRE, *El caballo y el toro en la poesía de García Lorca*, CuA, XI, 1952, n. 6, pp. 231-245.

vezes o ouro[7], utilizados já sem relação direta com o instrumento que fere — punhal, faca, navalha —, vêm a adquirir o valor de pungentes e dolorosos símbolos da morte[8].

Ainda que no *Romancero gitano* reluzam como peixes "as navalhas de Albacete" ("Reyerta": IV, 16), ainda que o metal em sua forma mais patente ainda apareça, deixa de ser básico. No *Romancero*, assim como na obra de muitos outros poetas modernos, García Lorca desenraíza suas metáforas, arranca-as de sua referência imediata a algo concreto. O metal da faca é agora substituído pelos "olhos de fria prata" ("Romance de la luna luna": IV, 11). E a metáfora metal-morte estende-se a regiões poéticas mais amplas. Antes do *Romancero*, o metal tinha a forma particular de faca: agora, a morte do indivíduo se imbui de uma como que crispação metálica de tudo que o rodeia. No "Romance sonâmbulo", ela, a cigana — "verde carne, cabelo verde, / com olhos de fria prata" — sonha em sua varanda[9]. Porém, a fria prata de seus olhos indica que já está morta: "as coisas a estão olhando / e ela não pode olhá-las". No drama da morte aproxima-se o campo, se eriçam as plantas erguendo-se em pequenos estiletes ("Romance sonâmbulo": IV, 19):

> La higuera frota su viento
> con la lija de sus ramas,
> y el monte, gato garduño,
> eriza sus pitas agrias*.

Algumas imagens que em livros anteriores tinham relação com a morte, aqui ligam-se a ela de maneira

(7) No "Diálogo del amargo" o ouro tem uma qualidade mortal e ferina que nem sempre o ouro tem em García Lorca. Às vezes o ouro possui características puramente decorativas ("Cuatro baladas amarillas" em *Primeras canciones*: II, 144) e mesmo quando, em muitos casos, o ouro é símbolo da morte, não o é com o mesmo sentido continuamente agressivo da prata. Em "Así que pasen cinco años", o ouro é mortal, porém pastoso: "O poeta Virgílio construiu uma mosca de ouro e morreram todas as moscas que envenenavam o ar de Nápoles. Aí dentro, no circo, há ouro branco suficiente para fazer uma estátua do mesmo tamanho ... que você" (VI, 85). Don Perlimplín, ao suicidar-se diante de Belisa, lhe diz: "Teu marido acaba de matar-me com este punhal de esmeraldas" (VI, 182). Muitas vezes o símbolo do punhal alia-se ao do vidro, do cristal ou da pedra preciosa.

(8) Essa é uma característica do *Romancero*. Não é, no entanto, totalmente nova dentro da obra de García Lorca. Já em "Balada de un día de julio", o sino podia ser identificado com símbolos mortais.

(9) Parece que ao escrever o "Romance sonâmbulo" García Lorca pensava precisamente em uma simbolização de Granada. Estas palavras do poeta a Ana María Dalí parecem confirmá-lo: "Como o tempo está bom, as senhoritas de Granada sobem aos mirantes caiados para ver as montanhas e não para ver o mar" (ANA MARÍA DALÍ, *Salvador Dalí visto por su hermana*, Barcelona, 1949, p. 115).

(*) A figueira esfrega seu vento / com a lixa de seus ramos / e o monte, gato caçador, / eriça suas folhas acres. (N. do T.)

mais precisa. O verde, muitas vezes cor agressiva[10], é no *Romancero* o verde violento das "folhas amargas". Em "Reyerta" (IV, 16) o poeta fala do "acre verde". E se o verde é acre e agressivo[11], é também frio ("as estrelas / cravam punhais no rio / verdoso e frio", diz em "Paisaje", *Libro de poemas*: II, 71), frio como o metal[12]. Mais freqüente que a referência ao verde é a referência à lua unida à morte[13]. "A lua comprou / pinturas da morte", dizia García Lorca em um de seus primeiros poemas ("La luna y la muerte", em *Libro de poemas*, II, 10); e em "Dos lunas de tarde" (*Canciones*: II, 189): "A lua está morta / morta". Em outro poema de 1919 e lua já afiava sua morte ("A lua tem dentes de marfim": II, 110). No *Romancero gitano* fica estabelecida a relação lua-metal-morte[14]. A lua "mostra, lúbrica e pura / seus seios de duro estanho" ("Romance de la luna luna": IV, 11). E no mesmo poema a lua conduz pelo céu o menino morto:

> Por el cielo va la luna
> con un niño de la mano*.

Sólido, frio, o metal se estende a tudo aquilo que participa de qualidades pétreas: o duro e o gelado. No "Romance del emplazado" (IV, 48) os olhos do condenado à morte "miram um norte / de metais e penhascos" onde seu "corpo sem veias / consulta naipes gelados"[15].

---

(10) Para o estudo das cores em García Lorca vide J. L. FLECNIAKOSKA, *L'univers poétique de Federico García Lorca*, Bordeaux-Paris, 1952. O autor analisa o verde como "símbolo de amarga fatalidade" (pp. 50 e ss.). O verde não é sempre em García Lorca uma cor que indique a morte. E malgumas canções ("Cuatro baladas amarillas") o verde é decorativo: "No alto daquele monte / há uma arvorezinha verde. / Pastor que vais, / pastor que vens" (II, 143). Porém, na maior parte das vezes, é cor agressiva e associa-se com a morte: "Tuas tristezas são belas, / mar de espasmos gloriosos. / Mas hoje em vez de estrelas / tens polvos esverdeados" ("Mar" em *Libro de poemas*: II, 122).
(11) Vide ma's exemplos em J. L. FLECNIAKOSKA, *loc. cit.*
(12) Cf. FLECNIAKOSKA, p. 52: "... *de ce vert froid, de ce poison vert qui contamine ce que est vert par nature*, lo verde, *et devient sinistre en tant que vert...*"
(13) Vide também FLECNIAKOSKA, pp. 54 e ss.
(14) Vide o monólogo da lua em *Bodas de sangre* (I, 108-109): "A lua deixa uma faca / abandonada no ar, / que sendo feito de chumbo / quer ser dor de sangue..."; e uns versos mais adiante: "Tenho frio! Minhas cinzas / de sonolentos metais, / buscam o crestar do fogo / pelos montes e pelas ruas". Convertida em punhal, diz a lua: "Que quero entrar em um peito / para poder aquecer-me!", tal como as facas do ginete ("Diálogo del amargo": IV, 141) "entram buscando o lugar de maior calor e ali ficam".
(*) Pelo céu vai a lua / com um menino pela mão.
(15) Os naipes vêm a ser o símbolo da morte ou do jogo da vida, por exemplo, em "Reyerta" (*Romancero gitano*: IV, 16; em "Así que pasen cinco años", quando vai morrer o jovem "nas prateleiras da biblioteca aparece um *as de coeur* iluminado. O jogador primeiro saca uma pistola e dispara sem ruído com uma flecha. O *as de coeur* desaparece e o jovem leva as mãos ao coração" (VI, 108-109).

O jogo da vida acaba nesse gelo definitivo desse sólido muro de metal-penhasco. E o *emplazado* já espera apenas que tudo aquilo que tem arestas mortais ("cicutas", "urtigas") penetre em sua carne[16].

Síntese e precisão de suas obras anteriores, o *Romancero gitano* mostra decisivamente ampliada a imagem metálica que vinha predominando desde os primeiros poemas de García Lorca. Em *Poeta en Nueva York* se deve buscar a mais complexa e aguda expressão dessa imagem.

"Assassinado pelo céu / entre as formas que vão para a serpente / e as formas que buscam o cristal", afogado pela morte o poeta contempla "a árvore de tocos que não canta", os "animaizinhos de cabeça arrebentada", a "mariposa afogada no tinteiro" ("Asesinado por el cielo": VII, 11). *Em Poeta en Nueva York* a cidade inteira se eriça de símbolos mortais.

Os metais nobres dos livros anteriores (prata, ouro) são substituídos por metais que sugerem usos industriais (alumínio, níquel) e até o próprio objeto industrial (arame). "Nova York de arame e de morte" diz na "Oda a Walt Whitman" (VII, 72). O poeta repreende a cidade. Porém não só percebe a aridez agressiva dos metais, não permanece simplesmente "à espera da bala" ("Grito hacia Roma": VII, 70), substituta do punhal: os próprios metais se corroem e se oxidam e nos mostram suas ríspidas arestas ("Danza de la muerte": VII, 27):

> Era el momento de las cosas secas,
> de la espiga en el ojo y el gato laminado,
> del óxido de hierro de los grandes puentes*.

A própria aresta do metal penetra nas coisas: o "seco", a "espiga no olho"[17]. E se aqui, como em "Santa Lucía

---

(16) Existe na poesia de García Lorca uma série de vegetais que se aliam com o mineral e com a pedra. García Lorca faz notar essa relação: "Não é casualidade toda a arte espanhola ligada com nossa terra, cheia de cardos e pedras definitivas" ("Teoría y juego del duende": VII, 149).

(*) Era o momento das coisas secas, / da espiga no olho e o gato laminado, / do óxido de ferro das grandes pontes.

(17) Nem sempre a espiga tem sentido agressivo. Em *Poeta en Nueva York* a espiga chega a representar a única esperança de salvação para essa "América impudica e selvagem" que o poeta descreve na "Oda a Walt Whitman (VII, 76):
Una danza de muros agita las praderas
y América se anega de máquinas y llanto,
Quiero que el aire fuerte de la noche más honda
quite flores y letras del arco donde duermes
y un niño negro anuncie a los blancos del oro
la llegada del reino de la espiga. [Uma dança de muros agita as pradarias / e a América se afoga em máquinas e pranto, / Quero que o ar forte da noite mais profunda / arranque flores e letras do arco onde dormes / e um menino negro anuncie aos brancos do ouro / a chegada do reino da espiga.] (N. do T.)

y San Lázaro" aparece a imagem do vivo convertido em lâmina metálica[18], em outros versos aparece a máquina viva, "automóveis cobertos de dentes" ("El rey de Harlem": VII, 24), "moedas em enxames furiosos ("La aurora": VII, 41). Metamorfose total: a vida é metálica e o metal adquire formas vivas para ferir com maior sadismo. Dentre as imagens significativas dentro do *Poeta en Nueva York* encontra-se a da moeda. Se no *Romancero gitano* a moeda tinha um sentido de vida — de eternização — dentro da morte ("Três goles de sangue teve / e morreu de perfil. / Moeda viva que nunca / voltará a se repetir", "Muerte de Antoñito el Camborio": IV, 43), a moeda agora adquire um sentido necessariamente mortal: "e o diretor do banco observava o manômetro / que mede o cruel silêncio da moeda" ("Danza de la muerte": VII, 28). A moeda adquire assim um novo sentido[19]: é a morte do espírito, porque supõe a destruição da inocência. Nessa festa dos "enxames furiosos" é o menino que morre, mais ferido e maltratado pela cidade que pelas canções de ninar espanholas (cf. "Las nanas infantiles": VII, 117-139):

> De la esfinge de la caja de caudales hay un hilo tenso
> que atraviesa el corazón de todos los niños pobres*.

Ou, com mais exatidão, em outro poema ("La aurora": VII, 41):

> A veces las monedas en enjambres furiosos
> taladran y devoran abandonados niños**.

A agressividade, a perfuração da carne pelo metal torna-se mais incisiva em *Poeta en Nueva York*. A uma morte que no *Romancero* olhava de frente sucede uma morte agachada que espera secretamente. A punhais, facas e navalhas barbeiras, correspondem aqui os arames, as agulhas, os alfinetes, os fios tensos. Dois poemas, um de 1921 e o outro de 1930 antecipam essa correspondência entre os dois grupos de imagens. Os treze versos de "Sorpresa" (*Poema del cante jondo*: IV, 85) correspondem aos treze de "Asesinato" (*Poeta en Nueva York*: VII, 34):

(18) — "Quando morreu (São Lázaro), estava duro e laminado como um pão de prata" ("Santa Lucía y San Lázaro": VII, 165).
(19) A moeda tem também, como se pode ver pelos exemplos dados, um sentido social.
(*) Da esfinge da caixa de caudais sai um fio tenso que atravessa o coração de todos os meninos pobres.
(**) Às vezes as moedas em enxames furiosos / perfuram e devoram meninos abandonados.

> Muerto se quedó en la calle
> con un puñal en el pecho.
> No lo conocía nadie.
> ¡Cómo temblaba el farol!
> Madre
> ¡Cómo temblaba el farolito
> de la calle!
> Era madrugada. Nadie
> pudo asomarse a sus ojos
> abiertos al duro aire.
> Que muerto se quedó en la calle
> que con un puñal en el pecho
> y que no lo conocía nadie*.
>
> — ¿*Cómo fue?*
> — Una grieta en la mejilla.
> ¡Eso es todo!
> Una uña se aprieta el tallo.
> Un alfiler que bucea
> hasta encontrar las raicillas del grito.
> Y el mar deja de moverse
> — ¿*Cómo, cómo fue?*
> — Así.
> — ¡*Déjame!* ¿*De esa manera?*
> — Sí.
> El corazón salió solo.
> — ¡Ay, ay de mí!**

O punhal de "Sorpresa" converte-se no "talho na face", no "alfinete que mergulha", na "unha que aperta o caule" de "Asesinato"; o tremor do farol traduz-se no frenesi dos versos que o poeta sublinha: ao ritmo sonoro e claro contrapõe-se o acelerado ritmo de perguntas e respostas, breves e taxativas. Um último verso andaluz situa "Asesinato" na tradição de García Lorca. Como os "sete ais cravados" de "Camino" (*Poema del cante jondo*: IV, 101) cravam-se aqui os "ais" do alfinete e da unha[20].

Estamos no próprio centro da metáfora metálica com a "espinha do punhal" ("El rey de Harlem": VII, 22), com "as multidões no alfinete" ("Luna y panorama de

---

(*) Morto ficou na rua / com um punhal no peito. / Ninguém o conhecia. / Como tremia o farol! / Nossa / como tremulava o farolzinho da rua! / Era madrugada. Ninguém / pode se aproximar de seus olhos / abertos ao ar duro. / Que morto ficou na rua / com um punhal no peito / e que ninguém o conhecia. (N. do T.)

(**) — *Como foi?* / Um talho na face. / Isso é tudo! / Uma unha aperta o caule. / Um alfinete que perfura / até encontrar as raizinhas do grito. / E o mar pára de se mover / *Como, é história?* / — Assim. *Arreda! Desse jeito?* / Sim. / O coração saiu sozinho. / — Ai, ai de mim! (N. do T.)

(20) Essa agressividade não é privativa de *Poeta en Nueva York*, apesar de nesse livro constituir a tônica. Na "Oda al Santíssimo Sacramento del Altar", publicada em 1928, antes da viagem do poeta a Nova York, García Lorca escrevia estes versos: "A gilete repousava sobre os toucadores / com seu afã impaciente de pescoço seccionado" (VI, 155).

los insectos": VII, 60), com o açúcar que "punhaizinhos sonha em sua vigília" ("Muerte": VII, 53). A cidade inteira é constituída por esses diminutos e cruéis mecanismos. E existe um "sabor a metal acabado" na própria luz[21], nessa luz que se afia como uma espada ("Danza de la muerte": VII, 27):

> Era la gran reunión de los animales muertos,
> traspasados por las espadas de la luz*.

No "Llanto por Ignacio Sánchez Mejías" com seus quatro movimentos dramáticos, se nos mostra um García Lorca mais pleno e maduro. Seguem-se aos clássicos versos reminiscentes de Jorge Manrique ("Que grande toureiro na praça! / Que bom serrano na serra! / Que terno com as espigas! / Que duro com as esporas!", IV, 156), os alexandrinos reminiscentes do "Cantar de mío Cid": "Já está sobre a pedra Ignacio o bem nascido..."

No primeiro movimento, enquanto o estribilho dos sons do bordão ("Às cinco da tarde") dá as badaladas definitivas da hora mortal, uma imagem, três vezes repetidas, vem a se impor no poema "La cogida y la muerte" IV, 151-152):

> Y un muslo con un asta desolada...
> ¡Y el toro solo corazón arriba!
> El toro ya mugía por su frente**.

O chifre do touro toma o lugar do punhal. À metáfora metal-faca-morte acrescenta-se agora as aspas, símbolo da agressividade do touro-morte: o corpo do toureiro se vê invadido pela "aspa desolada" e chega a morte quando o touro "mugia à sua frente".

Ao agressivo da morte (punhal, alfinete, aspa) soma-se agora a morte representada outra vez pelo sólido e pelo pétreo, mineral, rochoso: "Já está sobre a pedra Ignacio, o bem-nascido". Ignacio, em "Cuerpo presente", está como o *emplazado*, frente a metais e penhascos. A pedra é a solidez absoluta do inanimado. E aqui, no "Llanto", a pedra é representada pela *plaza de toros* ("*plazas* e *plazas* e outras *plazas* sem muros", IV, 158). Assim se amplia a metáfora a partir da morte até chegar a representar esse fato único que é a Espanha. O touro e a

---

(21) Em "Mariana Pineda" a luz adquire o mesmo sentido quando Mariana canta: "E esta noite que não chega! / Noite temida e sonhada; / que já de longe me feres / com longuíssimas espadas!" (V, 148).

(*) Era a grande reunião dos animais mortos, / transpassados pelas espadas da luz. (N. do T.)

(**) E uma coxa com um aspa desolada... / E o touro sozinho coração para cima! / O touro já mugia à sua frente.

plaza são os símbolos da morte espanhola e o nome do toureiro cresce até ser o símbolo da própria Espanha. "A Espanha é o único país onde a morte é o espetáculo nacional, onde a morte toca longos clarins à chegada das primaveras" ("Teoría y juego del duende": VII, 154). E é também a Espanha onde "tudo tem um último valor metálico de morte. A faca e a roda do carro e a navalha e as barbas pontudas dos pastores e a lua pelada e a mosca e os nichos úmidos e as ruínas e os cantos cobertos de encaixes e a cal e a tinta cortante das marquises e mirantes têm na Espanha diminutas ervas de morte" (*Ibidem*, 149).

O touro que mata Sánchez Mejías é como "os touros de Guisando / quase morte e quase pedra", que mugem "como dois séculos" ("La sangre derramada": IV, 155). Por isso o "Llanto" constitui a mais extrema ampliação da imagem que estamos analisando. A fantasia sobre a morte vem a desembocar nesse símbolo definitivamente espanhol do touro, do toureiro e da *plaza*; do destino, do homem e da "branca parede de Espanha".

5. LEITURA DE *CÂNTICO**

Nenhuma obra escrita pelos poetas espanhóis da geração dos anos vinte foi tão rapidamente classificada e definida pelos críticos como o *Cántico*, de Jorge Guillén[1].

Alguns, negativamente, viram em Guillén o poeta professor, o poeta frio, imitador de Valéry. Ninguém talvez como Juan Ramón Jiménez resumiu tão bem esse

(*) "LECTURA A 'Cántico' ". In: *Poetas de México y España*, Madri, Porrúa Turanzas, 1962.

(1) Não se me escapa que alguns dos sentimentos centrais que Guillén expressa em *Cántico* podem nos parecer hoje sentimentos de dias outros e melhores. Tampouco escapa essa distância, dentro de uma mesma vida, ao próprio Guillén. Não quero, no entanto, julgar aqui os valores literários de *Maremágnum*. Aquilo que Guillén disse em *Cántico* forma uma totalidade e seu mundo, claro, vital, otimista parece-me ainda visível e, sobretudo, desejável. Limitar-me-ei, assim, ao Guillén que, entre 1919 e 1950 dedicou-se a aperfeiçoar e ampliar um único livro, uma única *fé na vida*.

ponto de vista, a meu ver injusto, quando afirmava em *Españoles de tres mundos*: "Jorge Guillén, assim como a seu paralelo distinto, discípulo e mestre, Pedro Salinas, eu não chamaria hoje de 'poetas puros', que é tampouco meu maior título, mas sim de literatos puristas, retóricos brancos em diversos terrenos da retórica". Outros, entusiastas do novo poeta, traçaram a imagem de uma poesia "intelectual", "essencial", "pura", termos não de todo inexatos, mas excessivamente gerais.

Uma nova leitura de *Cántico*, essa prolongada "fé na vida", mostra que, se Guillén é poeta muito preciso, laborioso buscador de arestas exatas, é também, e fundamentalmente, um poeta para quem o mundo é relação e revelação. Toda sua poesia surge de uma vivência criadora, de uma acertada capacidade de entusiasmo. Alguns críticos enxergaram em boa parte essa dimensão viva de Jorge Guillén. Nas páginas seguintes quero limitar-me a aprofundar essa visão de Guillén poeta vivo.

I

Jorge Guillén e Valéry

A abade Brémond tornou célebre uma nova conjunção de palavras: poesia pura. Por superficiais que possam parecer às vezes as idéias do abade Brémond, a verdade é que seus conceitos definem a tendência de uma época. Mallarmé, o primeiro Rilke, Valéry, são poetas puros, assim como os críticos puros Walter Pater ou o próprio Valéry. O que não quer dizer que todos eles respondam ao fato poético da mesma maneira, mas sim, mais simplesmente, que para todos eles o papel do poeta e da poesia parte de uma série de situações tanto sociais como espirituais que, transformadas em idéias, logo convertem-se em axiomas. Pelo menos dois desses axiomas parecem ser comuns a todos os "puristas". Por um lado, a poesia é o resultado de um protesto às vezes tácito contra a sociedade burguesa e contra as formas religiosas que essa sociedade havia adotado. Por outro lado é a afirmação de que o fato poético deve ser discernido e separado completamente de todos os demais fatos. Os dois axiomas podem ser enunciados em duas fórmulas bastante simples: 1) a poesia é um ato de criação pura, resultado da solidão do poeta; 2) a poesia é a afirmação daquilo que é somente poético. Não é difícil perceber que o segundo axioma é resultado do primeiro. O poeta isolado só pode fazer poesia isolada e solitária. Tampouco é difícil perceber nesses dois axiomas as pegadas da maioria dos escritores e filósofos do século passado. Tanto Nietzsche como Mallarmé, Flaubert e Max Stirner, são escritores e pensadores em busca de uma nova pureza, necessariamente útópica. Nietzsche canta a morte dos deuses e da sociedade em que vive; Mallarmé quer "abolir" a realidade para recriá-la, uma vez que, sendo poeta-deus, encontra-se diante do nada de uma página "virgem". Sua poética não difere essencialmente da *praxis* de Max Stirner e apenas uma leve transformação das palavras permitiria aplicar a Mallarmé a frase do filósofo alemão: "Tenho o direito de fazer tudo aquilo que tenha forças para fazer". Renunciando aos fatos, o poema se sustenta estritamente à base dos direitos estéticos que constrói em regras de sua condição de único e solitário.

Essa atitude purista traz em seu centro uma básica ambigüidade. Renunciar ao mundo, à maneira de Mallarmé ou Stirner, já é aceitar sua presença: querer ser deus é também saber que o homem não pode chegar a ser seu próprio deus. Se, por outro lado, seguindo o segundo axioma, os poetas e filósofos determinam que o "outro" não existe, ao negá-la afirmam a presença da "outridade". O "impuro", tudo aquilo que não é poesia, filtra-se no poema que quer negar toda impureza. A literatura absolutista, onde reina o poeta em seu novo paraíso, conduz a uma antiliteratura, da qual o Dadaísmo, por exemplo, é clara e radical conseqüência histórica. Não surpreende que o poeta puro sinta-se, ao mesmo tempo, poeta maldito. Suas renúncias — explicáveis — e seu novo modo de querer ser absoluto o conduzem a uma atitude de orgulho. O ideal de uma beleza que subsiste por si mesmo fica afogado no jardim mitológico — e, certamente, belo — das flores do mal. Essa parece ser, em traços largos, a atitude do poeta dos fins do século passado. Dessa atitude participa, intelectual, cético, às vezes sorridente, o antinovelista autor de *Monsieur Teste*: Paul Valéry.

Este não é o lugar para analisar a fundo a obra de Valéry. A tarefa foi empreendida com êxito e talvez o melhor resumo de sua condição e de sua vocação possa ser encontrado nestas linhas de Emilie Noulet: "Seu único tema, o tema de todas as suas obras em forma de poema, de diálogo, de ensaio ou notas, não é o das coisas da inteligência, não é o das idéias, mas sim a idéia do drama da inteligência" (*Paul Valéry, L'Oiseau Bleu*, Bruxelas, 1927).

Efetivamente, para Valéry não é o poeta que conta principalmente. O que conta de fato é a linguagem da poesia e a inteligência que essa linguagem expressa. A linguagem poética, que deve "conservar a si mesma, por si mesma e permanecer idêntica", é uma entidade invariável que vem a iluminar, gota a gota, os brilhos da inteligência. Porém, essa inteligência, semelhante ao Deus de Aristóteles, acaba por reduzir-se a uma espécie de motor imóvel, um pensamento que se pensa a si mesmo sem objeto pensável, uma função que funciona a si mesma sem que nada funcione. Valéry afirmou uma vez que o escritor é para o lingüista o mesmo que o engenheiro é para o físico. Que valha a comparação se acrescentarmos que esse escritor-engenheiro é um construtor de poemas-ponte que se sabem inexistentes: belos poemas sobre a impossibilidade radical de toda poesia. Porém, apesar de sua renúncia ao mundo, apesar de seu aparente ensimesmamento matemático-lingüístico, Valéry tem uma concepção do mundo em que vive. Nele, como em seus antecessores, o "outro", o "impuro" vem a macular a consciência da pureza. O mito do Narciso é aplicável a Valéry, mas apenas em parte. Além das águas que o refletem, o poeta vê a vida e seu sentimento dela é muito mais trágico que o de Unamuno: "Trata-se de passar de zero a zero. — Essa é a vida —. Do inconsciente insensível ao inconsciente insensível". Contagiado pelo "outro" — vida e morte — o poeta presencia "o cortejo fúnebre do pensamento".

Jorge Guillén traduziu Valéry e é indubitável que admirou sua poesia. Daí a ver em Guillén um discípulo de Valéry é um passo inevitável, apesar do que possam ter dito os detratores de Jorge Guillén. Se Valéry é um poeta da linguagem, Guillén é um poeta que, a partir de um princípio, utiliza a linguagem para expressar, conscientemente, um mundo próprio; se o mundo contemplado por Valéry é um mundo que o poeta queria inexistente, a poesia de Guillén é, toda ela, um grito de alegria diante da existência, de dentro da existência: se Valéry é um poeta niilista, Guillén é um poeta otimista, gozoso e afirmativo. Desejoso de solidão, Valéry não quer senão contemplar a si mesmo e, ainda mais, contemplar a contemplação de si mesmo. Sem sê-lo de todo, Valéry quer se afirmar Narciso. Entusiasmado, ligado a um mundo, arraigado à sua terra — Castela, presente e ausente já no exílio — Guillén renega a imagem do Narciso e diz diante das águas:

> No me retengas, reflejo tan frío,
> No soy Narciso*.

(*) Não me retenhas, reflexo tão frio, / Não sou Narciso.

II

*Dádiva de un mundo irremplazable**

Jorge Guillén é um poeta visual. Daí sua maneira própria, exata e precisa, de revelar o mundo. A imagem mais freqüente dessa revelação é a do despertar diante de uma realidade de deslumbrante presença. *Al aire de tu vuelo* começa com estes versos:

> (El alma vuelve al cuerpo,
> Se dirige a los ojos,
> Y choca.) ¡Luz! Me invade
> todo mi ser. ¡Asombro!*

São poucas as estrofes de Guillén que condensam com tanta clareza, seu modo de revelação. Em sua imagem do despertar se podem deslindar dois momentos: o do parêntese inicial e as duas exclamações separadas apenas por um breve comentário. Nos versos escritos entre parênteses Guillén descreve o processo interior do despertar. Neles, Guillén nos conta que a alma regressa à vida corporal e faz-se manifesta ("evidente", repetirá Guillén, muitas vezes), no olhar dos olhos. Da noite para o dia, a alma se dirige para o mundo. De início, o "choque" começado mediante uma exclamação descritiva — a "luz" — e terminada mediante uma exclamação explicativa: "assombro". Entre as duas exclamações um comentário muito significativo: "Invade-me todo meu ser". O poeta, por certo, descobre o mundo e assombra-se e goza no primeiro instante da contemplação, porém o mundo descoberto, por sua vez, situa o poeta, "invade-o" e outorga-lhe presença e vida. Dois pólos — duas "epifanias" — necessários e complementares: o "olho" e a "luz", o sujeito e o objeto, o eu e o não eu. E se o eu revela o mundo, o mundo fixa o eu que o contempla. Por um ato de verdadeira graça, no duplo sentido de beleza entregue e gratidão generosa, o mundo penetra o poeta e permite-lhe regressar a si mesmo.

> ¡Dádiva
> De un mundo irremplazable:
> Voy por él a mi alma!**

Não quero pecar pela insistência, mas nessa exclamação existem, de novo, vários elementos essenciais que me-

---

(*) Dádiva de um mundo insubstituível.
(**) (A alma volta ao corpo, / dirige-se aos olhos / e choca-se.) Luz! Invade-me / todo meu ser. Assombro! (N. do T.)
(***) Dádiva! / De um mundo insubstituível: / Vou por ele a minh'alma! (N. do T.)

recem um breve comentário. "Dádiva" e, com efeito, o mundo se "dá", se "outorga", se entrega a quem o olhe com alegria e com amor, como por um ato de graça. "Mundo insubstituível" e com efeito o mundo é, para Guillén, insubstituível em dois sentidos: o é, por um lado, enquanto dá seu sentido ao eu; o é também no sentido de que o mundo, nesse caso, real, diverso do mundo dos puristas, é insubstituível em sua realidade. "Vou por ele a minh'alma": o círculo se fecha e se o poeta concebe os olhos como o caminho do eu para o mundo, concebe igualmente o mundo como a epifania do eu.

Claramente delinetados os limites — sujeito e objeto — que constituem e realidade, claramente definido o movimento da alma que descobre o mundo para retornar do mundo à alma, podemos dizer com o poeta que "tudo é justo".

Porém, até esse ponto, estamos em presença apenas das condições necessárias do ser no mundo. Vejamos mais estritamente o sentido desse ser.

III

No hay ventura mayor que esta concordancia del ser con el ser*.

O poeta já está "situado". Não quero que se pense que a palavra "situação" seja simplesmente acidental. Não esqueçamos que uma das partes do *Cántico* intitula-se "Las horas situadas". E a relação entre o poeta e o mundo é precisamente uma relação de "situação". A imagem mais característica dessa condição de ser no mundo vem a ser a do "centro". Em algumas ocasiões Guillén procura sugerir metaforicamente a idéia e a imagem de um centro ideal. São, por exemplo, "as doze no relógio", claro símbolo do meio-dia. A realidade se oferece como "fatalidade de harmonia", justeza de todas as coisas sob "o sacro azul irresistível". Porém, se Guillén emprega a imagem em forma metafórica, muitas vezes — na maioria das vezes — ele é bem explícito. O centro é, de fato, mais terrestre que celeste, centro de uma terra iluminada. Poeta dos horizontes circulares de uma meseta plana — Castela —, sua situação é, geometricamente, a de centro do círculo:

Me ciñe siempre el círculo de un mundo siempre
[enorme**.

(*) Não há maior ventura que esta concordância do ser com o ser. (N. do T.)

(**) Cinge-me sempre o círculo de um mundo sempre enorme. (N. do T.)

Porém, esse círculo é, apesar da imagem geométrica, um círculo tangível, real, concreto, feito de "todas as consistências / Que ao se disporem em coisas / Me limitam, me centralizam". O próprio ar, "transparência em bloco", "cinge" o homem com seu "cerco Divino". Tal é a situação do poeta. E, no entanto, essa situação não é puramente estática nem puramente objetiva. É, na realidade, uma relação de "criação contínua". Interior e exterior intimamente ligados, mundo vivido pelo eu, eu situado pelo mundo, unem-se círculo e centro naquele para quem o mundo é uma dupla revelação. O espaço físico de Castela começou a colocar o poeta em seu mundo, porém essa terra, que Guillén recordará repetidamente no exílio, tem seu centro na interioridade da pessoa, de tal forma que, ao longo do *Cántico*, é impossível perder-se, seja qual for o tempo em que se viva, seja qual for o espaço que situa:

>¿Dónde extraviarse, dónde?
>Mi centro es este punto:
>Cualquiera*.

Até este ponto limitei-me a considerar o que chamaria de situação de centralização, sob seu aspecto mais óbvio: o do espaço. Porém, se a relação é, conforme afirmei mais acima, sempre do tipo dinâmico, a situação do poeta diante da realidade e desta diante do poeta é mais de ordem temporal que espacial. Qual é o tempo de Jorge Guillén?

O tempo que predomina ao longo de *Cántico* é, sem dúvida, um tempo meridiano, essas doze em ponto equilibradoras do mundo. Porém, essa situação temporal indicada por uma imagem espacial — o sol, em seu centro — ainda não é o verdadeiro tempo de *Cántico*. Há poetas inclinados sempre ao passado e à nostalgia, há poetas sempre inclinados ao futuro. Jorge Guillén não deixa de ser um poeta dos três "tempos" do tempo. Mas é, principalmente, um poeta do presente ou, talvez mais precisamente, da presença. Com efeito, o presente de que fala Guillén é um presente contínuo, o presente que vamos sendo, constantemente, em cada momento da vida, um presente feito de presença:

>Y sobre los instantes
>Que pasan de continuo
>Voy salvando el presente,
>Eternidad en vilo**.

(*) Onde extraviar-se, onde? / Meu centro é este ponto: / qualquer um.
(**) E sobre os instantes / Que passam contínuos / Vou salvando o presente, / Eternidade em suspenso.

Vale a pena determo-nos nesta estrofe. O presente pode passar da mesma maneira que passam os instantes ("os instantes que passam contínuos"). O que permanece é, na alma do poeta, uma forma de permanecer dentro do próprio ato de passar: o "Vou salvando presentes". "Presentes", isto é, instantes momentâneos que se sucedem e que, considerados em si mesmos, transcorrem e desaparecem. Porém, na mesma frase, o poeta afirma "Vou salvando". E isto porque a consciência permanece apesar do desfile dos instantes. As sensações de "um minuto eterno", de uma "eternidade em suspenso" corresponde muito exatamente a essa intuição fundamental que lembra Bergson não de muito longe: o tempo pode passar, mas para o eu que vive, o que não passa é a presença constante de um eu que é sempre agora.

Guillén vê claramente que seu presente — que chamei de presença — está constantemente ameaçado. A ameaça pode tomar a forma do nada ("Sempre a vida por um triz? / Luta o ser contra o nada"), a forma do mal ("O agressor geral / o vai rodeando todo"), a forma do futuro que promete a morte ("Algumas vezes me angustia uma certeza; / E diante de mim estremece meu futuro"). Porém, quando o nada se apresenta, o Guillén de *Cántico* o recusa e afasta-o de sua vida ("Nunca foi o nada? Hoje não é") e se é o mal que ameaça, Guillén responde: "Eu não cedo / Nada cederei ao demônio" e se é a morte que faz sinais do "arrabalde final" o poeta pode dizer, estoicamente: "... investe, / Justa fatalidade, / O muro grisalho / Me vai impor sua lei, não seu acidente".

E assim, a situação permanente do poeta na presença leva-o a afirmar o gozo de existir. Em várias ocasiões, Guillén resume sua vivência do presente numa só palavra: ser:

> Ser, nada más. Y basta.
> Es la absoluta dicha.
> ¡Con la esencia en silencio
> Tanto se identifica!*

Por enquanto, não comento a intromissão da palavra "essência". Cumpre assinalar que quando Guillén quer definir sua situação no espaço e tempo prefere o "estar" ao "ser".

Nesse mundo feito de "luz", "pássaros", "verde", "álamos", "evidências", "libélulas", "cinzas", "amarelos", a forma humana do ser é o *estar*. E isso porque, a rigor,

---

(*) Ser, nada mais. E basta / É a felicidade absoluta. / Com a essência em silêncio / tanto se identifica! (N. do T.)

a palavra "ser" não corresponde a nossa condição limitada de homens. Não foi em seu "querer ser" que Mallarmé e Nietzsche, Valéry e o próprio Rimbaud encontraram a radical ambigüidade de sua tentativa? Por outro lado, mais modesta, mais arraigadamente o homem *está* situado na vida, centro de seu círculo vital, presença de seu tempo mantido em suspenso acima dos instantes que passam. Assim o expressa Guillén, muito brevemente, em um de seus versos mais importantes:

> Soy, más estoy. Respiro*.

IV

Las esencias: "contemplación concreta"**

Já indiquei que uma das principais confusões, quando se trata da poesia de Jorge Guillén, provém de uma interpretação superficial da palavra essência. Parece-me útil precisar o sentido em que Guillén emprega a palavra, especialmente agora que o vemos como poeta situado em um mundo.

Empregada em seu sentido filosófico estrito, a essência designaria a diferença específica, a definição de uma espécie. Não creio que ninguém pense ser Guillén um poeta essencial nesse preciso sentido lógico da palavra. Ao falar de Guillén como poeta essencial quer-se indicar ou que é um poeta intelectual que, pelo intelecto, chega ao coração da realidade, ou então, pejorativamente, que é um poeta frio e acadêmico. Apesar de ambos os pontos de vista parecerem-me errôneos, creio que o primeiro é, sem dúvida, mais justo que o segundo. No entanto, merece ser esclarecido.

É fato que Guillén pode parecer às vezes ser o poeta frio das identidades, das equações lógicas. Porém, não viria essa impressão de frieza das imagens que o poeta inventa, mais que do sentido real dessas mesmas imagens? Referir-se ao frio não é ser poeta frio, falar da verdade não é referir-se a uma verdade idêntica, sempre igual a si mesma como a que é definida pelos lógicos. Consideremos uma estrofe típica:

> ¡Diáfana alianza!
> Frío con cristal.
> Los dos, transparentes
> Hacia la verdad***.

(*) Sou, mais estou. Respiro. (N. do T.)
(**) As essências: "contemplação concreta". (N. do T.)
(***) Diáfana aliança / Frio como cristal. / Os dois, transparentes / Em direção à verdade. (N. do T.)

Tomada em si mesma, essa estrofe parece sugerir que o poeta quer identificar dois objetos distintos ("frio", "cristal") em uma verdade única cuja unicidade poderia aparecer no artigo determinado feminino que a define. Porém, essa identidade, evidentemente metafórica, tanto pela presença da metáfora "Diáfana aliança!", como pelo contexto estrófico, é uma identidade de ordem vital. Trata-se nada mais nada menos de um poema ("Con nieve o sin nieve") e, que o poeta canta o amor. Essa neve, aliada ao frio do cristal, isola, ali, dentro do quarto, o amante e a amada. Assim, a neve, grudada nos cristais da janela, é "adorável", porque permite, precisamente, um ato de vida: "junta-nos os dois" ("Teu amor no centro / E o mundo nevado"). Podemos dizer com Guillén: "Com a essência em silêncio / Tanto se identifica". Porém, essa identificação não é fria, nem lógica. É uma nova epifania, uma nova revelação criadora.

Em algumas ocasiões Guillén parece referir-se, indiretamente, a um mundo muito semelhante ao das Idéias Platônicas. Em *La Florida*, parece reduzir o particular ao universal, o vivo ao conceito, o transformável e mutável ao ser que não se transforma nem muda:

> Una ola fue todo el mar.
> El mar es un solo oleaje.
> . . . .
> ¡Oh concentración prodigiosa!
> Todas las rosas son la rosa,
> Plenaria esencia universal*.

Chegamos ao mais "filosófico" de Guillén, ao que gostaria de chamar de seu platonismo essencial. É muito provável que, além do nosso mundo, Guillén pense ou imagine a presença de uma outra realidade imutável, onde as "rosas são a rosa". Porém, esse mundo — modelo e perfeição do nosso — não é o de que se ocupa Jorge Guillén em geral. Quando se trata de nosso mundo, Guillén pode perguntar-se: "Chego a um absoluto?" O que interessa nessa frase é a individualização do absoluto no artigo indeterminado que o precede e define. O absoluto em si não existe nesta terra "cotidiana", a da presença de nosso estar. Nela há momentos excepcionais de "assombro", de "gozo", de "felicidade" (imagens de outros mundos, mais além, mais felizes?), em que nos fazemos presentes a nós mesmos. Sabemos, então, que tudo é "justo". Porém, esse saber se apresenta em um mundo

---

(*) Uma onda foi todo o mar. / O mar é um único ondular. / ... / Oh, concentração prodigiosa! / Todas as rosas são a rosa, / Essência plenária universal. (N. do T.)

dinâmico, um mundo de essências em movimento, de essências ativas. Se o poeta se dirige à mulher, diz a ela: "Te busco, te imploro toda: / Essencial, feliz, nua". Aqui, porém, essência não significa estaticidade ou precisão lógica. Modificada pelas palavras "feliz", "nua", a palavra essência indica mais uma dessas perfeições acessíveis na terra, a perfeição de um amor procurado e implorado. Se o poeta fala da "tão absoluta... / Terra tão sumida no universo", não é porque procure ao nível desta terra, uma forma da perfeição estática e invariável, mas sim a "fruta de uma estação", "luz, nada mais", o amor que "aí está".

Guillén nos dá traços vivos, traços cheios de luz e sua imagem do mundo é sempre, mesmo quando mais abstratos parecem seus termos, a imagem de um mundo vivo. Nesse sentido, um dos poemas mais característicos de Guillén é "Naturaleza viva". Nele vemos como a madeira acaba se convertendo, diante dos olhos excitados do poeta, em "lenha, tronco, bosque", recriando assim suas próprias origens, "sempre, sempre silvestre". De um lado, o mundo material é "gozosa matéria em relação". Por outro lado, o "mundo espiritual é um mundo amoroso, feito de relações criadoras: "Tu nos crias, Amor / tu, tu, nos amas". A palavra essência tem um sinônimo único nesse mundo inventado e inventor do poeta: vida, a vida de um "viver que só sacia em viver mais".

Dois níveis na poesia de Guillén. O de estar na "perfeição" da vida cotidiana; o do ser em um mundo perfeito (platônico?), eterno. E entre dois níveis da realidade um contágio constante:

> Es la luz del primer
> Jardín, y aún fulge aquí,
> Ante mi faz, sobre su
> Flor, en ese jardín*.

Para o Guillén de *Cántico*, o geral é particular e o particular é geral. O Paraíso perdido volta a se recobrar, passo a passo, em *um* desses absolutos plurais que o mundo nos oferece e — ascendendo às origens — cada um desses absolutos pode fazer-nos retornar à luz do "Primeiro Jardim".

Poeta do estar, Guillén é poeta do ser só enquanto este ser se revela, multiplicado em cada árvore, cada rio, cada pássaro, nas estâncias vitais que vão, não do zero ao zero, como em Valéry, mas sim do Jardim ao Jardim, pela presença constante do jardim do mundo.

(*) É a luz do primeiro / Jardim, e ainda refulge aqui, / diante da minha face, sobre sua / Flor nesse jardim. (N. do T.)

6. BORGES REFUTA O TEMPO*

Quando Borges refuta a existência do tempo, seu ato não é gratuito, nem meramente intelectual; é, isto sim, um ato ambíguo. Por um lado, Borges, ao refutar o tempo, pensa anular a vida e criar, mais além de toda sucessão, uma metafísica mágica e intemporal; por outro lado, Borges declara-se incapaz de refutar o tempo: "o tempo, infelizmente, é real; eu, infelizmente, sou Borges". Minha intenção não é mostrar esse duplo movimento que descrevi em outra parte[1]; quero, apenas, enumerar as formas principais que essa refutação assume e

(*) "BORGES REFUTA el tiempo". In: *Palabra y silencio*, 2. ed. Siglo XXI, 1971.
(1) *Poetas hispanoamericanos y españoles*, Universidad Nacional Autónoma de México, México, 1961.

definir algumas fontes às vezes citadas, às vezes esquecidas pelo próprio Borges.

I

Em *Otras inquisiciones* aparecem duas refutações do tempo, sucessivas e complementares. A primeira — parte A — é de 1944; a segunda — parte B — de 1946. Além disso, o tema aparece em dois textos capitais da *Discusión*: "La perpetua carrera de Aquiles y la tortuga", "Los avatares de la tortuga" e com perspectiva diversa, em "La duración del infierno". Referir-me-ei, mais adiante, ao tema da duração infernal; limito-me, por ora, aos argumentos que aparecem nos outros textos.

1) Borges declara a influência de Berkeley e de Hume. O idealismo empírico nega, com o primeiro, a matéria; com o segundo, o espírito. Combinando o antimaterialismo de Berkeley, o ceticismo de Hume e algumas idéias de Schopenhauer, Borges observa: "Negados o espírito e a matéria, que são continuidades, negado também o espaço, não sei que direito temos a essa continuidade que é o tempo" (*Otras inquisiciones*). Um "não saber" não é uma "prova". É, sem dúvida, uma suspeita que Borges confirma em uma frase de tom enunciativo: "Em outras palavras: nego, com argumentos do idealismo, a vasta série temporal que o idealismo admite" (*Otras inquisiciones*)[2].

A dupla declaração de Borges não se fundamenta em uma forma idealista concreta: resume e assume todos os idealismos e, por meio deles, reduz a realidade a zero, a um "Grande Zero", como dizia Abel Martín, o mestre de Juan de Mairena. Porém, se existe um idealismo empírico (e cético), existe outro idealismo de ordem metafísica, ao qual Borges não se refere diretamente: trata-se do idealismo que acaso começaria com Parmênides (se supusermos, como é provável, que o Ser é de tipo Ideal). Parmênides, inventor dos argumentos que declaram a unidade, a imobilidade, a eternidade, a esfericidade do Ser, nega, *implicitamente*, a sucessão temporal. Também implicitamente negá-la-ão Platão e Plotino. De maneira explícita, Zenão de Eléia demonstrará a impossibilidade do movimento. Esse argumento explícito é o que é seguido por Borges em "Los avatares de la tortuga".

2) Borges fundamenta-se na teoria leibniziana dos

---

(2) Por outros caminhos, ao "abolir" o mundo, ao criar o poema absoluto, Mallarmé também nega o tempo. Em Mallarmé, como em Borges, a negação do tempo conduz à afirmação de um mundo Ideal; para ambos e em última instância, esse mundo Ideal (tal é o caso de *Igitur*, tal a pequena constelação de *Un coup de dés*) se prostra para nos trazer de volta a nossa condição contingente e temporal.

"indiscerníveis" — e provavelmente na teoria cartesiana de um tempo discreto — para afirmar que "cada instante é autônomo". Afirmar a autonomia de cada instante é colocar em dúvida a sucessão temporal a menos que se suponha — como o supôs Descartes, como *não* o supõe Borges — que Deus cria o mundo a cada instante. Se, ademais, o tempo é quantidade discreta em pessoas distintas, não pode ser compartilhado. Processo mental e processo mental subjetivo, o tempo, feito de átomos ou instantes incomunicados entre si, deixa de ser tempo. Deixa, da mesma forma, de existir comunicação entre um sujeito e outro sujeito. De fato, deixa de existir o próprio sujeito e Borges quase chega a dizer, sem chegar a dizê-lo, aquilo que afirmou Lichtenberg e que Wittgenstein repetiu: "Existem pensamentos". De fato: como afirmar o "eu penso" se o eu que pensa não pode pensar a si mesmo como continuidade?

O próprio Borges afirma que o tempo pode ser dito em linguagem. Uma linguagem feita de instantes autônomos deixaria de ser uma linguagem sucessiva; uma comunicação lingüística carente de sucessão negaria a própria comunicação. Esse argumento — o do nominalismo levado ao extremo — procede, em Borges, da leitura de Hume. Poderia proceder, mesmo que Borges não o cite, do nominalismo de Occam.

3) Distingui entre as refutações explícitas e as refutações implícitas do tempo. Borges reconhece umas e outras. Prefere as primeiras. Escreve: "A frase *negação do tempo* é ambígua. Pode significar a eternidade de Platão ou de Boécio e também os dilemas de Sexto Empírico" (*Otras inquisiciones*). Borges resume esses dilemas dizendo que Sexto Empírico "nega o passado que já foi e o futuro que ainda não é, e argumenta que o presente é divisível ou indivisível. Não é divisível, pois em tal caso não teria princípio que o vinculasse ao passado, nem fim que o vinculasse ao futuro, nem sequer meio, porque aquilo que carece de princípio e de fim não tem meio; tampouco é divisível, pois tal caso constaria de uma parte que foi e de outra que é. *Ergo*, não existe, porém, como tampouco existem o passado e o porvir, o tempo não existe" (*Otras inquisiciones*). Esse argumento volta a se encontrar parcialmente nas *Enéades* de Plotino e, sobretudo, nos livros X e XI das *Confissões* de Santo Agostinho. Borges esquece de Santo Agostinho. É intencional esse esquecimento? Poderia sê-lo se recordarmos que a negação do tempo em Santo Agostinho é a negação de *um* tempo: o tempo exterior e mecânico que, como Bergson, Santo Agostinho rechaça para melhor afirmar um tempo interior e vivo, dado da memória — imagem móvel

da eternidade —, de atenção — capacidade de presença — e de previsão — capacidade de profecia. Santo Agostinho nega um tempo para dar vida ao tempo contagiado de divindade (por vias metafísicas ou teológicas); Borges nega o tempo para afirmar a realidade, ao mesmo tempo absoluta e quebradiça, da fantasia: das ficções[3].

4) Sabemos que Aquiles não pode alcançar a tartaruga; sabemos que nem Aquiles nem a tartaruga podem "alcançar" nenhum momento futuro, posto que seu ser se esgota na imobilidade. Borges recorda o argumento de Zenão, a refutação do argumento por parte de J. S. Mill, a refutação bergsoniana. É de interesse recordar a opinião de Borges sobre Bergson. Borges pensa que seu argumento é "concessivo". "Bergson admite que o espaço seja infinitamente divisível, mas nega que o tempo o seja" (*Discusión*). Creio que nesse ponto Borges oblitera o pensamento bergsoniano. O tempo físico — o tempo que é espaço — é, para Bergson, divisível; a duração não o é. Por outro lado, entende-se a obliteração de Borges. Entende-se porque nesse caso, como no de Santo Agostinho, a negação de um tipo de tempo conduz a um tempo de esperanças metafísicas. Não é esse o tempo requerido pela visão literária e fantástica de Borges.

Borges aceita o argumento de Bertrand Russell: "A quantidade de pontos que há no universo é a que há num metro do universo" (*Discusión*). No caso de Aquiles e a tartaruga: "Cada lugar ocupado pela tartaruga mantém proporção com outro de Aquiles e a minuciosa correspondência, ponto por ponto, de ambas as séries simétricas, basta para fazê-las iguais. Não resta nenhum remanescente periódico da vantagem inicial dada à tartaruga" (*Discusión*). De acordo com William James e apesar de conhecer a "superioridade técnica do contrário", Borges prefere "dissentir". Borges pensa, ao escrever esse texto, que Russell considera apenas a noção de um infinito estável; Russell esquece a noção de um infinito "crescente". A única solução para esse "pedacinho de treva grega" estaria, para Borges, no idealismo. Já vimos, no entanto, que o idealismo pode ser utilizado — tanto explícita quanto implicitamente — para refutar o tempo.

II

Intelectualmente, Borges aceita a treva grega, aceita a treva de Zenão, para criar um mundo de fantasia, um mundo de ficções tão absolutas quanto duvidosas. Vital-

---

(3) Observo que a palavra ficção não só traduz o inglês *fiction*, mas também, ao mesmo tempo, afirma e nega a veracidade da fantasia.

mente, existencialmente, Borges nega-se a refutar o tempo: *"And yet, and yet*... O mundo, infelizmente, é real; eu, infelizmente, sou Borges" (*Otras inquisiciones*). Surge agora um novo paradoxo, que pouco tem a ver com a treva de Zenão e muito com o mistério das religiões. Borges, o que nega o tempo para depois se convencer do ilusório dessa negação, nega em troca a eternidade do inferno. Sua argumentação deixa agora de ser lógica para passar a ser sentimental e moral.

Em "La duración del infierno" (*Discusión*), Borges revive e reaviva a imagem de um inferno feito de fogo. Acha que a imaginação moderna, de Dante a Torres Vollarroel mostra a "usura do dogma" e a "decadência do inferno" (*Discusión*). Tal "usura" é discutível. O senhor K., processado por Kafka, vive no inferno; infernais são o "sul profundo" de Faulkner, as desventuras quase-neutras de *Molloy* ou *Watt*. O que acontece é que na literatura de hoje — inclusive na literatura de Borges — o inferno está neste mundo. Decaída ou não, a noção do inferno continua tendo vigência dogmática podendo se dizer, concordando com Teresa do Menino Jesus: creio que há um inferno, mas que está vazio.

Para Borges, "o atributo da eternidade é horroroso". "A eternidade do inferno é o questionado", escreve Borges em *Discusión*. Encontra dois argumentos para refutar a eternidade do inferno: A imortalidade, dom divino, pertence à ordem celeste; a mortalidade definitiva é outorgada àqueles que não chegam a amar esse dom; "o inferno, segundo essa piedosa teoria, é o nome humano blasfematório do olvido de Deus"; além disso, se pensarmos que o inferno é eterno, vemo-nos obrigados a pensar que o mal é eterno — e, incidentalmente, que é substancial. Um Deus bondoso não poderia permitir a existência da pena e sobretudo da pena eterna. Restam os argumentos que favorecem a existência de um inferno eterno. O argumento "policial" — a existência do inferno garantiria a conduta moral dos homens — desmerece qualquer refutação. Ao argumento segundo o qual se a culpa é infinita também deve sê-lo o castigo, responde Borges que, por meio dele, suprimem-se as culpas veniais, que tudo é culpa e nada é culpa, que dizer "uma falta é infinita por ser atentatória a Deus que é Ser infinito é como argumentar que é santa porque Deus o é, ou como pensas que as feridas provocadas num tigre devam ser listradas" (*Discusión*). Resta, por fim, o argumento segundo o qual o céu e o inferno são eternos como garantia do livre arbítrio. A esse argumento Borges responde dizendo que se trata de um argumento dramático, mas não lógico. É certamente um argumento que atrai Borges emocionalmente, que emocionalmente o rechaça: "toda coisa extravagante é possível, até a perpetuidade do inferno; mas tambem... é uma irreligiosidade acreditar nele (*Discusión*).

III

Borges refuta o tempo; Borges refuta o inferno. A primeira dessas refutações o conduz à exatidão de suas ficções, a essas cadeias de metáforas que são, "para dizê-lo de alguma maneira, objetos verbais, puros e independentes como um cristal ou como um anel de prata" (*Historia de la eternidad*). A refutação do inferno o leva, algumas vezes, a criar infernos fictícios, tão reais quanto as ruínas circulares rememorativas de Swedenborg. Quais são as formas adquiridas pelo tempo nas fantasias de Borges? Observo, primeiro, que as ficções de Borges vêm a substituir uma realidade da qual Borges quer duvidar sem poder levar a cabo sua dúvida: a realidade da vida e do tempo. A negação de um tempo linear, prolongadamente vida e proximamente morte, é, em Borges, como o é implicitamente em Novalis, em Mallarmé, e no próprio Joyce, a afirmação de "outros" tempos: mágicos, míticos, sonhados e reconhecidamente irreais. A irrealidade — o sonho, a outra face da realidade — assume em Borges, o lugar da realidade; ele a toma e assume sob a forma do retorno eterno (o "Eterno Recurso" chama-o Borges, às vezes) que promete a permanência, mas que anula, como em "Los teólogos", a identidade pessoal (também, em outro contexto, "todos os homens são Shakespeare"); assume-a também sob a forma daquilo que Freud haveria chamado de dramatizações: mundo sonhado onde as relações de causa e efeito se dão por associação, por modalidades da seqüência ou da inconseqüência; assume-a sobretudo, na sensibilidade duracional — tempo concreto, vivido e já não mágico — de alguns poemas. Certo é que boa parte da poesia de Borges está carregada de uma mesma preocupação: o caráter "enigmático do tempo". Não o é menos que a poesia, muito mais que a prosa; é, em termos que recordam Bergson, Proust, "fluência natural da recordação".

Borges aceita seu tempo íntimo, aceita seu tempo cordial, seu tempo tecido de pátios, Pampa, diminutivos, moinhos vermelhos, "vocação de amor", "carretas", "cavalhadas", fervores. Borges sensível, Borges não refutador mas sim aceitador de seu tempo e de seu espaço, teve que criar um mundo de fantasias exatas, de xadrezes imaginários. Talvez para não sucumbir à ternura. Di-lo Borges:

He trabado en fuertes palabras ese mi pensativo sentir,
que pudo haberse disipado en sola ternura*.

(*) Travei em palavras fortes esse meu pensativo sentir, que podia ter-se dissipado em ternura apenas. (N. do T.)

7. JOSÉ LEZAMA LIMA: DA IMAGEM E SEMELHANÇA*[1]

"Só o difícil é estimulante." Com essas palavras José Lezama Lima inicia seu livro *La expresión americana*. Antigas teogonias órficas, lendas ou traduções oraculares persas, grandes "eras imaginárias" (Oriente, cristianismo, a idade do barroco), personagens da gnose são também personagens de *Paradiso* — Fronesis, Foción —, herme-

(*) LIMA, J. LEZAMA. "De la imagen y la semejanza. In: *Poesía Iberoamericana contemporánea*, Sep-Setentas, 1971.

(1) O presente comentário parte principalmente, de J. LEZAMA LIMA, *Poesía Completa*, Havana, Instituto del Libro, 1970. O livro contém *Muerte de Narciso* (1937), *Enemigo rumor* (1941), *Aventuras sigilosas* (1945), *La fijeza* (1949), *Dador* (1960) e poemas não aparecidos no livro. Levo também em conta os ensaios de: *Analecta del reloj* (1953), *La expresión americana* (1957 e 1969), *Tratados en La Habana* (1958), *La cantidad hechizada* (1970).

tismo e lucidez, bruma e treva, peixes reais e peixes simbólicos: tudo isso e muito mais aparece, nasce, renasce, vive na imagem da poesia de Lezama Lima, toda ela imagem.

Não me proponho o impossível: analisar em umas poucas páginas a súmula de mundos que é esse mundo poético. Proponho-me: 1) definir a poética — teologia fantástica e real — de Lezama; 2) anotar alguns de seus poemas e tentar decifrar seu hermetismo; 3) regressar à poética, à intenção da imagem: imagem e, sobretudo, semelhança.

Estamos diante de um largo, rico e prolongado ato poético. José Lezama Lima é, certamente, conhecido, sobretudo, por sua novela *Paradiso*. O que não se recorda suficientemente é que Lezama é, igualmente, um dos grandes poetas contemporâneos, como tampouco se recorda que, sem o conhecimento de sua poesia, é difícil entender suas novelas, seus contos, seus ensaios. A obra toda de Lezama Lima é, essencialmente, um ato de poesia; esse ato se expressa na poética — poética não-aristotélica e inclusive antiaristotélica, que Lezama Lima converteu, pouco a pouco, numa visão do mundo.

A poética de Lezama começa por ser poética da metáfora e da imagem. Que se entende por metáfora? Alguns termos — transposição, analogia, metamorfose — são aqui quase-sinônimos de metáfora. A metáfora altera o significado *natural* das palavras; tenta reunir termos irreconciliáveis; em sua mudança perpétua, é duração e variação de símbolos. Escreve Lezama Lima: "Em toda metáfora existe uma como que suprema intenção de conseguir uma analogia, de estender uma rede para a semelhança, para definir cada um dos instantes com um parecido..." (*Analecta del reloj*). Assinalo dois termos cruciais: "semelhança", "instante". Terei ocasião de referir-me à "semelhança". Por ora há que precisar o caráter fugaz e transitório da metáfora: analogia de um instante que parece inconstante e ao mesmo tempo momentâneo. A imagem, em Lezama Lima, como em Novalis, que ele conhece e como em Maragall, que acaso desconhece, é a palavra total: a totalidade do poema[2]. Tal ou qual união de opostos ou dissímbolos, tal ou qual analogia inesperada — para Lezama Lima todo poeta é ao mesmo tempo novo, transitório e inesperado — constituem um *momento* do poema: esse poema ou instante metafórico, que,

---

(2) À semelhança de Lezama, Maragall achava que a palavra autêntica é a "palavra viva"; diferente de Lezama, essa palavra viva não se encontra na linguagem barroca mas sim na linguagem mais pura e mais direta, linguagem pela qual comungam o poeta e o povo.

degrau a degrau, passo a passo, vai construindo a visão total à base de visões metafóricas particulares e parciais.

Se a metáfora é instantânea e fugaz, o conjunto das metáforas que compõem o poema tem uma finalidade que vai mais além das finalidades previstas — o que Lezama chama de "método hipertélico". Essa finalidade das metáforas, carne e culminação do poema — poema encarnado e carne imaginária — é a imagem. No "sistema poético do mundo" proposto por Lezama Lima, a origem e o fio estão em uma só palavra: *imago*, imagem.

Como a metáfora, a imagem é temporal; diferente dela é duradoura e "regressiva" (uma vez que nos permite ver, com uma olhada total e retrospectiva, a rede completa dos significados do poema). Se a metáfora é um nó transitório de correspondências, a imagem é síntese de todas as correspondências: "... a maravilha do poema é que chega a criar um corpo, uma substância resistente cravada entre uma metáfora que avança, criando infinitas conexões e uma imagem final que assegura a sobrevivência dessa substância, dessa *poiesis*"[3]. Um poema parte de uma metáfora, desenvolve progressivas metamorfoses metafóricas (tema, subtemas, variações), até alcançar a *imago*, a imagem que é "realidade de um mundo invisível" (*Analecta* ...). De um lado a imagem é "natureza substituída" (*Analecta* ...); por outro lado, a imagem poética constitui-se-nos em imagem e em cópia porque, platonicamente, o mundo é aqui imagem e imagem da história.

Em *La expresión americana*, Lezama Lima interpreta a história, não como sucessão de culturas ou civilizações, mas sim como sucessão dessas "eras imaginárias" nas quais predominou o espírito imaginativo, porque nelas predominou a *imago*, eras nas quais se manifesta uma espécie de dom encarnado — o dom outorgado pelo Doador — quando a "imago se impõe como história" (*La expresión americana*)[4]. Bem na linha dos órficos, dos pitagóricos, dos gnósticos e dos neoplatônicos, do mestre Eckhardt ou Nicolau de Cusa, Lezama Lima concebe os homens como entidades da memória, tanto memória individual como memória da espécie ("memorizamos desde a raiz da espécie",

---

(3) "Suma de conversaciones", em A. ÁLVAREZ BRAVO, *Órbita de Lezama Lima*, Havana, Ed. Joaquín Álvarez, 1968. Daqui em diante citado simplesmente como "Suma...".
(4) Escreveu também Cintio Vitier, também grande poeta e amigo de Lezama Lima: "Fundar uma poética que seja ao mesmo tempo uma ética e uma interpretação da cultura e fundá-la em instituições de grandeza semelhante, é uma façanha que não se podia esperar de nós salvo se acolhendo essas 'leis secretas da imaginação' que o próprio Lezama Lima descobriu", *Crítica sucesiva*, Havana, Contemporáneos, 1971.

pode-se ler em *La expresión americana*). Em suma, suma ainda incompleta que espero completar no final deste comentário, Lezama Lima concebe a vida, a história, a própria realidade revelada pelo poema, sob a espécie de "intuição poética e conhecimento animista" (*La expresión americana*), isto é, como conhecimento da alma e pela alma. A imagem, a alma, a história, mostram que o homem está "para Deus, se o homem desfruta de todas as coisas, como em um banquete cuja finalidade é Deus" (*La expresión americana*). Deus como imagem? Mais exatamente o homem feito à imagem e *possível* semelhança de Deus — mas que fique para o final.

Disse Cintio Vitier, como Lezama, que "o poeta busca uma imitação verbal da insondável aparência"[5]. O próprio Lezama Lima havia dito que o poeta vai em busca do "eterno reverso enigmático tanto do escuro ou distante, quanto do claro ou próximo" ("Suma..."). Ambas as frases são reveladoras. Haveria que acrescentar, contudo, que a "insondável aparência" e o "reverso enigmático" são expressões metafóricas para se referir e nos colocar aquilo que verdadeiramente importa a Lezama Lima: para referir-se a Deus.

II

"Reverso enigmático"; a poesia de Lezama Lima (e o que digo aqui de seus poemas poderia ser igualmente dito de *Paradiso*, de *Tratados en La Habana* ou de *Analecta del reloj*) é declaradamente, voluntariamente hermética.

Em que consiste esse hermetismo? Lezama afirma, sem dúvida que existem dois *fatos*: a poesia clara e a poesia escura, da mesma forma que existem o dia e a noite. Não se deve pensar, no entanto, que qualquer dessas duas formas de poesia seja condenável. Há que pensar que a poesia de Lezama Lima é enigmática e que, se o difícil é estimulante, não é menos estimulante o enigmático que condiciona o difícil. O que o poeta sabe é difícil, escuro e luminoso como luminosa e escura é a noite.

De *Morte de Narciso* aos poemas mais maduros — não necessariamente mais perfeitos — Lezama Lima mostra uma clara evolução. *Morte de Narciso* situa-se na tradição de Góngora, na tradição de Sóror Juana — que Lezama interpreta como uma das grandes "imagens" da

---

(5) Citado em *Antología de la poesía hispanoamericana contemporánea*, Madri, Alianza Editorial, 1970, p. 415.

história da América — e, sobretudo, na tradição de Valéry e de Jorge Guillén. O jovem Lezama Lima pertence àquela linha de tensão poética que propôs um retorno a Góngora (Reyes, Alonso, Guillén, Gerardo Diego, Miguel Hernández em seu começo). Por outro lado, nenhum desses poetas, nem mesmo Lezama Lima, podem ser reduzidos, por preguiça crítica, a um vago gongorismo moderno. Por duas razões: primeiro, porque se trata mais de uma renovação da tradição barroca que de um "retorno"; segundo, porque aqueles que "voltam" a Góngora para se renovar criam mundos tão distintos entre si como esse *Narciso* de Lezama Lima e a extraordinária *Fábula de X y Z* de Gerardo Diego.

Lezama Lima alia-se ao que ele mesmo quis chamar de "a serpente de Dom Luís de Góngora". Porém, livro após livro, vai-se encontrando cada vez mais a si mesmo. Suas metáforas o conduzem à sua própria *imago,* seu rosto de poeta.

Quem é esse poeta?; que diz esse poeta tumultuoso, áspero, atrozmente angustiado, amante da viscosidade, da precisão, da água e da luz, monstro da memória, de leituras clássicas, orientais, bíblicas, imaginador de antílopes, pássaros, lebréus, insetos, cavalos, de todos os "animais mais finos" e oraculares? Ele fala, fundamentalmente, de um "invisível rumor" que, passo a passo, há de levar-nos, novamente, à imagem e à possível semelhança: à "lembrança do semelhante".

Vejamos três aspectos de uma mesma tríade, três momentos da história poética de Lezama Lima, três poemas: "Una oscura pradera me convida" (entre os primeiros poemas de *Enemigo rumor*), "San Juan de Patmos ante la Puerta Latina" (*finales de Enemigo rumor*) e "Recuerdo de lo semejante" (*Dador*).

"Una oscura pradera me convida" conserva algumas pegadas de *Muerte de Narciso*: espelho, água, "águas do espelho". Porém, o poema é, em princípio, a declaração de uma amplíssima abertura, abertura ao mundo, abertura à pradaria escura e convidativa. Logo se altera a pradaria vista do balcão do sonho; altera-se de novo ao recuperar-se como objeto da memória. Renovadamente, Lezama Lima, nessa rede e série de metáforas noturnas e estáticas, nos afirma que memorizamos sempre, desde as origens da espécie. Até que ponto estático? O poema o é nos primeiros versos: deixa de sê-lo quando o poeta adentra a "pradaria silenciosa". Nova metamorfose: na pradaria — prados de memória e consciência — estão restos de memória revivida, peças de história morta antes de que a recupere o poema, símbolos de história-imagem:

> Ilustres restos
> cien cabezas, cornetas, mil funciones
> abren su cielo, girasol callando*.

Pradaria? Metáfora e metamorfose; a pradaria se converte em céu ("estranha a surpresa neste céu"), agora cheio de rumores e de vozes que soam. Pradaria estática? Mais uma pradaria em movimento: uma escura pradaria vai passando". Pradaria?, céu? Mais morte: "vento ferido desta morte". Tudo é silêncio: "um pássaro e outro já não tremem".

"Una oscura pradera me convida" é um dos poemas breves e mais belos de Lezama Lima. Nada pode substituir sua leitura[6], seu sabor de magia, sua mescla de luz e sombra, olhar e tato, sua combinatória de movimento e repouso. Nada altera mais a imagem. Essa pradaria-céu, essa pradaria imóvel e movida, essa pradaria morte, é duração e é permanência, sucessão e quietude, tempo fugaz e tempo fixo. Inexplicável o poema? Certamente, trata-se de um poema mais sugerido que *dito* e, no entanto, nada inefável porque tudo o que o poeta quis dizer e de fato disse, está diante de nossos olhos e no interior de nossa memória, de nossa consciência.

"San Juan de Patmos ante la Puerta Latina" é um longo poema de aspecto histórico e legendário. Diante da Porta Latina, a que São Paulo "conquistaria" ("mas a verdade é que Juan de Patmos / conquistaria também essa Roma"), San Juan "está forte / passou dias no calabouço". Nada mais claramente narrativo que esta imagem de uma hipotética visita a uma Roma não menos hipotética. San Juan é forte porque contemplou as "formas do Crucificado". Oposto a Narciso, San Juan não vacila diante da "moleza miserável da água e da fidelidade miserável do espelho". Amigo da água e do azeite fervente, Juan é martirizado, mosaico bizantino ou talvez miniatura gótica. Porém, seu martírio, prolongado em outros martírios futuros, não convence Roma. Os romanos "continuariam reclamando provas e mais provas". Juan de Patmos — exílio e morte — não exige provas, como não as exige o cristão nem as exige o poeta que é Lezama Lima.

> ¿Qué hay que probar cuando llega la noche
> y el sueño con su rocío y el rumor que vuelve y
> [abate

(*) Ilustres restos / cem cabeças, cornetas, mil funções / abrem seu céu, girassol silenciando. (N. do T.)
(6) O leitor encontrará uma excelente seleção dos poemas de Lezama Lima em *Antología de la poesía hispanoamericana contemporánea*, publicada pela Alianza Editorial, Madri, 1970.

o el rumor satisfecho escondido en las grutas, después
[de la mañana?*

Tudo se ilumina porque a poesia e o cristianismo são, para Lezama Lima, iluminação, revelação, dom do Doador. São desnecessárias as provas: "a nuvem trazida por San Juan vai se estendendo pela caverna". Juan de Patmos, vida real e lenda lida, é uma presença sem demonstrações. Essa é uma das chaves do que Lezama Lima chamou "hermetismo": trata-se da presença diante do mistério, a magia do mundo, mistério e magia a toda prova e isentos de prova. A história aqui, como em Vico, é poesia, revelação da imagem[7].

Se "Una oscura pradera me convida" tende a sugerir; se "San Juan de Patmos ante la Puerta Latina" dá corpo às lendas sem necessidade de verificá-las ou deduzi-las, "Recuerdo de lo semejante", longo e recente poema, é, em suas referências e tentações gnósticas, neoplatônicas, um poema oracular.

Lezama Lima afirmou repetidamente que sua poesia e sua concepção poética do mundo se opõem ao dualismo. Não podia ser de outro modo para quem, ortodoxamente, afirma a encarnação do espírito apesar de, não sei se voluntárias, quedas no gnosticismo e no dualismo. Lezama Lima se pergunta, desde o começo do poema:

¿Hay una total pluralidad en la semejanza?**

Semelhante aos estóicos, escreve: "Acreditar que a pluralidade se opõe à semelhança / é esquecer que todos os narizes formam o olifante..." Tentação de panteísmo? Há muito desse tipo de panteísmo espiritualista dos neoplatônicos na obra de Lezama Lima. Como explicar essa pluralidade de um universo essencialmente uno? É necessário alterar a pergunta: como é possível que esse nosso

(*) Que se tem de provar quando chega a noite / e o sonho com seu orvalho e o rumor que retorna e abate / ou o rumor satisfeito escondido nas grutas, depois da manhã? (N. do T.)
(7) Duas observações: 1) Este não é, está claro, o único sentido do hermetismo de Lezama Lima. Há que dizer que Lezama é hermético por várias razões conjugadas: *a*) o é naturalmente (como já vimos — o poeta difícil é tão natural quanto o poeta claro); *b*) o é por vocação de barroquismo; *c*) o é por afeição às tradições herméticas — gnose e antecedentes persas, orientais, gregos; *d*) o é, fundamentalmente, porque se a religião — e a poesia — se referem ao mistério, sua clareza só pode ser sugerida pelas palavras humanas. Aqui, como em San Juan de la Cruz — e apenas nesse sentido — a noite da alma é a luz da alma. 2) Vico pensa que a linguagem autêntica dos homens (primeira na ordem do tempo de cada civilização e primeira no sentido de primordial) é a linguagem poética dos mitos, das lendas, dos símbolos e das metáforas da "idade poética". Em idades posteriores — heróica, humana — somente o poeta é capaz de voltar às origens. A coincidência com Lezama é aqui clara.
(**) Existe uma total pluralidade na semelhança? (N. do T.)

multiverso tenda a formar um mundo único e totalizador?[8] Símbolos e oráculos, representados em "Recuerdos de lo semejante", assim como nos tempos antigos, por animais, indicam a unidade e a ela se dirigem. Poeticamente:

> Los treinta mil osos que el bosque reclaman
> al que se quedó hablando en su disfraz hacia la
> [muerte*.

Teologicamente:

> La unidad saborea la trinidad de la planície bizan-
> [tina**.

Tudo se encaminha para a unidade, para o semelhante, por meio da "imagem": "a imagem... se faz superabundância". Porém o superabundar da imagem vai além dela mesma: "a superabundância é um sacramento".

Quem dentre os homens recebe a imagem daquilo que superabunda?; quem dentre os homens recebe cópia e imagem, a semelhança do semelhante? O "possesso" é quem assume "essa superabundância escura e indual". O possesso, isto é, o que aparenta loucura, porém, sobretudo o que está iluminado, o "entusiasmado" dos ritos velhos e modernos. Homem, história, poema, existem por participação: "cópia do homogêneo participado". Porém, precisamente porque a superabundância é verdadeiramente superabundante, é possível a pluralidade, a "diversidade de cada rosto". A poesia, "indual", dirige-se indicativamente para a superabundância. Todos os rostos pertencem a um mesmo Rosto; todos os rostos são, também, rostos distintos. Símbolos, oráculos, delfins, "animais mais finos", projetam-se para a totalidade, sem perder sua individualidade; encarnam no todo sem renunciar à sua própria carne.

Nesses três poemas não está toda a poesia de Lezama Lima, assim como não está nem pode estar neste comentário toda a riqueza torrencial de imagens, de referências, relâmpagos, conceitos, metamorfoses que consti-

---

(8) Quando falo aqui de tentações gnósticas e dualistas refiro-me a essa ampla tradição do pensamento cristão segundo a qual — e heterodoxamente — o mundo é regido por um duplo princípio (Bem e Mal, Deus e Demônio; e segundo a qual, também, conhecer Deus (obter a verdadeira gnose) é renunciar ao corpo e ao mundo. Por outro lado, em todo panteísmo existe a dificuldade de explicar a existência de seres individuais, já que a substância do mundo é em todas as partes uma e a mesma. Lezama Lima não é gnóstico nem panteísta. Gnosticismo e panteísmo são, nele, "momentos" de uma queda.

(*) Os trinta mil ursos que reclamam o bosque / ao que f'cou falando em seu disfarce para a morte. (N. do T.)

(**) A unidade saboreia a trindade da planície b'zantina. (N. do T.)

tuem essa poesia. Creio, no entanto, que nos três poemas aqui citados, apresentam-se três claras tendências, não apenas compatíveis mas também complementares: o mundo é milagroso, memorioso e mágico; o poema narra, por assim dizer, um mundo que é verdadeira encarnação sem necessidade de provas; o universo inteiro entrincheirado em imagem gravita, pluralmente, em direção à unidade de Deus. Para que se nos revelem os poemas "herméticos" de Lezama Lima, basta apenas lê-los: constituem uma nova imagem do mundo, verdadeira "natureza substituída", nova realidade tão real como a que nos outorgam, integrando-a, os sentidos e percepções[9].

O que, novamente, nos faz volver os olhos à Imagem, à Semelhança.

III

Até aqui os termos imagem e semelhança podem ter sido tomados como sinônimos. Não o são. Escreve Lezama Lima: "Se somos imagens e podemos ser semelhança, situemos diante da noite... nossa dilatação como um movimento metaforicamente expansivo" (*Tratados de La Habana*). O homem foi feito à imagem de seu Criador; está em poder do homem alcançar a semelhança com Deus, o Superabundante indicado e sugerido por nossas imagens. Já vimos que Lezama Lima não procura, nem quer procurar demonstrações. Não as quer, nem as procura porque sabe que entre a imagem — nós mesmos — e a divindade, jaz o mistério, o mistério que separa e ao mesmo tempo reúne o finito e o infinito. Lezama Lima aproxima-se das tradições fideístas do Ocidente, mesmo sendo seu fideísmo essencialmente poético. Lezama repete com São Paulo: *"Charitas omnia credit"* e repete, com Tertuliano: "o crível porque é incrível" (a morte do Filho de Deus), "o certo porque é impossível" (a Ressurreição); e diz Lezama, com Vico: "o impossível crível" ("Suma..."). O incrível — e possível — é que o homem que já é imagem de Deus possa chegar a ser "semelhança". Essa semelhança deve-se chamar ressurreição. Por isso diz Lezama Lima: "adquiri o ponto de vista que enfrenta à teoria heideggeriana do homem para a morte... o conceito da poesia que vem a estabelecer a causalidade prodigiosa do ser para a ressurreição, o ser que vence a morte e o saturniano" ("Suma...").

---

(9) Escreve Cintio Vitier: "Ofereci assim a medida máxima do poeta e do escritor; construir com a imagem uma casa para todos; fundir a escrita outra vez na alegria e majestade dos ciclos naturais" (*Op. cit.*, p. 264). Haveria que acrescentar talvez que esses ciclos naturais se recuperam em Lezama Lima, mediante o poema, no qual encarna a imagem do mundo.

Com Nicolau de Cusa, a quem cita algumas vezes, Lezama Lima poderia dizer: "O máximo absoluto, tudo o que pode ser o ser, está inteiramente em ato; e, como não pode ser maior, pela mesma razão não pode ser menor, uma vez que é tudo o que pode ser... Tais verdades transcendem todo poder do nosso entendimento" (*De Docta Ignorantia*, IV).

O poeta, imagem capaz de semelhança, pode viver como o pescador de "Noche dichosa", na Presença e na Participação. A poesia é capaz de compreender a realidade; é também capaz de transformá-la. Di-lo Lezama: a poesia, o veículo da imagem que leva ou pode levar à semelhança, "unificará tudo. Já começa a fazê--lo" ("Suma...").

8. OCTAVIO PAZ, POETA DA PARTICIPAÇÃO*

É fato que nosso século pôde presenciar um verdadeiro renascimento, tanto na Espanha quanto na América Hispânica, da literatura em língua espanhola. Grande parte desse renascimento é obra dos poetas: Antonio Machado, Juan Ramón Jiménez, Federico García Lorca, Jorge Guillén na Espanha, Pablo Neruda e Vicente Huidobro no Chile, César Vallejo no Peru, Jorge Luís Borges na Argentina, José Gorostiza, Carlos Pellicer e Octavio

(*) "OCTAVIO PAZ, poeta de la participación". In: *Poesía de México y España*, Madri, Porrúa Turanzas, 1972.

Paz no México — para citar apenas os mais conhecidos dentro e fora das fronteiras de sua língua — são comparáveis aos mais altos poetas do Século de Ouro Espanhol e contam dentre os melhores deste século XX. Nesse clima de poesia renovada e renovadora inicia-se a obra de Octavio Paz, poeta e ensaísta, que já é um dos nomes com que deve contar a literatura de nosso tempo.

A experiência da solidão

Em *El laberinto de la soledad*, Octavio Paz escreve: "A todos, em algum momento, se haverá revelado nossa existência como algo particular, intransferível e precioso. Quase sempre essa revelação se situa na adolescência. O conhecimento de nós mesmos se manifesta como um sabermo-nos sozinhos; entre o mundo e nós eleva-se uma impalpável, transparente muralha: a de nossa consciência". Com essas palavras o poeta nos indica, bem claramente, que a solidão não é uma invenção teórica, mas sim um fato vivido, uma experiência vital que, de uma forma ou de outra, pertence a todos nós. Ora, como todas as experiências vitais, esta adquire formas diversas, cores distintas e matizes segundo o indivíduo que a experimenta. Como se apresenta concretamente, no caso de Octavio Paz, o sentimento da solidão?

Alguns poemas de Octavio Paz são especialmente significativos para definir o sentido de sua aventura solitária. Em "Soliloquio de medianoche" (*A la orilla del mundo*) ele escreve:

> Intenté salir a la noche
> y al alba comulgar con los que sufren,
> mas como el rayo al caminante solitario
> sobrecogió a mi espíritu una lívida certidumbre:
> había muerto el sol y una eterna noche amanecía*.

Em "El prisionero" (*A la orilla del mundo*), diz o poeta:

> ¡Todo es espejo!
> Tu imagen te persigue.
> El hombre está habitado por silencio y vacío...**

Em "Cuarto de hotel" (*Puerta condenada*), Paz resume a experiência da solidão:

(*) Tentei sair à noite / e ao alvorecer comungar com os que sofrem / mas como o raio ao caminhante solitário / colheu meu espírito uma lívida certeza / estava morto o sol e uma eterna noite amanhecia. (N. do T.)
(**) Tudo é espelho! / Tua imagem te persegue. / O homem é habitado por silêncio e vazio... (N. do T.)

> Me rodean silencio y soledad.
> Fuera la noche crece, indiferente
> a la vana querella de los hombres*.

Assim — as citações poderiam multiplicar-se — o poeta *afirma* sua solidão, faz-nos participar de sua experiência de único e isolado. Porém, cabe perguntarmo-nos: que significa essa afirmação? Vejamos a partir de um verso, um único verso particularmente indicativo tanto por sua forma como pelo conteúdo que essa mesma forma compreende. Em "Cuarto de hotel" um de seus poemas mais angustiados, Octavio Paz se pergunta:

> ¿soy un llegar a ser que nunca llega?**

A primeira coisa que surpreende ao ler esse verso é sua intencional e indeterminada vagueza. O que isto pressupõe? Uma definição do ser do poeta. Porém, esse é precisamente o ser que não se pode chegar a ser.

No emprego do verbo "chegar" está a chave do verso. O "chegar" implica um fim definido ao qual se chega. O surpreendente da frase de Paz é, primeiramente, que não define esse fim que normalmente constituiria o objetivo de um chegar ativo; segundo que, no deslizar-se temporal do verso, não se define o "quem" do que pretende chegar; terceiro, que todo o verso fica em suspenso por sua própria forma interrogativa e não está nem mesmo seguro de que esse sujeito indefinido que tende a um fim igualmente definido seja um ser determinado. Não só põe em questão a determinação do sujeito e do objeto, mas também a própria interrogação. No fundo da solidão parece que assistimos a uma experiência de estranhamento e despersonalização. O solitário é "o que perdeu seu corpo", o que perdeu sua sombra. Uma experiência especial do tempo explica essa indiferenciação persistente do eu e do mundo. Vejamos como se manifesta ela no poema "Viento" um dos que, dentro de sua aparente simplicidade, melhor a precisam:

> Nadie soy,
> cuerpo que flota, luz, oleaje;
> todo es el del viento
> y el viento es aire siempre en viaje***.

A experiência da solidão é experiência de uma insegurança vital que implica o tempo, não como um pro-

(*) Rodeiam-me silêncio e solidão / Fora a noite cresce, indiferente / à vã querela dos homens. (N. do T.)
(**) sou um chegar a ser que nunca chega? (N. do T.)
(***) Ninguém sou, / corpo que flutua, luz, ondular; / tudo é o do vento / e o vento é ar sempre de viagem. (N. do T.)

cesso definido que atinge fins determinados, mas sim como um estar boiando em meios ambíguos feitos da substância do ar. O poeta começa por definir-se como "corpo" e, ao fazê-lo, parece dar-nos uma imagem muito concreta, precisa e tangível.

Porém, se nos perguntamos qual é a substância desse tempo, veremos prontamente que se nos dá por meio de imagens da própria fugacidade: luz impalpável, ondular, vento e, encerrando a estrofe, "ar sempre de viagem". A substância carnal adquire qualidades etéreas, passageiras, fantasmagóricas. Em *La estación violenta* (1960) Octavio Paz fala do "tempo carnívoro". Porém, esse tempo destruidor integra-se à consciência do solitário anulado em sua própria reflexão imaginária, no "ninguém sou eu" do primeiro verso. Isso resulta ainda mais claro se se compara essa estrofe com a que a precede imediatamente. Diz Paz:

> Todo es espacio;
> vibra la vara de la amapola
> y una desnuda
> vuela en el viento lomo de ola*.

Em *El laberinto de la soledad* Paz define a solidão como "nostalgia do espaço". Isso porque, de fato, o espaço nos centraliza, corpo que somos frente a coisas que são. O exterior — "varas" ou "amapolas" — não pertence ao mundo da solidão. Pertence mais a esse mundo que Paz definia como "indiferente à vã querela dos homens". Porém, quando o sujeito absorve o mundo e integra-o a seu próprio espírito, as próprias coisas e o espaço que as contém, acabam por desaparecer; tudo acaba por se diluir no sujeito passageiro — "ar sempre de viagem" — que contempla seu próprio eu do qual o mundo é apenas uma experiência ou uma metáfora.

O homem fica só, ou, para empregar uma imagem do próprio Paz, o homem fica "desabitado". Assim, consciente apenas de si mesmo, ausente do mundo, levado pelo rio do tempo, o poeta se encontra diante do abismo: "o horror de não ser". No fundo da própria consciência que duvida de sua própria existência reside a morte, talvez nada definitiva. E assim, os tempos acabam por se apagar nessa experiência de abismos interiores:

> "Después del tiempo", pienso, "está la muerte
> y allí seré por fin cuando no sea".
> Mas no hay después, ni hay antes y la muerte

(*) Tudo é espaço; / vibra a vara da amapola / e uma nua / voa no vento lombo de onda. (N. do T.)

no nos espera al fin: está en nosotros
y va muriendo a sorbos con nosotros*.
("Cuarto de hotel")

Esse parece ser o sentido da solidão na poesia de Octavio Paz. A solidão é, para ele, uma experiência original e originária. Porém, o próprio Paz escreve, em *El laberinto de la soledad*: "A Revolução mexicana morreu sem resolver nossas contradições. Depois da Segunda Guerra Mundial, damo-nos conta que essa criação de nós mesmos que a realidade nos exige, não difere da que uma realidade semelhante reclama de nós. Vivemos, como o resto do planeta, uma conjuntura decisiva e mortal, órfãos do passado e com um futuro a ser inventado. A História universal já é tarefa comum. E nosso labirinto, o de todos os homens".

Para Octavio Paz a solidão não é um fim, mas sim um ponto de partida, um trampolim que permite saltar para um estado de participação. Para saber o que Paz entende por comunicação, comunhão e comunidade, é necessário, previamente, responder a duas perguntas: qual a origem da solidão humana, qual a raiz dessa experiência de isolamento?; quais são, por outro lado, as experiências privilegiadas que nos permitem, ainda em nossa solidão, uma verdadeira participação na comunidade de todos os homens?

Paz concebe o homem como um ser completo. Porém, esse ser total se nos apresenta quase sempre dividido, caído, roto em seu centro. Seres pela metade, incompletos, feridos pelo tempo, nossa existência dirige-se a procurar a "metade perdida" que temos de alcançar para chegar a ser. A realização de nosso ser completo se manifesta em três experiências privilegiadas: a imagem poética, o amor, o sagrado. Graças a elas podemos romper nossa situação de seres pela metade, isto é, nossa condição de seres solitários.

A imagem poética se apresenta como uma revelação ou, como diz Octavio Paz em *El arco y la lira*, como uma epifania, uma revelação. O que nos revela? Nossa unidade além de todas as contradições. "O poeta — escreve Paz — dá nome às coisas: estas são plumas, aquelas são pedras e logo afirma: as pedras são plumas, isso é aquilo... A imagem resulta escandalosa porque desafia o princípio de contradição: o peso é o leve" (*El arco y la lira*). Em nossa vida cotidiana costumamos distinguir

---

(*) "Depois do tempo", penso, "está a morte / e ali serei por fim quando não for". / Mas não há depois, nem há antes e a morte / não nos espera no fim: está em nós / e vai morrendo aos sorvos como nós. (N. do T.)

entre "um" e "outro", o interior e o exterior, nós mesmos e todos os demais: homens, pedras, estrelas, anjos ou deuses. O que nos diz a experiência poética é que um é outro, que cessaram as oposições, que, graças a ela, estamos em comunicação aberta com nós mesmos e com o mundo que nos rodeia. Assim, a linguagem poética, verdadeira linguagem do homem em Paz, como o foi em Vico, em Hamman, em Herder ou em Novalis, nos conduz a uma "aventura total" (*El arco y la lira*). Abertos a "um" e a "outro", abertos definitivamente a nós mesmos, vivemos, com a imagem, um instante de comunidade. Por isso, Octavio Paz pode dizer que a poesia é "entrar no ser" (*El arco y la lira*).

A poesia de Octavio Paz contém — já o vimos — imagens da destruição, da queda, da despersonalização e da morte. Mescladas a elas, culminação delas, Paz atinge imagens que são símbolos dessa unidade e dessa comunhão recuperadas. Em seu zênite, o sol não permite sombras, não permite transformações nem alterações. Tudo é presença. Assim em "Himno entre ruinas":

> Coronado de sí el día extiende sus plumas,
> ¡Alto grito amarillo,
> caliente surtidor en el centro de un cielo
> imparcial y benéfico!
> ....
> Todo es Dios*.

Ou, numa imagem mais dinâmica que nos leva à ascensão para a luz ("Fuente", *La estación violenta*):

> El mediodía alza en vilo al mundo**.

Semelhantes à experiência poética, unificadores como ela, são o amor e o sentimento do sagrado.

No amor: "tudo que é atado ao solo por amor de matéria ... se levanta e voa" (*La estación violenta*) e aqui, como na imagem poética, regressamos à experiência da unidade e da eternidade:

> todo es presencia, todos los siglos son este presen-
> [te***.

E isso porque no amor vivemos — unidade, eternidade instantânea — com "os pronomes enlaçados". O

(*) Coroado de si o dia estende suas plumas, / Alto grito amarelo, / quente provedor no centro de um céu / imparcial e benéfico! / ... / Tudo é Deus. (N. do T.)
(**) O meio-dia alça em suspenso o mundo. (N. do T.)
(***) tudo é presença, todos os séculos são este presente. (N. do T.)

eu e só se realiza no tu e o tu adquire pleno sentido no eu. Somos, por fim, "nós". Mais que em nenhuma outra experiência humana, no amor encontramos e somos finalmente a "metade perdida" no corpo e na alma da amada.

De origem amorosa, de caráter poético, é a experiência da "outra margem", nome pelo qual Paz designa o sagrado. Como o amor, o sagrado apresenta-se primeiro sob facetas ambíguas: atrai-nos e nos rechaça. Porém, além das contradições, além das vacilações e das dúvidas, uma vez que o sagrado se torna experiência, uma vez que tenhamos passado o portal sombrio, "a existência do outro" culmina na comunhão que é "a experiência do uno".

Parecerá, às vezes, que a "outra margem" nos é alheia e longínqua:

> Allá, del otro lado, se extienden las playas inmensas
> [como una mirada de amor,
> allá la noche vestida de agua despliega sus jeroglíficos
> [al alcance de la mano,
> el río entra cantando por el llano dormido y moja
> [las raíces de la palabra libertad*.

E, no entanto, esse "lá" é na verdade "aqui", "hieróglifos" sim, mas "ao alcance da mão".

Três experiências únicas e convergentes nos salvam, nos fazem regressar a nós mesmos, nos prendem a nós e aos demais. Sós e unidos, perdidos e recuperados, podemos viver ao mesmo tempo — amor, poesia, sacramentação — "nossa ração de tempo e paraíso".

A leitura de uma obra poética, quando é autêntica, nos revela uma experiência que pertence a todos: ao poeta e a nós, seus leitores. Essa experiência é, no caso de Octavio Paz, e no sentido mais real da palavra, uma experiência de *conversão*. Paz nos diz que nossa vida tem sentido se formos capazes de nos lançar para fora de nós mesmos, para nos recuperar-nos nos outros. Conhecer-se a si mesmo? Mais que isso: vivermos vertidos a um mundo e convertidos ao que verdadeiramente somos:

> Y el río remonta su curso, repliega sus velas, recoge sus imágenes y se interna en sí mismo**.

("El río", *La estación violenta*.)

(*) Lá, do outro lado, estendem-se as praias imensas como um olhar de amor, / lá a noite vestida de água desdobra seus hieróglifos ao alcance da mão / o rio entra cantando pela planura adormecida e molha as raízes da palavra liberdade. (N. do T.)
(**) E o rio retoma seu curso, redobra suas velas, recolhe suas imagens e interna-se em si mesmo. (N. do T.)

9. PARA E DE *BLANCO**

De *Salamandra* a *Blanco* a poesia de Octavio Paz manifesta cada vez mais as inquietações que vimos desenvolverem-se em seus ensaios. Trata-se do sentido da vida. Para entender esse sentido há que entender seu significado. A própria vida nos remete às palavras e as palavras dão o significado e o sentido da vida. Viver é estar nas palavras, nos símbolos, nas significações: realidade e ausência da realidade; melhor: realidade além do que costumamos chamar real ou ausente.

Salamandra aparece como um livro de transição. Não sem justificativas, aqueles que o leram no ano de sua publicação puderam sentir-se desorientados e ainda pergun-

(*) "HACIA y desde Blanco". In: OCTAVIO PAZ. *El sentido de la palabra*, Joaquín Mortiz, 1970.

tar-se se o autor desse livro era o mesmo autor dos livros anteriores. Para parafrasear Paz, *Salamandra* é um livro de "ruptura". Uma ruptura que, naturalmente, implica mudança mas não descontinuidade.

Dentre as novidades formais de *Salamandra* é de se notar o emprego de elementos alternados ou complementares dentro de um mesmo poema. Esse, que será traço da obra posterior de Paz, revela-se com toda clareza a partir do poema a José Juan Tablada onde se alternam versos de Tablada e de Paz; revela-se com maior clareza, em "Reversible", poema que, dentro de sua brevidade, anuncia *Blanco*. Legível verso a verso é também legível começando pelo final de cada verso, assim como permite a leitura segundo as duas colunas que constituem dois poemas separados. Também formalmente haveria que se assinalar o emprego, cada vez mais freqüente, do paradoxo: o *sim é não*, o ser é não-ser. Diverso do pacto entre imagens parciais que era uma imagem total, o paradoxo integra opostos para transcendê-los. Desde *Salamandra* já percebemos que a verdade não está nem na afirmação nem na negação, mas sim além de ambas. O emprego do paradoxo não é aqui puramente externo, nem talvez seja sempre um instrumento no sentido consciente de um método. É o resultado de um novo pacto: o pacto entre o ser e o não-ser, além de um e outro.

Vários poemas de *Salamandra* são poemas das *correspondências*. Como Baudelaire, Paz descobre relações constantes entre seres, símbolos e palavras. Que símbolos presidem essas correspondências? A "amizade" e o "unimesmamento". Amizade quando "a presença sem nome me rodeia"; "unimesmamento quando chegamos ao interior do tempo 'sem passado ou futuro', na transparência" que nos revela uns e os mesmos.

Todos esses temas — já apresentados nos últimos livros de prosa — se definirão em *Blanco*. Resta por comentar o poema mais extraordinário do livro: "Salamandra".

"Salamandra"

Esse poema, que dá nome a todo o livro é um poema múltiplo. O é quanto aos distintos sentidos da palavra e quanto às formas de ser da "salamandra", como o é quanto às múltiplas descrições que esses sentidos compreendem. É inútil tentar esgotar o significado desse poema que se apresenta, imagem pura, como uma pedra preciosa e única.

De variação em variação a salamandra é "calorífero de combustão lenta", estufa e fogo; é o "nome antigo do fogo", "antídoto antigo contra o fogo". Da combustão real a imagem da salamandra nos transporta à própria oposição: fogo e não-fogo, veneno e antídoto; fogo criador e destruição de incêndios. Com espírito de jogo a salamandra é amianto ("amento amante amianto"). Isto é, amianto inimigo do fogo próximo ao fogo do qual nos protege. Cresce a salamandra e é a cidade "entre as geometrias vertiginosas" e é, fogo florido, uma "amapola súbita" e é "garra amarela" e "sol". "Estrela caída" nos converte em pedra, "opala sangrenta" para reunir fogo e sangue. No interior da pedra, a salamandra "explode como um sol". Em uma litania à salamandra, o animal-fogo, o animal-pedra se transfigura:

> Salamandra
>   Espiga
> Hija del fuego
> Espíritu del fuego
> Condensación de la sangre
> — Salamandra de aire
> La roca es llana
>   La llama es humo
> Vapor rojo
>   Recta plegaria
> Alta palabra de alabanza*.

Porém, a salamandra é também animal-salamandra: "bicho negro e brilhante / calafrio do musgo / devorador de insetos". E, em versos de manual zoológico: "fecundação interna / reprodução ovípara / Os filhotes vivem na água / Já adultas nadam com lentidão".

Descrita, vista multiplamente, a salamandra é o peixe axolótl, "o dois-seres" e é Xólotl, "cão guia do inferno", "fazedor de homens" e "penitente". Xólotl também é duplo: "a outra face do Senhor da Aurora". Pelo final do poema regressamos às imagens do sol, da chama, do fogo, da pedra, "sol" e "sal" da destruição. O poema dobra-se sobre si mesmo. A salamandra é a "rubra palavra do princípio". Como o poema, a salamandra é "inapreensível", é "indizível". Bruscamente: "Salamandra"; "Água-mãe".

Podemos ver nesse poema várias das imagens continuadas ao longo da obra de Paz. Sem dúvida a presença dos duplos (axolótl e Xólotl); mais claramente, as metamorfoses de um mesmo ser em todos os seres; mais claramente ainda as "correspondências" entre todos os en-

(*) Salamandra / Espiga / Filha do fogo / Espírito do fogo / Condensação do sangue / — Salamandra de ar / A rocha é chamada / A chama é fumaça / Vapor vermelho / Reta encolhedora / Alta palavra de louvor. (N. do T.)

tes. O poema é *quase* um círculo fechado: da "salamandra à salamandra, do fogo ao fogo". Não o é de todo. As duas palavras com que termina são mais dois gritos do que uma continuidade de imagens. Dissera Paz que o poema pode ser concebido como o desenvolvimento de uma exclamação. Uma dupla exclamação (agressiva, dirigida ao animal, dirigida à terra materna) faz com que o poema se abra e se respire em dois começos de festa.

A lenda nos diz que a salamandra pode atravessar o fogo sem queimar-se. Por isso é pedra pura e preciosa. Não se tratará do próprio poema? Arrisco a hipótese. Se a salamandra é o poema (indica-o o fato de que seja indizível) o que Paz nos diz é que o próprio poema não só é indizível em outras palavras, mas também que ele próprio pode apenas se aproximar do próprio miolo (palavra e silêncio) ao qual se refere. Descrevemos, damos voltas, regressamos, aludimos: o resultado de todas nossas vias é o poema. O que o poema diz é o próprio poema. Além do poema aquilo que é referido pelo poema é aludido por vias oblíquas, tão oblíquas e ubíquas como o fogo, a chama, o ar. Tão impenetráveis como a pedra preciosa caída da estrela[1].

Convém à "Salamandra" esta frase exata de *Corriente alterna*:

El poema es inexpresable, no ininteligible*.

"Blanco"

"Blanco" é, junto com "Piedra de sol", o mais rico dos poemas de Octavio Paz. Da produção poética escrita na Índia destacam-se principalmente dois poemas ("Viento entero" e precisamente "Blanco"). Duas faces de uma mesma moeda. Poema redondo, cíclico e de respiração ampla, "Viento entero" é o poema onde o amor recolhe-se sobre si mesmo nos altos espaços do ar. "Blanco", poema da palavra, é também poema do retorno a si da palavra.

Pode-se e deve-se ler "Blanco" com vários graus de atenção. Às vezes quase esquecendo o que diz obviamente; outras fixando imagens, silêncios, símbolos. O leitor se sentirá sempre livre para *vê-lo* e *entendê-lo* em suas diversas vertentes. "Blanco" não se impõe: se oferece.

---

(1) Não existirá uma relação mais ou menos desejada entre a "salamandra" do poema e a pedra preciosa que é adorada pelos vixnuítas com o nome de "salamandra"? Pedra espiral como o rabo de uma salamandra que contém Vixnu. Não é a "salamandra" o que conserva — Vixnu conservador do mundo — apesar de todas as aparentes mutações?
(*) O poema é inexpressável, não ininteligível. (N. do T.)

E esse oferecer-se é uma das formas essenciais do que Heidegger queria que fosse o poema: fundamento.

Penetremos um pouco mais no poema, atentos primeiro às sugestões de Paz, atentos ao desenvolvimento múltiplo do poema, atentos, por fim, à epígrafe *tantra* que encabeça o poema.

Em uma breve nota Paz explica que "Blanco" pode ser lido como poema completo, como quatro ou oito poemas soltos — segundo a coluna que se leia — como poema erótico, como poema da palavra que vai do branco ao branco, do silêncio ao silêncio, como poema da sensação, da percepção e do entendimento. Sem dúvida todas essas leituras são possíveis e também necessárias. Por outro lado, a pontuação de "Blanco" é rítmica, não-ortográfica. Dessa possibilidade de uma leitura múltipla há antecedentes na obra do próprio Paz, assim como em John Cage, Ezra Pound, Apollinaire e Mallarmé. Poder-se-iam encontrar antecedentes longínquos em Góngora, Dante e sobretudo nos poetas de Provença — principalmente Arnaut Daniel. Da possibilidade de uma leitura rítmica os antecedentes mais claros são, novamente, as obras de Mallarmé — *Igitur* e *Un coup de dés* — e alguns poemas de Apollinaire. Em todos eles os silêncios contam tanto quanto nas palavras.

Tal é o próprio poema. Porém, pode-se e deve-se ir mais longe: há que penetrar nele. Que é que sua maneira de dizer esconde?; o que *diz* "Blanco"? Mais precisamente: o que é que diz o poema em sua própria forma de dizê-lo?

"Blanco" é, efetivamente, poema da palavra e o é duplamente: poema constituído por palavras que se inclina sobre si mesmo para ser poema sobre a palavra. Em *Corriente alterna* podemos ler: "a poesia moderna é uma tentativa de abolir todas as significações por que ela própria se pressente como o significado último da vida e do homem". Assim se pode definir a tentativa inaugurada por Mallarmé; de maneira semelhante se poderia entender as tentativas de Pound ou de Joyce. O poema não trata de significados: *é* o significado; não trata do mundo: recria-o para que possamos compartilhá-lo, transformado em língua e fala. Mais que um diálogo com o mundo, "Blanco" quer fundar o mundo do diálogo. Perdidos os antigos deuses (tanto quanto os deuses menores e ditatoriais da história, da ciência, da técnica, do progresso) para muitos o poema não só se faz sagrado: ele se dá como aquilo que é sagrado. Assim, o poema é projeto de fundação. Para alcançar seu fim, o poeta recorre a um mundo de símbolos cujo significado é imanente aos próprios símbolos. Daí as palavras de "Blanco" serem "sem idade", "linguagem desabitada", um "ver" que vai mais além do "pensar", "realidade do olhar" que nasce da "irrealidade do olhado". Num tempo circular que vai da inocência do mundo para regressar à inocência — do silêncio ao silêncio, do branco ao branco — o poema é oferecimento e é fundamento.

Mas é verdadeiramente "irreal" essa palavra fundadora? Não o é em "Blanco" quando "entendemos" que o fundamento último é o Espírito. De ciclo a ciclo, de erotismo a palavra, de amor a terra, de palavra a flor, de terra a flor e a palavra:

> El espíritu
> Es una invención del cuerpo
> El cuerpo
> Es una invención del mundo
> El mundo
> Es una invención del Espíritu*.

Vimos, repetidamente, que Paz procura a união dos opostos. Buscar essa união — como o fizeram Heráclito, Plotino, Nicolau de Cusa, os românticos alemães, o Surrealismo — no nível da imanência não é caminhar para esse despertar, esse "voltar a sonhar com os olhos abertos" da inocência já prometido em *El laberinto de la soledad*? Mas o que *é* (se é que se pode aqui falar de "ser") aquilo que podemos ver com os olhos abertos?; que tipo de unidade dos opostos, que pacto, que reconciliação poderá, verdadeiramente, ser-nos reveladora de um fundamento?

Já vimos que na maioria das obras de Paz são três (amor, sacramentação, imagem) as vias que nos permitem ascender à unidade perdida. As três experiências estão em "Blanco", porém, além delas há no poema uma espécie de unidade ou unanimidade que se impõe como última e definitiva.

"Blanco" é, sem dúvida, um poema que ascende, em espirais, da sensação à percepção e desta à imaginação e ao entendimento. É, paralelamente, um poema erótico cuja função é a de "entrar" no "país dos olhos fechados" (país, mulher, imagem e unidade), no "país de água desperta". Como se realiza esse "entrar"? Pelo caminho do amor e da posse carnal e, além dos sentidos, por olhar "no que olho" que me revela o que "me olha".

O entendimento além da inteligência, como o erotismo além da carne, não são aqui renúncia ao mundo nem

---

(*) O espírito / É uma invenção do corpo / O corpo / É uma invenção do mundo / O mundo / É uma invenção do Espírito. (N. do T.)

aos sentidos nem à carne, mas sim conversão de carne e realidade sensível em Espírito.

Na mística helênica, judaica e cristã, do *Cântico dos Cânticos* passando por Plotino, por Meister Eckhardt, Tauler e San Juan de la Cruz, conhecer é entrar, passo a passo, no mundo inefável — palavra "sem idade" próxima da inocência primeira, primordial e última — da contemplação[2]. Porém, se essa ascensão é, em alguns místicos do Ocidente, renúncia ao mundo — sobretudo em Plotino — é, por outro lado, em várias tradições da Índia, transformação da sensação em imagem, da imagem em palavra, da palavra em um "entender" que vai além dos símbolos.

Lembremo-nos que "Blanco" é precedido por uma citação do *Hevajra Tantra*. Não é inútil referir-se ao sentido do Tantra, o mais recente dos sistemas místico-filosóficos da Índia. A palavra *tantra* significa "sistema", "vislumbre", "rito", "urdidura", "doutrina". Desenvolvido a partir do século VI, o sistema é contemporâneo dos grandes estilos artísticos da Índia, de *Dhyana* e do *Zen*. Revelada a Xiva para servir de escritura sagrada à quarta idade — a idade atual do mundo — constitui uma das fontes da vida espiritual da Índia. Hermético, como hermética foi boa parte dos ensinamentos das *Upanichades*, esse "rito" recorda também alguns dos ensinamentos dos gnósticos. Uma das doutrinas centrais do sistema Tantra nos diz que o Macho e a Fêmea são manifestações polares — e aparentes — de um só ser primevo. A Fêmea é a "energia" do Macho e o verdadeiro entendimento é aquele que nos revela que o amor e o erotismo são fusão, volta à origem, ruptura dos véus aparentes para alcançar a verdade primeira. Através do princípio feminino — móvel e temporal — podemos reintegrar-nos no princípio masculino da eternidade.

Não é necessário pensar que Octavio Paz siga ponto por ponto algum sistema filosófico ou religioso da Índia. Além disso, idéias similares às expressadas pelo sistema Tantra poderiam ser encontradas nos órficos, nos pitagóricos, no platonismo e no gnosticismo. Tampouco é necessário sugerir que "Blanco" seja a expressão lírica de uma crença religiosa. No entanto, é necessário observar a convergência das idéias que Octavio Paz vem expressando ao longo de sua obra com esse "vislumbre" oriental que, pelo menos poeticamente, parece estar presente em "Blanco". Com esta diferença: a unidade, que

---

(2) A palavra conhecimento (*cognoscere*), implica um sentido carnal (*genos*); a palavra entender é companheira de intenção: penetração além da inteligência.

Octavio Paz *procurava* em sua obra anterior, ele parece ter encontrado com toda plenitude em "Blanco". Encontrou-a no erotismo ("país de latejos" temporais, mas também país intemporal de "água sem pensamento"), encontrou-a na via ascendente e espiral que conduz dos sentidos ("frutos de luzes de bengala") ao entendimento ("festim de névoa", "casa do vento"); encontrou-a na passagem da unidade ("cimento", "semente") para a pluralidade (longo corpo do poema onde, aparentemente, se contrapõem os amantes, os símbolos, as palavras e o mundo) e na passagem final à unidade.

Escreve Octavio Paz:

> La irrealidad de lo mirado
> Da realidad a la mirada*

Reconciliam-se os opostos; reconciliam-se onde o aparentemente irreal ("luz de bengala" ao mesmo tempo tigre e fogo fugidio) é mais "real" que todas as realidades.

O fato é que em "Blanco" os opostos compactuam de todo *momento* uma vez que, em essência, o momento *não é* quando a mulher se encolhe no homem, quando o mundo se encolhe no Espírito. Os contrários apenas aparentes concordam no "nó das presenças" que é cada instante erótico; reconciliam-se, de branco a branco, as cores vivíssimas e ilusórias; a flor abandona seu ser para chegar à "fictícia flor, nem vista, nem pensada"; compactuam no Espírito, sentido e sem-sentido quando retornamos, enriquecidos pelas palavras do mundo, à palavra "ímpar" e "sem idade". De branco a branco: de inocência a inocência através de múltiplas quedas transfiguráveis.

Giram as aparências do tempo. "Blanco" é um poema todo linguagem no qual a linguagem é também "expiação". Do mundo das aparências subimos — "peregrinação às claridades" — ao "deslumbramento", à fonte de luz onde tudo é — como o era o fogo exterior da caverna platônica — unidade sem sombra.

Paz o dizia, talvez apenas entrevendo seu próprio caminho, em seus anos juvenis:

El poeta parte de la soledad, movido por el deseo, hacia la comunión**.

(*) A irrealidade do olhado / Dá realidade ao olhar. (N. do T.)
(**) O poeta parte da solidão, movido pelo desejo, em direção à comunhão. (N. do T.)

II. ENSAIO FILOSÓFICO

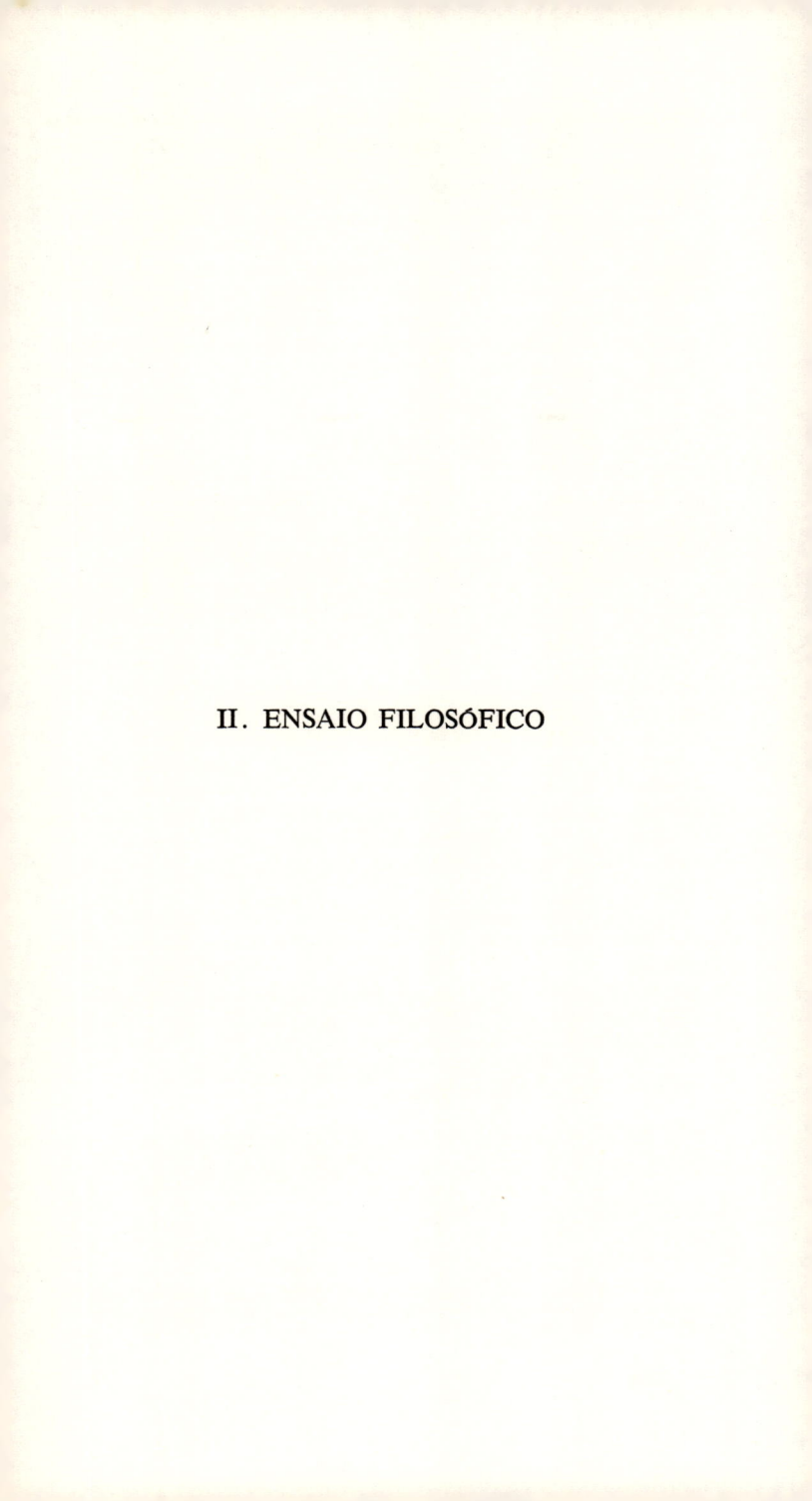

10. WITTGENSTEIN E "O MÍSTICO"*¹

Escreve Wittgenstein: "O ceticismo não é irrefutável, mas sim claramente carente de sentido se se duvida quando uma pergunta não pode ser formulada" (*Tractatus*). Apesar de sua afirmação, Wittgenstein foi cético. É necessário, antes de mais nada, ver o que entendemos por cético e por ceticismo².

Sabemos que cético é aquele que duvida, aquele que põe em xeque as proposições sobre o mundo, sobre os

(*) "WITTGENSTEIN y lo 'místico' ". In: *Palabra y silencio, ibid.*
(1) Começo por dizer, como *todos* os que escrevem sobre Wittgenstein, que não estou seguro de tê-lo entendido sempre. É possível que o que aqui enuncio seja parcial; não creio que seja injusto.
(2) Não pretendo ser exaustivo quanto aos significados do ceticismo; determino um sentido da palavra que usarei ao longo deste capítulo: o da dúvida que nos leva a uma contemplação silenciosa.

homens e inclusive sobre a ciência e a experiência. Esse não é o único significado da palavra. Um cético pode ser aquele que tem espírito crítico (em tal caso será cético como o foi Descartes, *até certo ponto*: o ponto de encontro com a verdade); pode ser também aquele que duvida do significado de sua vida (e assim foi, cético *até certo ponto*, Santo Agostinho ao pensar, provisoriamente, que o tempo é o caminho de nossa morte); pode ser aquele que duvida de sua vida sem poder resolver sua dúvida (o "ser ou não ser" de Hamlet); pode ser chamado cético o "incrédulo em matéria de religião"; por derivação, ceticismo alia-se a ateísmo, agnosticismo, negação de valores religiosos ou morais. Nenhum desses sentidos da palavra me importa *exatamente*, mesmo que o significado que vou lhe atribuir — porque parece-me tê-lo *essencialmente* — participe de quase todos eles.

Escrevia Maxime Leroy: "O cético é aquele que afirma que a verdade deveria se impor por si mesma, sem que se deva fazer nada para conquistá-la, para merecê-la, para sermos dignos dela. O cético puro pensa somente no dever da verdade para com ele e não em seu próprio dever para com a verdade". Eu modificaria essa idéia acrescentando que o cético é aquele que se isola em seu mundo interior porque todo *dizer* lhe parece impossível. Homem espiritual, o verdadeiro cético, como Pirro, diz, em resumo, "nem sim nem não". Mais que suspender o julgamento ele anula a própria possibilidade de julgar. Nesse sentido, a atitude do cético não difere de todo da do místico. Ambos concordam ao sugerir que o autêntico é o inefável; divergem na medida em que o cético pensa que o inefável é puramente um sentir privado e o místico pensa, precisamente, que sua experiência — mesmo reconhecendo a distância que jaz entre a finitude da visão e a infinitude de ser Visto — é dizível por aproximações. É certo que San Juan afirma: deve-se dizer, mas não dizer. É igualmente certo que toda a poesia de San Juan e todos os seus comentários em prosa, se não *dizem* o indizível, mostram a possibilidade de aproximarmo-nos por imagens de uma experiência radical. O místico fala sua linguagem aproximada e, mais além dela, acena para uma linguagem já por si mesma indizível.

Em outras palavras, o silêncio do cético é *total*; o do místico é um silêncio com significado e com um sentido que transcende os significados[3].

---

(3) Nem sempre é certa essa asseveração. É-o, em largos traços, da mística ocidental e, especialmente, da espanhola. Não o seria sempre da mística da Índia em nenhum de seus sistemas.

Resultado dessas duas atitudes afins e também radicalmente distintas são as idéias do cético e as do místico[4]. O primeiro isola-se na "ataraxia" (calma ou tranqüilidade de espírito ligada à "ataraxia"); o segundo atua sua experiência tanto num dizer poético ou imaginativo quanto em uma forma de vida; o primeiro é um solitário que não sabe sobre comunicações; o segundo procura, depois de sua experiência, o comércio humano.

Em que sentido é Wittgenstein cético?; em que sentido sua palavra e seu silêncio se aliam e se separam? Para definir o significado da obra de Wittgenstein — difícil, hermética e no fundo calada — é necessário definir, sucessivamente, que entende ele por conhecer, quais são para ele os limites do conhecimento, qual foi essa especialíssima experiência que chamou *das Mystiche* ("o místico")[5].

A penúltima frase do *Tractatus* é esta: "Minhas proposições são iluminadoras neste sentido: aquele que me entender as reconhecerá como sem-sentido, quando tiver subido por elas, nelas, sobre elas (por assim dizer, deve tirar a escada depois de ter trepado nela)".

O *Tractatus* é em boa parte dedicado a demonstrar que existem dois tipos de linguagem: uma linguagem significativa (a das Ciências Naturais) e uma linguagem carente de sentido (a da metafísica). Obra de lógica, sua intenção é resumida nesta frase incial e final do livro: "O que se pode dizer, se pode dizer claramente; onde não se pode falar há que calar-se". Wittgenstein, numa tradição não de todo distante de Leibniz, quer procurar os elementos "simples". Para ele, as propriedades lógicas complexas podem ser reduzidas a proposições simples que se referem aos "fatos atômicos". Esses "fatos", à maneira das "ocasiões reais" de Whitehead, são absolutamente simples; diversos das "ocasiões" de Whitehead, são fatos postulados dos quais não se pode dar nenhum exemplo. As proposições significativas são as que se referem a fatos atômicos mediante representações (*pictures of facts*). E se os nomes individuais carecem de sentido, as proposições sobre o mundo são, em troca, proposições com sentido; pertencem ao reino do que "se pode dizer". A lógica e a matemática, ambas tautológicas, *não* se referem ao mundo e, nesse sentido, carecem de significado. As pro-

---

(4) É necessário assinalar de novo que a mística oriental, e especialmente a hindu, situa-se mais além do significado e do sentido. Se nas filosofias místicas da Índia compactuam sentido e sem-sentido, a atitude dessa mística aproxima-se à dos céticos. Convém recordar que Pirro viajou à Índia e foi discípulo dos gimnofistas.
(5) Sigo principalmente o "primeiro" WITTGENSTEIN: o do *Tractatus* e dos *Notebooks*.

posições da ciência natural referem-se ao mundo e significam o mundo ao qual se referem. Por outro lado, sabemos que há proposições que não são nem lógicas, nem significativas. Essas proposições não se referem ao mundo; referem-se ao "místico", ao "indizível". Que significa o místico em Wittgenstein?; que acontece com todas as proposições que ficam, por assim dizer, flutuantes uma vez que tiramos a escada?

Em "Wittgenstein's Philosophy of the Mystical"[6] Eddy Zemach propõe uma interpretação que me parece ao mesmo tempo muito coerente e também incompleta. Começo por resumi-la.

A interpretação de Zemach

Se contemplarmos a totalidade da filosofia contida no *Tractatus*, veremos que se trata precisamente de uma totalidade. "A filosofia do *Tractatus* é uma filosofia completa e deve ser considerada como tal." Por outro lado, o "místico" careceria de significação religiosa. Que é o "místico"? Refere-se, em primeiríssimo lugar, a Deus e à divindade. Porém, que significam aqui as palavras "Deus" e "divindade"? Se partirmos, como se deve, de que o mundo é "a totalidade dos fatos" fica claro que não há nada no mundo que esteja "fora" dos fatos. Essa "fatualidade" é o que Wittgenstein chama de "Deus". Zemach mostra que Wittgenstein emprega como sinônimos o "destino", o "mundo", "Deus". Porém, a "fatualidade" dos fatos "não é algo que os fatos digam, mas sim algo que mostram" (Zemach). Se dermos um passo mais veremos que o "mundo" ("Deus") é também sinônimo de "vida": "porque a vida (mundo = vida) é a totalidade dos fatos" (*Tractatus* 5.621). Pois bem, se a "fatualidade" do mundo ("Deus", "fatos", "vida") é formal (é, em outras palavras, o que torna possíveis os fatos) essa formalidade é inefável. Assim escreve Wittgenstein: "como se apresentam as coisas, é Deus. Deus é como se apresentam as coisas" (*Tractatus* 1.8.16).

Se a tudo que foi dito acrescentarmos que o que Wittgenstein chama de "forma" é também o "limite" do mundo, vemos que uma proposição generalizada é também o limite do mundo. Tal proposição não pode ser alcançada por intermédio da impossível tarefa de enumerar *todos* os fatos; não pode, tampouco, ser alcançada enumerando todas as funções já existentes, que essa tam-

---

(6) Esse artigo apareceu no magnífico livro *Essays on Wittgenstein's Tractatus*, selecionados por I. M. COPI e R. W. BEARD, Nova York. MacMillan, 1966.

bém seria tarefa impossível. A única maneira de conseguir semelhante proposição consistiria em dar uma lei formal "de todas as proposições possíveis" (Zemach). Semelhante proposição generalizada nos dá um mundo limitado. Resumindo com Zemach: "Começamos, seguindo algumas proposições dos *Notebooks*, por uma simples identificação entre Deus e o mundo. Já vimos que essa forma não é exata, uma vez que Wittgenstein concebe Deus como transcendental. Deus não se revela ao mundo. Se continuarmos analisando outras proposições referentes a Deus e ao Místico, veremos que o não-ser revelado *no* mundo pode significar um manifestar-se como limite do mundo... Ser o limite de um território significa ser a *forma* geral, isto é, a possibilidade desse território. Com relação à totalidade do território, ser uma forma é ser seu sentido. Posto que forma e essência são idênticas, Deus é o sentido e a essência do universo, a essência do mundo, isto é, a totalidade dos fatos é a forma geral da proposição e a forma geral da proposição é idêntica ao conceito de *Deus*" (Zemach).

A "segunda" divindade se funda não no mundo mas sim nos valores. Os valores não são fatos uma vez que se tudo o que está no mundo são fatos, os valores devem existir fora dos fatos e do mundo. Se entendemos por valores os "atributos" éticos, vemos que estes são projeções da vontade. Uma vontade subjetiva que é minha vontade pessoal. É essa vontade a que é divina. O bem e o mal não são coisas do mundo; ingressam no mundo através de minha vontade. Resumindo, novamente com Zemach: "A Lógica e a Ética fornecem dois possíveis 'métodos de projeção' para encontrar o sentido do mundo. Para a Lógica, o sentido do mundo é sua forma inalterável: Deus. Para a Ética, é o sujeito volitivo" (Zemach).

Essas duas idéias sobre o "místico" fazem com que Zemach defina a ética e a estética de Wittgenstein. Que significa o bem e que significa o mal? Diz Wittgenstein: "Apenas a vida feliz é boa, a infeliz é má" (*Notebooks*). Em forma de tautologia, dirá também: "O mundo da felicidade é um mundo *feliz*". Em que consiste essa felicidade? Em uma expressão que Zemach chama de schopenhaueriana — e spinoziana —, a felicidade consiste, para Wittgenstein, em aceitar sem titubear o mundo bruto dos fatos. Só assim realizo "a vontade de Deus" (*Notebooks*). A verdadeira felicidade, como para os epicuristas, consiste em abandonar todo o temor à morte. "Quem quer que viva no presente vive sem medo e sem esperan-

111

ça" (*Notebooks*). A boa vida é a vida daquele que, em estado presente, abandona todo medo da morte.

Zemach fala pouco da "estética de Wittgenstein"[7]. No *Tractatus* havia escrito apenas que a Ética e a Estética são uma mesma coisa. Nos *Notebooks*, Wittgenstein afirma que a maneira artística de ver consiste "em ver o mundo com olhos felizes". Ligada à Ética, a Estética é uma forma de viver o presente. Zemach faz notar que a Estética e a Ética juntam a primeira divindade ("Deus", "mundo", "Destino") com a segunda (a vontade individual). "São as expressões da surpresa do homem quando o eu volitivo encontra com o místico: a existência do mundo" (Zemach). Digamos junto com Wittgenstein: "Esteticamente, milagre é que o mundo exista. Que o que existe exista" (*Notebooks*).

Outros sentidos do místico?

O sentido de Eddy Zemach se presta para provocar uma surpresa que o próprio Wittgenstein provocou no espírito de Bertrand Russell. Escreveu Russell no prólogo da edição inglesa de *Tractatus*: "O que provoca dúvidas é que, depois de tudo, o senhor Wittgenstein arranja maneiras de dizer muitas coisas sobre o que não pode ser dito"[8].

De fato, Wittgenstein fala muito sobre o que não se pode falar. Talvez porque, em última análise, lhe importava mais o que não se pode dizer (o "místico") do que o que se pode dizer (o conhecimento científico).

O paradoxo existe e existe como fato presente no pensamento dos próprios céticos. Não dizia o Sócrates do *Teeteto* que se se duvidasse de fato não se poderia mexer nem mesmo um dedo? Além disso, o "jovem" Wittgenstein cuida muito claramente de seu pensamento paradoxal. Escreve nos *Notebooks*: "Neste ponto estou tentando expressar algo que não se pode expressar". E acrescenta, situando aqui o místico antes do lógico: "o que se pode *mostrar* não se pode dizer". De fato, é provável que o que mais atraísse Wittgenstein fosse precisamente o inefável: seu Deus não-teísta, seu Destino "formal", o "mundo". Por isso, escrevia: "Há muito me dei conta de que poderia escrever um livro: *O mundo que encontrei*". Assim, *o* mundo, e especificamente o mundo no qual se encontra o sujeito volítico, parece ser, pelo

---

(7) Zemach não pôde levar em conta as *Conferências sobre psicologia, estética e crença religiosa*, publicadas em 1967. Nelas, Wittgenstein desenvolve o ponto de vista estético.
(8) B. RUSSELL, introdução ao *Tractatus Logico-philosophicus*, Londres, 1922.

menos em suas origens, a preocupação querida de Wittgenstein. Não deixará de sê-lo. Suas análises lógicas e lingüísticas são "terapêuticas": querem nos remeter, em última análise, à felicidade de nosso presente.

Pois bem, o indizível e fundamental é precisamente *o* mundo ou, equivalentemente, "todas as coisas". Nos *Notebooks*, Wittgenstein sugere que esse dizer todas as coisas é também de todo impossível: "Todas as coisas", em outras palavras, e por assim dizer, uma descrição que tomaria o partido de "*a, b* e *c*"; uma descrição indefinida e, portanto, impossível. Resta o dilema: ou partimos de *cada uma das coisas* para chegar ao Todo ou partimos do Todo sabendo que esse é indizível. Em sua lógica e sua teoria do conhecimento, Wittgenstein parte de "*a, b* e *c*" dentro da moldura de um universo finito. Quando se refere a Deus e ao sujeito (ambos "limites" do mundo) começa pelo Todo, um Todo ao qual se refere alusivamente, paradoxalmente, posto que, enquanto Todo, é indizível.

Retorno às frases em que Wittgenstein fala com maior clareza ao seu "Deus". Nos *Notebooks*, neste caso complementares do *Tractatus,* são as seguintes:

Que sei eu sobre Deus e o sentido da vida?
Sei que este mundo existe.
Que estou situado nele como meu olho em seu campo visual.
Que algo sobre ele é problemático, ao que chamamos de seu [significado.
Que esse significado não está em (o mundo) mas sim fora dele.
Que a vida é o mundo.
Que minha vontade penetra o mundo.
Que minha vontade é boa ou má.
Assim, que o bem e o mal estão, de alguma maneira, relacio- [nados com o mundo.
Podemos chamar o sentido da vida, isto é, o sentido do mundo, [de Deus.
E relacionar a isso a comparação de Deus com um Pai.
Orar é pensar sobre o sentido da vida.
Não subjugar os acontecimentos do mundo à minha vontade; [sou totalmente impotente.
Posso apenas fazer-me independente do mundo — e assim, em [certo sentido, dominá-lo — renunciando a [qualquer influência sobre os acontecimentos.

Observo que a linguagem de Wittgenstein nessas frases é probabilística: vejam-se as palavras "problemático", "de alguma maneira", "em certo sentido". Observo, igualmente, que a atitude de Wittgenstein é religiosa, apesar de não necessariamente teísta. O filósofo encontra-se diante do mundo; ao encontrar-se diante do mundo conhece sua própria insuficiência. Sabe também que a única vida feliz é a daqueles que renunciam ao "poder", num tipo de ataraxia semelhante à do antigo e calado Pirro.

"Deus", "Mundo", "Destino", "Vida" são termos equivalentes e, em última análise, indizíveis. Diante do Todo: o silêncio. Não será porque o "eu" seja também silencioso ao se saber sua própria negação?

Strawson interpreta Wittgenstein. Conclusões

Vimos que a interpretação de Zemach é, em conjunto, correta. Parecem-me fundamentais três pontos que escaparam à sua interpretação do místico: o do "Todo", que Zemach via enunciável "formalmente", parece-me "inenunciável" (porque seria necessária, para fazê-lo, uma série infinita *"a, b e c"*); o da ataraxia, que aproxima Wittgenstein e o ceticismo puro; o do "eu", que comento agora com Strawson e conduz às minhas conclusões.

Que é o eu? Haveria de falar-se, como Strawson, de uma teoria da não possessão do eu que pode ser atribuída tanto a Wittgenstein como a Schlick. Essa teoria nem sempre é explícita na obra de Wittgenstein[9] e o próprio Strawson a considera como um caso especial e talvez caso-limite no corpo da doutrina do *Tractatus*. Escreve Wittgenstein: "O eu filosófico é o ser humano, não é o corpo humano, não é a alma humana da qual se ocupa a psicologia; mas sim, mais precisamente, o sujeito metafísico, o limite do mundo, não uma parte do mundo". Wittgenstein parece indicar que só podemos conhecer — e nem sempre com exatidão — aquilo que as ciências e especialmente a biologia conhecem do homem. Porém, se o "eu" filosófico é um limite do mundo, como já vimos, é impossível referir-nos a ele. Daí que Wittgenstein tenha escrito: "Num sentido muito mais importante, não há sujeito" e que escreva igualmente: "O sujeito pensante, presentificador — isso não existe". Como o romântico Lichtenberg, a quem cita, Wittgenstein evitará dizer "Eu penso" e dirá "há pensamentos" (*es denkt*). Porém, dizer que *há* pensamentos é dizer que ninguém os *tem*. Strawson

(9) Vide P. F. STRAWSON: *Individuals, An Essay in Descriptive Metaphysics*, Londres, Methuen, 1959. Strawson cita essa teoria para desenvolver a sua própria, num sentido muito distinto. Haveria que observar: 1) que Strawson se apóia num artigo de MOORE ("Wittgenstein's Lectures in 1930-33", *Mind*, v. LXIV); 2) que a teoria da não possessão do eu aplica-se ao "eu" cognoscente e não necessariamente ao "eu" volitivo, se bem que este é também um "eu" silencioso, que não deseja nada. A felicidade proposta por Wittgenstein provém da vontade (*will*), porém, uma vontade por assim dizer, sem movimento e próxima da vontade de Schopenhauer. Com efeito, há que distinguir entre desejar (*to wish*) e querer (*to will*). A moral de Wittgenstein consistiria assim num querer, aplacados todos os desejos, e nos mandaria de volta a uma espécie de ataraxia.

pensa que a teoria da não possessão do "eu" pode ser resumida num dualismo: o de um sujeito (o corpo) e um não-sujeito. E se, para Wittgenstein, o fundamental é o indizível, neste caso o fundamental, o indizível, seria precisamente o não-sujeito.

Como os epicuristas, anuladores de desejos e buscadores da paz da alma; como os céticos, buscadores da mesma paz da alma, como os primeiros estóicos — na medida em que esses "se encontram" em um mundo — Wittgenstein escreve nos *Notebooks*:

Um homem feliz não deve ter medo. Nem diante da morte. Só um homem que viva o presente, não no tempo, é feliz.

11. PIERRE TEILHARD DE CHARDIN[*][1]

Pluralidade e Unidade: problema único ao qual se reduzem, no fundo, toda a Física, toda a Filosofia e toda a Religião.

Esboço de um universo pessoal, 1936.

A "juventude" foge. Alguns homens, logo alcançados pela morte, foram apenas jovens — Keats, Shelley, Novalis, Larra. Outros chegaram a ser jovens em plena maturidade, uma espécie de maturidade juvenil, que nos revela, entre outras, a obra de Mozart; outros nos pare-

(*) CHARDIN, Teilhard de. In: *Palabra y silencio, ibid.*
(1) Sobre a vida de Teilhard de Chardin recomendo: C. CUÉNOT, *Teilhard de Chardin*, Barcelona, Nueva Colección Labor, 1962 e C. CUÉNOT, *Pierre Teilhard de Chardin*, Paris, 1958. Não se trata do mesmo livro.

117

cem — ilusão subjetiva? — sempre maduros: Aristóteles, Hegel; outros, para citar o ditado, nasceram velhos; outros, por fim, foram sempre juventude e, sua própria velhice, rejuvenescimento: não é o caso de Goethe? É o de Pierre Teilhard de Chardin.

Dizer que Teilhard foi sempre jovem é, ao mesmo tempo, uma verdade e uma semiverdade. É verdade se entendermos por juventude o constante desejo de busca, uma inquebrantável e apaixonada necessidade de investigar e renovar renovando-se. Não o é de todo se por juventude entendermos aquele período da vida no qual as idéias de um homem estão ainda em estado de formação e se chamamos maturidade à idade em que as idéias — muitas vezes as mesmas que esboçaram em seu primeiro período de vida — se nos aparecem firmes, claras, delineadas, ao mesmo tempo ricas e exatas. Nesse sentido, pareceu-me necessário considerar obra de juventude a que Teilhard escreve aproximadamente até os trinta e oito anos de idade: isto é, uns poucos anos antes de sua primeira viagem à China. Esses serão os limites biográficos destas páginas. Não serão, por outro lado, os limites de meu texto. Não o serão porque o pensamento de Teilhard — apologista e homem de ciência — ilumina, com sua maturidade, a vida e a obra da juventude; não o serão porque é necessário voltar a centralizar esse pensamento que — certamente tornado de moda — foi deformado tanto por interpretações românticas, superficiais e falsamente otimistas, quanto por interpretações tradicionalistas de jaez mais ou menos condenatório[2]. Em suma, qualquer apresentação parcial ou partidária poderia levar a sérias confusões. Conduziria a confusões e a panoramas parciais um comentário do pensamento teilhardiano nos primeiros anos de formação.

Do que foi dito surge o plano das páginas que se seguem: a juventude primeiro e, com ela, o pensamento juvenil de Teilhard: o esboço, mas não por esboçado menos necessário e, a meu ver, iluminador das principais doutrinas maduras; por fim, a discussão de algumas idéias que provocaram mais dissensão e discussão: o conceito do mal, o da culpa, o da criação e, resumindo tudo, o do

---

[2] Quando me refiro, negativamente, à "moda" Teilhard, falo sobretudo do Teilhard mal difundido pelos grandes meios de difusão: jornais, revistas. Também alguns livros entusiastas como a *Estética de Teilhard de Chardin* que não sei onde MONIQUE PÉRIGORD foi descobrir. Os textos negativos se devem a GILSON e MARITAIN, principalmente. Este último julga Teilhard com bastante injustiça em seu livro, por outro lado admirável, *Le paysan de la Garonne* (1967). Dentre os melhores livros parecem-me sobressair, por sua simpatia e também por seu espírito crítico: H. DE LUBAC, *La pensée religieuse du père Teilhard de Chardin* (1959) e B. DE SOLAGES, *Teilhard de Chardin, témoignage et étude sur le développement de sa pensée*, 1967.

chamado "otimismo" e mal chamado "panteísmo" desse conterrâneo de Pascal[3].

I

Pierre Teilhard de Chardin (1881-1955) nasceu em Sarcenat, a poucos quilômetros de Clermont-Ferrand, terra onde, na verdade, havia nascido esse outro grande apologista e homem de ciência: Pascal. Na árvore genealógica dos Teilhard, aparece um primeiro ancestral longínquo, notário, cujas transações constam em um documento de 1325. O primeiro Teilhard enobrecido levou o nome de Astorg (século XVI).

A divisa de seu escudo — Teilhard haverá de recordá-la mais tarde em sua vida — define, curiosamente, a vontade de mundo e a vontade de transcendência que haveriam de guiar a vida do pensador: *Igneus est ellis vigor et celestis origo*. De seu pai, Alexandre Victor Emmanuel, Teilhard herdou seu interesse pela natureza, as explorações, as excursões campestres; de sua mãe, Berthe-Adèle de Dempierre d'Hornoy (parente distante da família de Voltaire) parece ter herdado tanto seu fervor quanto sua profunda religiosidade.

Desde pequeno Pierre colecionava pedras e admirava-se — di-lo-á muito mais tarde — com o "resplendor da matéria". Em *Mon univers*, escreverá, recordando sua meninice, que sempre buscou o absoluto: "às vezes tratava-se de um pedaço de metal, às vezes, num salto e no outro extremo, comprazia-me o pensamento de Deus Espírito". Duas realidades — mundo e espírito — que Teilhard trabalhará, para conciliar, toda sua vida.

Excelente estudante, seu primeiro bacharelato é em 1896, o de filosofia em 1897, e, para completar seus estudos preparatórios, o de matemática elementar em 1898. Em 1899, seguindo uma vocação à qual sempre fora fiel, entra para o noviciado dos jesuítas em Aix-en-Provence.

Apesar de Teilhard ter escrito sobre temas científicos desde 1905, não se pode falar, em idade tão precoce, de pensamento original. No entanto, já é considerá-

---

(3) Observo, de uma vez, que a obra mais conhecida de Teilhard não corresponde à sua juventude. A esta correspondem principalmente: *Pour fixer les traits d'un monde qui s'efface* (1912), *La vie cosmique* (1916), *Le Christ dans la matière* (1916), *Le milieu mystique* (1917), *L'âme du monde* (1918), *La grande monade* (1918), *Forma Christi* (1918), *La puissance spirituelle de la matière*. A obra madura de Teilhard de Chardin se encontra em *Le milieu divin* (1926-1927), *Le phénomène humain* (1928), *Le groupe zoologique humain* (1949), *La vision du passé* (1949), *L'avenir de l'homme* (textos de várias épocas de sua maturidade). A obra propriamente científica, hoje dispersa, começará a ser editada na Suíça a partir de 1968. Para uma bibliografia completa consulte-se: C. CUÉNOT, *Pierre Teilhard de Chardin*, Paris, Plon, 1959.

vel seu trabalho em colaboração com Félix Pelletier, sobre a geologia de Jersey. Entre 1905 e 1908 vive no Cairo, onde ensina química e física. Mais tarde, um de seus discípulos recordará que saía de suas aulas fascinado, mas sem ter entendido grande coisa das explicações demasiado especializadas do mestre. Os dias do Egito vêm acrescentar uma nova afeição, que logo se converterá em verdadeira vocação científica: a paleontologia. Viagens ao deserto em plena chuva, caça aos fósseis, aos insetos, aos minerais, descobrimento de um himenóptero até então desconhecido que levará seu nome (*Chrysis teilhardy buysson*). Em 1909 confessa que o deserto lhe revelou, plenamente, a grandeza do mundo natural, assim como o verdadeiro poder de Cristo. Entre 1908 e 1912 Teilhard está no teologado inglês de Hastings. Aproveita a ocasião para estudar de cima abaixo a geologia do *weald* inglês. Também não perde tempo em sua vida meditativa. Profundamente inaciano, pratica os exercícios do santo talvez já com o espírito que haverá de encontrar neles no fim de sua vida: "Já se deu conta até que ponto os exercícios (Fundamento, Pecado, Reino, Estandartes... tudo menos *Ad Amorem*) *deveriam* e *poderiam* ser magnificamente transformados para o uso de um universo em gênese? Cada vez me surpreende mais a necessidade crescente em que nos encontramos de repensar (no sentido que lhes é próprio) os exercícios, transpondo-os do *Cosmos* (estático), no qual se acredita Santo Inácio, para a Cosmogênese (Noogênese) em que se converteu o universo para a nossa consciência moderna".

Ordenado sacerdote em 1911, regressa a Paris, onde se dedica, cada vez com mais afinco, à paleontologia sob orientação do grande sábio que foi Marcellin Boule. Uma viagem com o Abade Breuil e Obermaier ao norte da Espanha (cavernas de Altamira, Hornos de la Peña) começa a despertar-lhe o interesse pela pré-história e, mais radicalmente (esse será um dos temas fundamentais de seu pensamento maduro), pelas origens da espécie humana. No entanto, o descobrimento da humanidade se realiza sobretudo durante a guerra. Mobilizado em 1915, Teilhard é padioleiro em todas as frentes. Época dura, se poderia pensar. O foi de fato; foi, também, a época em que Teilhard começou a escrever suas obras de juventude. Originais tanto em seu conteúdo científico quanto em seu sentido místico. Um texto de 1918 revela já plenamente sua vontade fundamental; vontade de harmonia: "Quero, de um lado, aprofundar-me nas coisas e, misturando-me a elas, extrair delas, por possessão, o que contém de vida eterna — para que nada se perca. E quero, ao mesmo tempo, pela prática ... recuperar na renúncia tudo o que a chama celeste encerra". Presentes as duas forças harmonizáveis: a terra, bela e santificável, o espírito graças ao qual a terra se santifica.

Terminada a guerra Teilhard escreve sua tese de doutorado sobre os mamíferos, lê com avidez a filosofia cristã e ativista de Maurice Blondel; se reconhece intelectualmente na obra de Bergson e trava amizade muito profunda com esse outro espiritualista que foi Édouard Le Roy. É principalmente a leitura de *L'Évolution Créatrice* (A Evolução Criadora) que, intelectualmente, virá confirmar sua arraigada noção de uma ontogênese, de uma evolução da espécie humana e do universo inteiro.

Esses são os fatos principais da juventude de Teilhard. Seguir-se-ão sua primeira viagem à China (1923), a proibição romana — sempre obedecida — de que publique seus escritos religiosos[4], suas longas permanências na China, Índia, Java, seu reconhecimento mundial como homem de ciência, suas viagens científicas à África, sua morte nos Estados Unidos. Veremos mais adiante qual foi o pensamento maduro de Teilhard — esse pensamento, já o dissemos, que virá iluminar seu pensamento juvenil. Vejamos agora o que pensava, o que expressava o jovem Teilhard, naquele seu primeiro estilo, que De Solages chamou de romântico, antes do fim da Guerra Mundial.

Em uma carta de 1917, dirigida ao Padre Victor Fontoynont, escreve Teilhard com tanto entusiasmo quanto timidez: "Desde minha carta de fevereiro, coloquei em dia, num pequeno trabalho intitulado *La vie cosmique* (A vida cósmica) (!!) ... as idéias que já então lhe apresentava ... Nele celebro, sem vergonha, a 'santa evolução' e insisto sobre o fato de que tendo sido Cosmos, santificado e renovado pela Encarnação, no próprio fundo de seu porvir, é dever cristão participar na maturação, ainda natural, de todas as coisas... Parece-me cada vez mais que se deve operar uma reconciliação sã — e quão fundamental! — entre os adoradores de Cristo e os adoradores do Mundo (isto é, aqueles a quem cativa um amor forte e desinteressado pelo engrandecimento da vida)". E, já em forma mais global: "Há uma comunhão com Deus e uma comunhão com a Terra e uma comunhão com Deus pela Terra".

Para Teilhard de Chardin, como para São Paulo e também para Santo Tomás, o homem alcança Deus através das criaturas. Um mundo santificável implica sempre um Espírito que o santifique. No entanto, o verdadeiro

---

(4) Para uma explicação desse conflito vide B. DE SOLAGES, *op. cit.*, pp. 40 e ss.

pensamento de Teilhard de Chardin — já latente nos primeiros trinta anos de sua vida — há de manifestar-se claramente nas obras de maturidade. São essas, e não outras, as que vêm iluminar o pensamento ainda mais projetado que realizado de sua juventude[5].

II

A fé em busca da razão; a razão em busca da fé; esse foi o duplo propósito complementar da Idade Média cristã — e não-cristã também, se pensamos em Maimônides ou em Averróis. Quanto à possibilidade de unir a fé e a razão, a Idade Média é uma época de harmonia, como foram sinais de harmonia a união platônica entre *Eros* e *Logos* ou a aristotélica entre razão, amizade e justiça. A verdadeira harmonia surge quando podemos sintetizar o que pensamos e o que acreditamos, o que sentimos e o que raciocinamos. Naturalmente é falso pensar que tenham existido épocas de harmonia total. Não parece improvável que tenham existido — Atenas, século XIII — momentos de maior coerência entre o sentir e o pensar. Nossa época, porém, já desde o Renascimento, é época de ruptura, de uma ruptura muito precisa entre a fé e a razão (que significa senão a afirmação da razão pura nos racionalistas?; que significam, por outro lado, as afirmações de uma fé pura e não racional em Pascal e sobretudo em Kierkegaard?). Difícil reconciliar duas partes de nosso ser que, por outro lado, somos totalmente: alma e corpo, espírito e matéria. "Difícil", acabo de escrever, não impossível. Não tenho dúvida de que tal tentativa de síntese foi precisamente a da filosofia de Bergson. Foi, de qualquer forma, a tentativa mais real e viva de Pierre Teilhard de Chardin.

Teilhard foi, de fato, um homem de ciência. Por isso escrevia em 1944: "É mau para as ciências ter mais idéias que fatos". Teilhard foi, igualmente, cristão por convicção. Melhor dizendo, foi ao mesmo tempo, e sem contradições, cristão e homem de ciência, um cristão que não via na ciência nenhum obstáculo para realizar, plenamente, sua vida religiosa. A síntese de Teilhard é a de quem pensa, — como Santo Agostinho, como Santo Anselmo — que ainda é possível uma fé que vai em busca do intelecto da mesma e complementar maneira que é possível um intelecto ir em busca da fé.

O pressuposto fundamental da filosofia teilhardiana

---

(5) A melhor expressão do pensamento inicial de Teilhard deve ser encontrada em **La grande monade** (1918) onde Teilhard prevê a união da humanidade e, mais além dela, a união verdadeira de todos os homens em uma sobrevivência feita de visão e amor.

é o da evolução. O mundo já não pode ser concebido sob a espécie de categorias imóveis e, por assim dizer, congeladas; há que entendê-lo como progresso evolutivo: não tanto *cosmos*, mas sim como *cosmogênese*[6]. Nesse processo evolutivo existe, sem dúvida, entropia[7], porém, existe também "complexificação" ou, como dirá Teilhard de Chardin, lei da complexidade. Essa lei pode ser expressa nos seguintes termos: a maior complexidade atômica, a maior complexidade molecular corresponde, necessariamente, a um maior grau de organização e, em última análise, de consciência[8]. A evolução do universo, feita de levíssimas mutações, pode ser concebida, a largos traços, como feita de três grandes descontinuidades: a Pré-Vida, a Vida e a Consciência[9].

Duas observações são aqui necessárias.

Primeira no que se refere ao homem. Poder-se-ia pensar que uma teoria da evolução reduz e diminui o papel dos homens no universo. Isso só é verdade se concebemos o homem como um ser estático; de fato, e graças à lei da complexidade, o homem é para Teilhard o centro dinâmico do universo, "eixo e flecha da evolução".

Segunda. A substância do universo é de ordem espiritual e se cabe falar de "monismo" na filosofia de Teilhard, ter-se-ia que fazê-lo muito mais no sentido de Leibniz que no sentido panteísta que a palavra pode implicar. Vamos nos ater a este segundo ponto, apesar de insistirmos mais adiante sobre o papel do homem no mundo. O que Teilhard diz — e nesse sentido muito preciso coincide com Leibniz — é que até mesmo a partícula mais elementar, mesmo os corpúsculos mais próximos do inanimado, contém já um "centro", isto é, uma "consciência", por "delgada" e primitivíssima que esta seja. "A consciência, em outras palavras, é uma propriedade molecular universal." No entanto, e diferentes das mônadas de Leibniz — que ao fim e ao cabo eram estáticas e

(6) Para dar esse sentido dinâmico do universo, Teilhard de Chardin cunha palavras indicativas de mudança e progresso: ontogênese, antropogênese, Cristogênese etc.

(7) A entropia pode ser definida como a lei da degradação da energia. Trata-se da segunda lei da termodinâmica. A lei da complexidade está intimamente ligada à de ortogênese, segundo a qual as pequenas mutações têm uma orientação precisa. Muitos homens de ciência discutem a veracidade de tal lei. Teilhard — que se dá conta do fato — considera-a necessária para entender o *sentido* de uma evolução que marcha para um maior enriquecimento e maior riqueza em cada nova síntese.

(8) Essa complexidade é a que Teilhard chama também "centridade". Um ente será tanto mais organizado quanto mais realize sua própria síntese de elementos dispersos. Assim, quando falamos de Pré-Vida, trata-se do próprio universo quando nele se realizam sínteses puramente "materiais" de ordem infinitesimal.

(9) Mesmo evolucionista, a teoria de Teilhard situa-se, por seu espiritualismo, numa tradição que vai de Anaxágoras a Leibniz, passando por Plotino.

imóveis —, as partículas concebidas por Teilhard são capazes de desenvolvimento. Não se trata de "mônadas sem janelas", mas sim de mônadas abertas à evolução e aos mais altos graus de complexidade que, até onde sabemos, se cumpre nesta terra com a aparição do homem.

Até aqui, o que poderíamos chamar, como Teilhard, de o *fenômeno* humano: isto é, o que foi a evolução até chegar ao homem de um ponto de vista que Teilhard considera verificável, científico. A partir desses fatos, Teilhard extrapola suas idéias e aplica-as ao significado das sociedades humanas, ao futuro dos homens e, mais generalizadamente, ao futuro da espécie.

Num sentido puramente biológico é claro que os homens não evoluíram se pensamos agora nos homens considerados individualmente. Porém, se não evoluiu o homem, evoluiu, por outro lado, a espécie humana. Em um processo que Teilhard considera também observável, de crescente socialização, cada homem individual vai se tornando — e mais e mais a cada dia — numa molécula da sociedade e da espécie em pleno progresso. Quer isto dizer que a socialização da espécie humana virá negar a consciência individual? Diferente das utopias pessimistas de um Huxley ou de um Orwell, Teilhard propõe o que me atrevo a chamar de uma utopia otimista. Aplicando a lei da complexidade à evolução da espécie, Teilhard afirma que a maior crescimento social — e específico — corresponderá maior consciência não apenas social ou específica, mas também individual e pessoal ."Nesse ponto" — escreve Teilhard — "terá chegado o momento de reagir contra um preconceito profundamente enraizado em nosso espírito: aquele que nos inclina a opor, um a um, como termos contraditórios, pluralidade e unidade, elemento e todo, individualidade e coletividade". O que acontece é que costumamos buscar um modelo da sociedade naquilo que não é totalmente real senão como "massa" ou "aglomerado" apenas. A sociedade prevista por Teilhard não é uma aglomeração que nos afoga, mas sim uma nova síntese que integra os indivíduos em toda a sua individualidade até "exaltá-los" e torná-los, pelo próprio fato de se comunicarem e comungarem entre si, mais pessoais e mais vivos. "Em todos os domínios experimentais, *a verdadeira união* (isto é, a síntese) não confunde: *diversifica*"[10].

O modelo mais claro dessa união diversificante é o do amor que "tão cuidadosamente se costuma alhear das

---

(10) Pode-se ver nesse ponto e no que segue, a tentativa de diálogo entre Teilhard e as filosofias modernas do progresso, entre elas o marxismo. Sobre o tema, ver R. GARAUDY, *Perspectives de l'Homme. Existencialisme. Pensée Catholique. Marxisme*, Paris, PUF.

construções realistas e positivistas do mundo". O amor é função de personalização; e o é desde o amor-energia que inspirava Diótima no diálogo platônico até — e sobretudo — o amor-caridade do cristianismo. Uma sociedade futura onde exista maior unidade deverá ser, — se quiser ser viva, se não quiser reduzir-se a um formigueiro[11] — uma sociedade amorosa: uma sociedade onde o *coeur à coeur* venha anular o *corps à corps* das massas inorgânicas e asfixiantes. Assim, o progresso do mundo, do mundo humano, da Noosfera, é um progresso para maior personalização; um progresso em direção a um universo humano, no qual não exista só a reflexão, nem só a co-reflexão, mas sim, e em última análise, a ultra-reflexão.

Contra as místicas da mera "ascensão"; contra as místicas do mero progresso linear, material, positivista, Teilhard vislumbra a possibilidade — em sua pessoa já muito real — de uma mística tanto do progresso (o "para a frente") quanto da ascensão (o "para o alto"). Por isso, a moral teilhardiana se opõe à moral dos "céticos" e dos "cansados" — os que rechaçam a vida e o progresso — como se opõe à moral dos "epicuristas" — os que se encerram somente nesta sua vida imediata. Sua moral é a moral dos entusiastas, isto é, dos que caminham para Deus e dos "ardentes", isto é, dos que sabem que os caminhos desta terra são caminhos para Deus. Existe, de fato, um ponto para o qual a humanidade, e com ela todo o universo redimido, se dirigem: o ponto Ômega. Não nos deixemos levar pela estranheza da palavra. Não nos deixemos levar a estranhezas recordando que São João Evangelista dizia que Deus era Alfa e Ômega[12], princípio e fim de todas as coisas. No entanto, precisemos o sentido do ponto Ômega na dupla vertente que apresenta dentro da obra de Teilhard de Chardin.

Primeiramente, e de um ponto de vista natural, Ômega é "o cume do cone evolutivo", o próprio lugar da convergência humana, o verdadeiro "coração a coração" dentro da evolução da humanidade. Porém, em segundo lugar, o ponto Ômega é Deus transcendente e sobrenatural. Para que exista a possibilidade de os homens se unirem e reunirem amorosamente, deve existir um Ser em quem a união transcendental esteja já e desde sempre realizada: o Ser que chamamos Deus[13]. E com uma linguagem que

---

(11) O ultra-reflexivo não significa em Teilhard uma espécie de Super-Homem. "A evolução atual... não é a que leva ao super-homem, mas sim a que leva à unificação da humanidade pensante" — escreve B. DE SOLAGES, *op. cit.*, p. 140.

(12) De fato, Teilhard fala freqüentemente de Alfa e Ômega com referência a São João. Se insiste em Ômega é por causa de sua tendência finalista.

(13) Existe em Teilhard uma verdadeira síntese natural-sobrenatural: a presença histórica de Deus feito homem; a presença de Cristo.

lembra as vias atributivas do pseudo-Dionísio e ainda a Santo Tomás de Aquino, Teilhard chama Deus, esse Ômega supremo, esse centro absolutamente centralizado, de hipercentro, onde a palavra *hiper* vem significar o ser infinito que nossas palavras não podem nomear de todo. Evitemos pois toda confusão: pode-se falar de um ponto Ômega humano na medida em que a espécie humana alcance algum dia seu centro de real personalização socializada num *ordo amoris* que é a mesma ordem de amor de Santo Agostinho projetada para o futuro do homem; porém, só se pode falar desse centro quando se sabe que existe um centro último, transcendente, síntese verdadeira de todas as coisas: o próprio Deus.

Tal é o sentido geral da ciência-pensamento, da cosmovisão de Pierre Teilhard de Chardin. No entanto, e conforme observamos desde o princípio, restam alguns pontos obscuros, algumas perguntas a resolver: Não será a filosofia de Teilhard excessivamente otimista?; como é que Teilhard resolve, dentro do mundo que concebe, o problema do mal, do sofrimento, da culpa?; não haverá no pensamento de Teilhard uma forte corrente panteísta e ainda gnóstica? Dedico as páginas que se seguem à tentativa de esboçar uma resposta a essas perguntas[14].

III

O milagre constantemente renovado há dois mil anos de uma cristificação possível no sofrimento.

Energia espiritual do sofrimento

Por que se pôde pensar panteísta a visão do mundo que poeticamente, cientificamente, religiosamente nos oferece Teilhard?[15] Seria necessário, antes de mais nada, que nos entendêssemos sobre o sentido do termo "panteísta", que vem tendo tão variadas conotações na história da filosofia e da religião. Para nosso propósito, basta definir o panteísmo como uma filosofia que identifica, *substancialmente*, Deus e mundo. Nesse sentido, alguns dos estóicos gregos, e Spinoza, são panteístas. Até que ponto Teilhard se aproxima dessa equação totalizadora do divi-

(14) Há afinidades entre o pensamento de Teilhard e o panteísmo. De fato, em alguns textos da primeira época, parece existir uma verdadeira tentação panteísta. Afinidades há também entre seu pensamento e o dos gnósticos. Não creio, como o crêem Gilson e Maritain, que Teilhard seja gnóstico, porque, diferente dos gnósticos, para quem o mundo é criação de um espírito maligno ao qual devemos renunciar, Teilhard afirma um mundo bom para cujo enriquecimento devemos contribuir.
(15) Poder-se-ia pensar em semelhanças entre Teilhard e o evolucionismo panteísta de Schelling. Diferente de Schelling, Teilhard crê num Deus transcendente e não em um Deus que progride com o progresso do universo.

no e do mundano? Algumas frases isoladas de Teilhard soam a panteísmo. Assim, a insistência em certo "monismo"; a insistência na "divindade" da matéria; a insistência, afinal, em buscar uma explicação unitária do universo. Contudo, não é válido julgar Teilhard por frases soltas ou ainda por parágrafos isolados que sempre requerem um contexto total. Quando Teilhard afirma a espiritualidade — é certo que delgadíssima — da matéria, afirma que todo o universo é transfigurável. De fato, não está longe daqueles versículos de São Paulo: "... porque o ardente anelar das criaturas anseia pela manifestação dos filhos de Deus, pois as criaturas estão sujeitas à vaidade, não por vontade própria, mas sim por causa de quem as sujeita com a esperança de que também elas sejam libertas da servidão, da corrupção, para participar da liberdade, da glória dos filhos de Deus. Pois sabemos que a criação inteira até agora geme e sente dores de parto e não apenas ela, mas também nós que temos as primícias do Espírito, gememos dentro de nós mesmos, suspirando pela adoção, pela redenção de nosso corpo" (Romanos VIII, 19-23). Não está longe também de Santo Tomás, quando este acha que as criaturas são o caminho mais reto para chegar ao conhecimento de Deus. Quando Teilhard fala de "monismo", não se refere à unidade substancial entre a matéria e o espírito, mas sim à substancial espiritualidade de tudo quanto existe. Quando, finalmente, quer buscar uma explicação unitária na realidade — e nesse sentido monista — devemos recordar que, para Teilhard, a unidade não exclui a pluralidade, mas sim que, como toda síntese verdadeira, precisamente a inclui. Longe da necessidade panteísta de diminuir o papel dos indivíduos ou dos "modos" do Ser, Teilhard pensa que quanto mais unidos estejam os seres deste mundo, mais espiritual — mais pessoal também — será sua essência.

Em suma, Teilhard distancia-se do panteísmo na medida em que afirma o valor insubstituível de cada criatura e ao afirmar realmente a espiritualidade e a espiritualização possível do mundo. Porém, se esta é uma das razões pelas quais ele se afasta do panteísmo, abandona-o explicitamente quando — já o vimos, mas vale a pena insistir sobre esse ponto — proclama a transcendência de Ômega: Ômega já não mais termo sintético do mundo natural, mas sim, por assim dizer, ápice de abóbada e princípio transcendente de tudo quanto existe. E se escrevo "explicitamente" é porque Teilhard não só declara que Deus é transcendente, mas também porque tenta dar provas de seu ser e sua transcendência. O universo nos conduz a Deus "não apenas como pólo de consciência, mas sim como primeiro Motor para adiante; além disso, não só como motor físico ou biológico, mas também como motor psíquico que se dirige, dentro de nós, homens, ao que temos de mais humano, isto é, nossa inteligência, nosso coração, nossa liberdade". Quem não verá nestas duas idéias-guia, de forma mais ou menos implícita, as provas tradicionais para os graus da perfeição e, sobretudo, para a finalidade?; quem não se lembrará, ao ler essas palavras, das de Santo Agostinho que, de criatura em criatura, alcançava o Criador, fonte e fim de todos os seres? Digamo-lo como Teilhard: Só pode existir um Deus transcendente, "eminentemente atual"[16].

Nenhuma dessas perspectivas é gratuita, sobretudo se recordarmos que o autor de *Le phénomène humain* (O fenômeno humano) é também autor de *Le milieu divine* (O meio divino). Na obra de Teilhard, Deus, ser supremo, explica a progressiva centridade e complexidade do universo; explica-a, para o místico, na medida em que Deus encarna o Cristo para redimir os homens e espiritualizá-los e redimir o próprio universo através dos homens. Em Cristo se realiza o espírito de Deus em corpo de homem: Cristo, como disse Kierkegaard, o grande paradoxo ao ser Deus e homem ao mesmo tempo. Como Teilhard entende Cristo? Uma de suas palavras já se prestou à ampla polêmica e não pouca confusão: a palavra Cristogênese. Será que o próprio Cristo muda?; será que o próprio Cristo progride? Não é esse o pensamento de Teilhard; não existe evolução alguma de Cristo. O que ele pensa é que existe uma evolução do conceito, do sentido e das idéias que podemos fazer para nós mesmos — progressivamente — em relação a Cristo. Em uma palavra, o que evolui é o que se chama de o corpo místico de Cristo: "... encontramo-nos na possibilidade de penetrar mais profundamente no fenômeno cristão. Não apenas a Igreja ensinadora mas também a Igreja viva: germe de supracivilização colocado no centro da Noosfera pela aparição histórica de Jesus Cristo".

Até aqui a novidade — principalmente a idéia de um rejuvenescimento constante do *coeur à coeur*, que Cristo representa — e até aqui a tradição — principalmente a idéia de uma Encarnação e de uma transcendência divinas. Restam ainda algumas perguntas fundamentais: como explicar o mal em um mundo que declaramos, em todo

---

(16) B. de Solages distingue as seguintes provas da existência de Deus na obra de Teilhard: 1) a evolução postula um fim absoluto; 2) a convergência da Noosfera postula a existência de um Centro absoluto de convergência; 3) a evolução e o espírito postulam uma causa. Ver B. DE SOLAGES, *op. cit.*, pp. 240 e ss.

caso, espiritualizável?; como explicar o sofrimento?; como explicar as paixões humanas?[17]

Não se terá esquecido Teilhard do lado negro, o lado escuro de nosso mundo, do mundo que nós mesmos fazemos e somos?

Haveria de dizer, primeiramente, que Teilhard, sobretudo o Teilhard de *O fenômeno humano,* permaneceu na fase fenomenológica e experimental de sua descrição. Poder-se-ia dizer também — de fato Teilhard o diz algumas vezes — que seus escritos não se dirigiam unicamente a cristãos e que, dada a existência do mal, nem sempre era necessário mencioná-lo diretamente. No entanto, em *O meio divino* — a meu ver o livro não só mais querido, mas também mais convincente de Teilhard — há uma clara explicação do significado do mal.

Em certo sentido é claro que o sofrimento é um mal. O que teologicamente não pode ser identificado é sofrimento e pecado. De um lado, o mal está presente na obra de Teilhard como uma ausência de ser, para dizê-lo de forma mais próxima de seus termos, como uma desagregação contrária ao processo de evolução convergente. Essa explicação do mal não se distancia da que Santo Agostinho dava em *De Natura Boni.* Por outro lado, o mal supremo é a morte. Nesse sentido Teilhard está dentro de uma tradição claramente paulina, ao dizer que Cristo vem a vencer a morte. No que toca ao sofrimento ele pode ser entendido sob a forma de dor (e ser superado pela graça e pela caridade) ou pode ser tomado, como Teilhard o toma em *O meio divino,* no sentido de passividade.

Bem entendido: a passividade aqui não é paixão nem no sentido dos moralistas clássicos nem, menos ainda, no sentido emotivo que lhe deram os românticos. A paixão consiste em ser passivos — isto é, receptivos — diante da fé, como o foram todos os grandes místicos do Ocidente. De Lubac comparou as paixões e passividades de

---

(17) Tais são alguns problemas de ordem apologética e também metafísica. Existem outros — de ordem mais estritamente teológica — para os quais remeto à obra dos teólogos que escreveram sobre Teilhard. Dentre esses problemas, o mais importante parece ser o da Criação, que Teilhard dificilmente concebe — se bem que aceita-a pela fé — como criação *ex nihilo.* De Solages notou igualmente, notou-o também De Lubac, que parece haver uma insistência excessiva na obra de Teilhard quanto à necessidade divina de criar o mundo. Assim sendo, essa necessidade limitaria o Ser de Deus e poderia conduzir, no que se refere aos atos humanos, a uma espécie de novo jansenismo. De fato, o que parece haver é um certo paradoxo interno no pensamento de Teilhard quanto a esse ponto: por um lado, afirmação da necessidade; por outro lado, afirmação da liberdade humana. Creio injustas as críticas de GILSON e sobretudo de MARITAIN (*Le paysan de la Garonne*). Creio mais exatas as dúvidas manifestadas sobre esses dois pontos de teologia por DE LUBAC (*La pensée religieuse du père Teilhard de Chardin*) e DE SOLAGES na obra várias vezes citada.

O meio divino às *"noites"* da alma de San Juan de la Cruz. A comparação é apropriada. Sê-lo-ia mais, visto que *O meio divino* constitui "uma série de perspectivas que se revelam ao espírito no curso de uma ascensão iluminativa", se as compararmos ao "horto" e às "moradas" de Santa Teresa. Em todo caso, a passividade é a receptividade da graça; não tanto paixão como atitude expectante feita de esperança — que é também espera — e de fé.

Quanto à própria morte, "incurável debilidade dos seres corporais, complicada, em nosso mundo, pela influência da queda original", pode ser "o agente da transformação definitiva" se os homens souberem livremente optar — essa é a Grande Opção — pela agregação benéfica e contra a desagregação que é o próprio mal.

O universo inteiro, presidido por Deus, "causa unificadora" e final, tende, apesar da gravidade da queda, para o reino da graça, para esse Meio Divino que Teilhard vê e sente realíssimo.

A razão, para Teilhard, não só foi em auxílio da fé: razão e fé se iluminaram mutuamente.

12. ESTRUTURALISMO:
UM NOVO DISCURSO FILOSÓFICO?*

É difícil referir-se ao estruturalismo do ponto de vista filosófico porque não existe, dentro da corrente do estruturalismo francês — atualmente a mais vital —, uma verdadeira intenção de construir uma nova filosofia. No caso de alguns estruturalistas, principalmente de Lévi-Strauss e e Michel Foucault, encontra-se inclusive uma atitude de reserva diante da filosofia: no primeiro porque se considera fundamentalmente etnólogo; no segundo porque a história das idéias domina e engloba a filosofia.

Por seu lado, os estruturalistas marxistas — Althusser, Godelier — não trabalham tanto em uma nova filo-

(*) "ESTRUCTURALISMO. ¿Un nuevo discurso Filosófico?". In: *Palabra y silencio*.

sofia mas sim numa interpretação estrutural do pensamento de Marx.

Como falar de filosofia estruturalista?; como, por outro lado, não falar dela? Há pelo menos duas razões que levam a pensar *já* existir uma filosofia estrutural: 1) a atitude de apreensão ou inclusive de recusa ao discurso filosófico, demonstrada por alguns estruturalistas, traduz-se inevitavelmente em uma filosofia; 2) além dos campos específicos a que se refere cada um dos novos pensadores da França, existe, em suas obras, uma pretensão totalizadora e totalizante que não pode deixar de ser chamada filosófica. Queiram ou não todos eles propõem uma visão do mundo, apesar de essa nem sempre ser a mesma para cada um deles.

Esse é meu tema: determinar o sentido da "filosofia" estruturalista. Esse é meu tema com certas limitações impostas pela diversidade de ramos a que se dedicam os estruturalistas franceses: lingüística, historiografia, economia, etnologia, antropologia... Especialistas em ramos distintos do saber — alguns deles em vários ramos do saber —, é difícil julgá-los sem precipitar-se na imodéstia de sermos nós mesmos especialistas em mais do que se nos incumbe.

Desta intenção — definir e precisar os limites do estruturalismo — e desses limites que me proponho surge o plano destas páginas:

1) referir-me-ei aos antecedentes do estruturalismo;

2) tentarei lapidar uma definição da palavra estrutura;

3) referir-me-ei ao estruturalismo marxista e ao de Lévi-Strauss[1] com brevidade, não porque careçam de importância filosófica, mas sim porque os primeiros requerem uma verdadeira especialização no estudo detalhado do pensamento de Marx e o segundo é principalmente etnólogo;

4) comentarei com certo detalhe o pensamento de Michel Foucault, principalmente como ele se apresenta em seu livro mais sistemático: *Les mots et les choses* (As palavras e as coisas);

5) farei algumas observações críticas e tentarei esboçar quais me parecem ser, hoje em dia, as condições — simplesmente as condições — para uma filosofia da pessoa humana.

Passemos aos "antecedentes".

---

(1) Para um estudo agudíssimo do pensamento de Lévi-Strauss remeto a Octavio Paz, *Claude Lévi-Strauss o el nuevo festín de Esopo*, México, Mortiz, 1967.

I

Recordo que Platão quis explicar esse nosso mundo — mundo de mudança, mundo no qual o ser se mescla ao não-ser — por meio das "formas" puras e universais. Recordo também que o próprio Platão encontrou-se diante de sérias dificuldades ao querer relacionar a pluralidade dos entes com a unidade das idéias e em ainda maiores dificuldades quando tentou relacionar as Idéias entre si.

Em seus últimos diálogos, Platão tentou dar uma solução a ambos os problemas mediante uma explicação lógica das relações entre os "gêneros" do ser. Para isso empregava um método muito semelhante ao que hoje em dia se chama o método estrutural. Limito-me à discussão do problema no *Sofista*.

Quando nos referimos à participação de um gênero em outro, cabem três possibilidades:

a) nenhum gênero (forma ou essência) participa de nenhum outro gênero;

b) qualquer gênero (forma ou essência) participa de qualquer outro gênero;

c) certos gêneros participam de outros gêneros enquanto existem alguns que não participam de outros.

A primeira hipótese é contraditória pois se nenhum gênero participasse de nenhum outro, haveria gêneros que estariam fora do ser. O fato é que, de todos os gêneros, podemos dizer que *são*.

A segunda hipótese é igualmente contraditória uma vez que se todos os gêneros participassem de todos os demais, teríamos que dizer que o gênero Movimento participa do gênero Repouso.

Resta, como única verdade, a terceira hipótese. Alguns gêneros participam de alguns outros, enquanto alguns deles não participam de alguns outros.

Assim, não há relação ou participação entre o Movimento e o Repouso, mas há entre o Movimento e o Ser, como há igualmente entre o Repouso e o Ser. Podemos dizer, tanto do Movimento quanto do Repouso — mutuamente exclusivo — que ambos *são*.

Além disso, podemos dizer, em boa lógica platônica, que cada gênero é o "Mesmo" que ele mesmo (idêntico a si) e diferente do "Outro" (não contraditório a si mesmo). O Movimento participa do Ser, mas é, enquanto movimento, "outro" que o Ser; o Repouso participa igualmente do Ser, mas é, além disso, idêntico a si Mesmo. Por isso escreve Platão: "Para cada forma o ser é muito, mas o não-ser é infinito". E, de fato, é idêntico ao Movimento — o qual é "muito" — porém não é Repouso

133

nem é a totalidade do Ser, nem é tudo aquilo que não é o Movimento. Essa árvore que vejo é idêntica a si mesma, mas, negativamente, é outra que todo o resto deste nosso universo. Por isso escreve também Platão que "a natureza do Outro circula através de todas as coisas".

Em suma, para definir e delimitar uma essência, Platão emprega um método binário de dupla vertente: a identidade das relações é constantemente modificada pela diferença das mesmas. Não creio que seja outra a intenção do método estrutural: intenção de definir relações por meio de uma rigorosa aplicação de códigos de semelhança e diferença. Além disso, como haveria de fazê-lo Saussure, Platão dá mais importância às diferenças que às semelhanças, sempre que essas diferenças funcionem dentro de um sistema de relações que não sejam meras diferenças, figuras ao azar como seriam os entes se se houvesse seguido a primeira hipótese segundo a qual nenhuma essência participa de nenhuma outra essência.

Não é por afã de remeter-me a antigos passados — tão presentes muitas vezes — que me referi a Platão. Fi-lo, em primeiríssimo lugar, porque creio e penso que as filosofias clássicas são tão contemporâneas (estão muito *com* o nosso tempo) quanto as mais recentes; fi-lo também porque creio que o estruturalismo mostra, às vezes, pegadas de uma tradição nitidamente idealista.

Os antecedentes modernos do estruturalismo se multiplicam. Em primeiríssimo lugar há que citar o positivismo de Comte. Não é por acaso que Lévi-Strauss encabeça seu *Totemismo na idade atual* (Le totémisme aujourd'hui) com estas frases do *Curso de filosofia positiva* (Cours de philosophie positive): "... As leis lógicas que, em última instância, governam o mundo intelectual são, por sua própria natureza, essencialmente invariáveis e comuns não só a todos os tempos e a todos os lugares, mas também a todos os assuntos, quaisquer que sejam, inclusive sem nenhuma distinção entre aqueles que chamamos reais e os que chamamos quiméricos: no fundo essas leis são observadas até nos sonhos..." Para Comte, a história é feita de três grandes descontinuidades (os estágios teológico, metafísico e positivo) e a ciência, em especial a sociogia, é o saber do estático: do *sistema* mais que da geração, do que hoje se chama sincronia, mais do que da diacronia. Também os estruturalistas tendem a ver o sistema mais que o movimento, a estrutura mais que a mudança. Discípulo de Comte, Durkheim pensava que a sociologia é o estudo das "instituições" e de suas variáveis em uma sociedade precisa. Próximo de seu mestre escrevia Durkheim: "As determinantes de uma fato social devem ser buscadas entre os fatos sociais antecedentes, não em estados de alma individuais".

Se a influência do positivismo no estruturalismo é importante, a de Marx é decisiva. Quando Marx afirma que debaixo das estruturas visíveis existem estruturas invisíveis e condicionantes da vida religiosa, política, moral ou estética, anuncia com clarividência não só uma verdade sobre a história mas também um dos princípios do estruturalismo: o programa de explicar o aparente pelo real, o visível por suas condições não-visíveis e determinantes. Ao analisar o sistema de produção capitalista, Marx quer "fazer aparecer a lógica interna oculta da vida social" (Maurice Godelier, *Sistema, estrutura e contradição em "O Capital"*). A aparência da produção capitalista esconde o fato-chave da exploração do trabalhador, do homem pelo homem. Assim, para Marx, a estrutura não só é condição invisível e necessária da realidade, mas também — aqui de acordo com Godelier — a condição invisível que precede a qualquer tipo de gênese ou de evolução.

Por diversas que sejam suas filosofias, Comte, Marx e Durkheim contribuem poderosamente para o desenvolvimento do estruturalismo. Os três na medida em que estabelecem que o sistema é a condição da história; Marx especialmente na medida em que concebe que detrás das superestruturas estão as condições reais da história.

Pouco se cita Freud em relação ao estruturalismo. Parece-me indispensável fazê-lo. Certamente Freud descreve um pandinamismo psíquico. Pensa também que as condições não-visíveis — numa primeira etapa *Eros*; numa segunda etapa o instinto de morte — determinam nossas condutas aparentes e de aparência real. Mais próximos do estruturalismo francês do que o próprio Freud estão os psicólogos da forma. Por oposição aos sistemas genéticos do empirismo inglês, a *Gestalt* prova, pela experiência, que a percepção é percepção de totalidades antes de ser análises de elementos. Assim, dizia Koffka: "... a estrutura figura-fundo deve ser considerada como uma das mais primitivas de todas as estruturas". Novamente podemos ver que uma condição não-consciente, ou, em todo caso, não imediatamente perceptível, determina, sistematicamente, nossos modos de perceber e talvez nossos modos de pensar.

Se a noção de estrutura é importante na sociologia e na psicologia, não o é menos na etnologia, desde que Franz Boas levou a cabo a hipótese de que os costumes e pensamentos dos primitivos são resultado de pensamentos inconscientes e sustentou que se as culturas são "totalidades integradas" é preciso estudar cada uma das culturas primitivas com o fim programático de estabelecer "uma história filosófica da civilização humana". Mais próximo do estruturalismo atual, Malinowski pensava que cada sistema cultural é fechado, com exceção daquelas funções que constituem as necessidades vitais primárias: mais próximo ainda, Radcliffe-Brown, para quem o trabalho do etnólogo não reside apenas em estudar experimentalmente estruturas mas sim em induzir leis universais a partir da experiência. É claro que no caso da etnologia todos os antecedentes citados são como que vetores dirigidos ao pensamento de Lévi-Strauss; é igualmente claro que, diferente de Boas, Malinowski e ainda do "último" Radcliffe-Brown, Lévi-Strauss procura mais o sistema que a função e se interessa mais pelas combinatórias e operações inconscientes — apesar de lógicas — do pensamento primitivo que por seu desenvolvimento e sua gênese.

Também a lógica se refere à noção de estrutura. É sabido que Russell e Whitehead tentaram fundar a matemática em princípios lógicos axiomatizáveis. Essa axiomatização está na própria base da lógica contemporânea. Mais concretamente, no entanto, Russell define a estrutura como um modo de relação de um a um. Assim, dois sistemas de relações com as mesmas propriedades possuirão a mesma estrutura. Diz Suzanne K. Langer: "A ponte que conecta os diversos sentidos de forma — desde a forma geométrica até a forma ritual ou a forma da etiqueta — é a noção de estrutura". Notemos que Russell pensava na estrutura como num sistema de semelhanças dentro das relações. Porém, — e nisso seu modo de pensar remete a Platão — a semelhança se funda na diferença. Assim, dois sistemas *distintos* entram em relação ao possuir, em comum, uma mesma estrutura.

Sociologia, psicologia, etnologia, lógica, adiantam-se ao pensamento estrutural. Porém, a noção de estrutura surge, no estruturalismo francês dos últimos anos, da lingüística geral de Saussure e da fonologia estrutural da escola de Praga.

É sabido que Ferdinand de Saussure procede do positivismo. É igualmente sabido que sua influência foi decisiva na lingüística contemporânea[2]. Saussure distinguia entre *fala* e *língua*. A primeira é subjetiva e individual; a segunda é o sistema de símbolos elaborados convencionalmente por uma sociedade mediante ação recíproca. A lingüística geral não se ocupará principalmente da fala

---

(2) Aqui, não tomo senão os aspectos de Saussure que interessam a meu tema. Leia-se seu *Cours de linguistique générale* e a introdução de AMADO ALONSO à tradução espanhola do mesmo. Quanto às tendências neo-saussurianas da lingüística contemporânea ver N. CHOMSKY, *Syntactical Structures* (1963). A importância de Saussure na filosofia francesa é notória na obra de Merleau-Ponty, apesar de não se dever buscar na obra desse grande pensador dos símbolos "encarnados" nenhuma relação com o que hoje se chama estruturalismo.

(fato individual e dificilmente descritível), mas sim da língua. A Saussure interessa, principalmente, a língua como sistema autônomo de sinais. A língua, considerada como "totalidade em si" e como "princípio de classificação", deve ser analisada sob seu aspecto sincrônico. Além disso, a língua é constituída de símbolos, se por símbolos entendermos "a combinação do conceito e da imagem acústica". Portanto, a lingüística geral ocupa-se menos das referências reais do significado que do universo classificável dos próprios símbolos. Esse universo, esse sistema, é "um conjunto no qual tudo está relacionado" (Antoine Meillet). Assim, o sistema de classificações poderá se realizar mediante as diferenças, uma vez que, no dizer de Saussure, "na língua existem somente diferenças". Pois bem, existem dois tipos de relação entre símbolos: a oposição e a identidade. O estudo estrutural da língua leva em conta esse caráter bipolar da língua. Diz Trubetzkói que a lingüística deve levar em conta a "pauta da linguagem" e não o "ato da fala". Da mesma maneira que no xadrez não importam a cor ou o tamanho das peças mas sim as regras do jogo, o estruturalismo se ocupará das regras gerais de combinação.

Vou resumir e tentar uma definição provisória. O estruturalismo ocupa-se em analisar conjuntos sincrônicos (isto é, estáveis e sistematizados) que constituem tanto instrumentos de investigação como formas da realidade. Essas formas costumam apresentar-se como formas escondidas. Lévi-Strauss, Althusser, Godelier, Foucault, dedicaram-se a buscar esse "subsolo" estrutural. O estruturalismo pretende encontrar leis recônditas de uma combinatória universal. Pode essa intenção ser traduzida numa linguagem mais clara? Creio que assim: diante do vitalismo, diante do humanismo, diante do subjetivismo e do existencialismo, a nova filosofia da estrutura declara que não importa tanto a conduta individual dos homens mas sim o sistema que condiciona esta conduta. Diante das filosofias da pessoa, o estruturalismo é, em última análise, anti-humanista. Dizia Ortega y Gasset que os gregos descobriram a objetividade, o século XVII a intimidade do *cogito* e os tempos modernos a vida, "minha" vida. O estruturalismo rechaça, de um só golpe, intimidade e vida.

II

Lévi-Strauss mostra-se contrário ao humanismo quando opõe a "razão analítica" de seu próprio sistema à "razão dialética" e quando supõe que a razão dialética será interpretável apenas mediante a análise. Além das "evidências" de uma subjetividade que Sartre se nega a rechaçar, Lévi-Strauss encontra as constantes e variáveis que guiam nossas pretensas evidências pessoais. Por isso escreve que "o fim último das ciências humanas não é construir o homem mas sim dissolvê-lo", sempre que por essa dissolução se entenda uma redução ao "estudo analítico". Por razões analíticas semelhantes, Louis Althusser supõe que existe dentro da obra do jovem Marx uma "ruptura epistemológica" ocorrida entre 1843 e 1845; assim, o jovem Marx, interessado na natureza humana, na história e na mudança, é substituído pelo Marx estrutural de *O capital* sempre que se leia essa obra "sintomaticamente", isto é, como um sistema de relações.

Ninguém dentre os estruturalistas sistematizou a história do Ocidente como Michel Foucault; ninguém, como ele, seguiu o que Pascal chamava de "espírito sistemático", sem saber evitar sempre o que também Pascal chamava de "espírito de sistema". Vejamos, com certo detalhe, o sentido da filosofia de Foucault em *As palavras e as coisas;* veremos, depois, alguns dos reparos que esse livro e o estruturalismo, em geral, podem revelar ao estudioso da filosofia e das ciências humanas.

III

As palavras e as coisas tem por subtítulo estas palavras: "uma arqueologia das ciências humanas". É importante entender aqui o significado de "arqueologia", mesmo que Foucault não tenha publicado o livro que nos prometeu sobre questões de metodologia. A palavra "arqueologia" significa a série de condições de possibilidade de uma época: a ordem "arqueológica" é, assim, a estrutura de uma época histórica. Ora, cada momento histórico manifesta um saber muito mais profundo que as idéias do momento. Esse saber, que a época vive e ignora, Foucault chama de *episteme* da época. Agora, se contemplarmos o desenvolvimento da história do Ocidente a partir do século XVI, veremos que ela foi presidida por três grandes *epistemes*: a do Renascimento, a da época clássica (século XVII) e a que começa a se desenvolver no século XVIII para se revelar plenamente no curso do século passado e princípios do nosso.

No final de cada uma dessas épocas, existe uma profunda mutação ("ruptura epistemológica" chamá-la-ia Althusser) que Foucault chama repetidas vezes de "enigmática". Em outras palavras, cada época tem condições únicas e privativas de possibilidade; a história é descontínua e o que dela nos interessa não são os acontecimentos — a diacronia — mas sim as permanências: constantes e variáveis de uma *episteme* que não pode ser transmitida a outro momento da história.

No século XVI a lei de semelhança preside a tudo. A semelhança pode ser realizada por "conveniência", quando objetos ou pensamentos se encontram numa relação de proximidade. Assim, o homem renascentista não pensa que haja apenas conveniência entre plantas, animais ou estrelas, mas também que o mundo inteiro é conveniência de tudo com tudo. Além da conveniência, existem a emulação (quando a relação se estabelece a distância e Paracelso, por exemplo, afirma que o homem é "uma constelação de astros"), a analogia (quando se estabelece um número indefinido de parentescos, por exemplo, ao se dizer que uma planta é um animal da cabeça para baixo), a simpatia e a antipatia (princípios da mobilidade quando, por exemplo, a azeitona e o vinhedo odeiam a couve). Uma época que fundamenta tudo em sistemas de semelhança busca a origem comum de todas as línguas e considera-as derivadas de uma língua primigênia e primordial. Da mesma maneira, o século XVI estabelece que o homem é, por simpatia com o universo, um microcosmo, que existe uma "prosa do mundo", já que palavra e coisa coincidem. A forma literária do século é o comentário, um comentário infindável, uma vez que infindáveis são as semelhanças entre seres e idéias. Dizia Montaigne: "Não fazemos mais que entrecomentarmo-nos".

Se o século XVI foi o da semelhança, o XVII (a Idade Clássica) foi o da Ordem. Numa época onde a ordem predomina, a linguagem, como o demonstra Port-Royal, é de tipo binário. Símbolo da entrada na Idade Clássica, o *Quijote*, leitor de si mesmo, encontra-se no mundo da reflexão pura. Assim, enquanto a linguagem se torna binária, o pensamento se torna auto-reflexão. O *cogito* cartesiano não é senão uma conseqüência desse ler-se a si mesmo que se esboçava em Dom Quixote.

Dentro de sua *episteme* da Ordem, o século XVII busca uma *Mathesis Universalis*, uma Gramática Geral, uma História Natural, uma economia na qual o símbolo é neutro e o valor se dá na mudança e no intercâmbio. Em todos os ramos do saber, o século XVII tenta encontrar uma combinatória universal. O método de tal combinatória já não pode ser o do comentário: deve ser a análise.

As variáveis que se podem apresentar no século XVII dependem do eixo de uma mesma *episteme*. Por exemplo, as discussões entre os fisiocratas e os utilitaristas obedecem a uma mesma lei, uma mesma "arqueologia", se bem que para os primeiros o valor seja anterior à mudança e para os segundos a mudança seja anterior ao valor.

Sabemos que no século XVII a nova *episteme* da ordem apresenta-se como um contínuo no qual não existem etapas: uma brusca mutação deixou para trás o Renascimento. A nova mutação que aparece em fins do século XVIII contém, apesar de uma *episteme*, dois momentos de desenvolvimento. Em fins do século XVIII, Adam Smith pensa ainda que a riqueza obedece a um sistema de necessidades (e nisso pertence à Idade Clássica), porém descobre também que o trabalho é a medida da riqueza (e nisso já pertence à *episteme* da modernidade).

A nova *episteme*, a que se desenvolve principalmente no século XIX, é governada pelo princípio da História e, junto com ela, o do progresso e da finitude humana. Já desde Kant é visível aquilo que o indivíduo pode conhecer por meio do entendimento e aquilo que escapa a esse modo de conhecer. Em certo sentido, Kant assinala a finitude dos homens. Essa finitude se faz muito mais clara nas economias pessimistas de Ricardo e otimistas de Marx — ambas variáveis de uma mesma constante: o trabalho como luta com a morte no primeiro caso e o trabalho como liberação da escravidão no segundo. A mesma finitude reaparece na biologia da qual são variáveis o fixismo de Cuvier e o evolucionismo de Lamarck e Darwin. Por fim, história e finitude penetram no campo da lingüística quando esta se faz genética e histórica.

Da mesma maneira que o *Quijote* abria as portas à reflexão clássica, a *Juliette* de Sade é o símbolo da história, da morte e da finitude.

Finitude, história, revelação do Homem. O homem, recentemente humano, instala-se como absoluto, mesmo quando se sabe relativo. Os maiores entusiasmos humanistas e os mais profundos pessimismos da finitude são fatos de uma época que chega até nossos dias. O Homem foi descoberto pela primeira vez na história. Foucault prevê a breve e próxima desaparição do homem. O homem, assassino de Deus, será vítima de seu próprio assassinato.

Esse é, em largos traços, o "sistema" de Foucault. São inegáveis a pureza de seu estilo, a verdade de muitas de suas análises, a precisão da escrita. Depois de ler e reler sua obra, restam-me várias dúvidas. Algumas são questão de detalhe; outras referem-se ao próprio sistema; outras me levam a colocar em xeque algumas das motivações principais do estruturalismo em geral.

IV

A dificuldade em criticar os detalhes — alguns de suma importância — anunciados em *As palavras e as coisas* provém do fato de Foucault, como poucos estruturalistas, ser vários especialistas de uma vez: etnólogo, economista, sociólogo, lingüista, biólogo e, ao fim e ao cabo, filósofo.

Algumas dúvidas, no entanto, se fazem patentes. Quando Foucault explica o século XVI, refere-se a autores relativamente menores (com as exceções de Montaigne e Campanella). Obteria Foucault o mesmo resultado se analisasse os verdadeiros humanistas da época: Vives, Morus, Erasmo?; não será que todos eles enxergavam que o método de semelhanças — o silogismo, por exemplo — havia deixado de funcionar?; não nasce com Vives toda uma nova psicologia da vida interior que é ao mesmo tempo psicologia científica e, pelo menos em potência, psicologia da finitude, se por finitude entendemos aqui limitação da ciência ao campo dos fatos naturais e observáveis?; se a entendemos também como finitude de uma consciência que é mudança e memória como o foi já em Santo Agostinho e o será mais acentuadamente em James ou em Bergson?

Muitas das idéias que Foucault atribui com exclusividade ao século XVI provêm da Grécia. Não é o caso da simpatia e antipatia, fontes de movimento que em Empédocles funcionavam como princípios sob os nomes de Amor e Ódio?; não é também helênica a noção do homem como microcosmo?; ter-se-ia que esquecer Platão e os estóicos?

Em todo caso, muitas das idéias e crenças que Foucault faz depender da *episteme* do século XVI parecem ter origens muito mais antigas. Assim sendo, será certa a lei de Foucault?, será certo que existe apenas uma *episteme* para cada época? E assim sendo, como explicar o retorno de outras *epistemes*, como parece ser o caso durante o Renascimento? Observações semelhantes poderiam ser feitas a propósito do século XVII. Não é em fins do século XVII que Vico descobre a historicidade do homem? É certo que se Foucault analisasse a obra de Vico encontraria o que chama de *episteme* do século XIX já presente em fins do século XVII. No entanto, se houvesse integrado Vico em sua história das idéias, Foucault teria ganho em matiz o que perderia em sistematização.

Creio que a atitude de Foucault, como a de muitos estruturalistas, é uma atitude de cansaço. Fatigados do historicismo, das vaguezas semi-românticas, do progresso, das exclamações emotivas, são levados a buscar, num novo positivismo do estático — positivismo de ordem lógica apesar de nada ter a ver com o positivismo lógico do círculo de Viena — uma forma de conceptualismo que parece permitir — não sei se só em aparência — rigor e clareza. Nesse sentido, a reação dos estruturalistas diante de Sartre é paralela à do *Nouveau roman* diante da literatura engajada. Em ambos os casos se desvanecem a pessoa, o argumento, as entretelas da história, para dar lugar a uma espécie de arte pela arte que é, em Foucault, ciência pela ciência.

Todas as objeções despertadas pela obra de Foucault levam a duas objeções de maior grandeza. Em primeiro lugar, não parece nada clara a maneira pela qual, a partir de uma *episteme* dada, se possa reconstruir uma *episteme* passada e separada da nossa por uma ruptura total. Em segundo lugar, seguindo talvez sem querer seu modelo positivista. Foucault estabelece três "eras" da evolução humana que são ao mesmo tempo descontínuas e autolimitadas. Ao proceder assim, Foucault nega a filosofia da história para afirmar o que Comte já chamara de uma "história estática". Porém, ao negar a filosofia da história como continuidade, funda um pensamento *historicista* em cujo corpo se nega a seqüência da história. Talvez não possa ser de outro modo se, de fato, Foucault se vê condicionado pela "arqueologia" de seu tempo — arqueologia precisamente histórica. Ou, será que o historicismo não é muito mais antigo do que o suspeita Foucault? Creio que o é como o são os sentimentos de finitude, de morte e os modos de contemplar a vida como vida de passagem.

Muito do que acabo de sugerir sobre Foucault pode ser aplicado a vários aspectos centrais do estruturalismo atual. Não nego seu valor como método das ciências (etnologia, lingüística, talvez economia e sociologia). O que nego é a indução feita pelos estruturalistas a partir de uma ciência para dar leis sobre todas as ciências e ainda sobre a filosofia. Neste ponto concordo com Paul Ricoeur: o estruturalismo é sumamente valioso para analisar sistemas já feitos, para inventariar e verificar fatos passados, para contrapor elementos e verificar suas oposições e para formular uma combinatória desses mesmos elementos. Deixa de ter validade quando se refere ao fato concreto do discurso porque este consiste em dizer algo a respeito de algo. Falar é *dizer*. Concordo também com Ricoeur ao pensar que a palavra provém do sistema lingüístico e que a própria palavra, ao adquirir, na poesia ou na ciência, novos significados, tem o valor de uma expressão individual que enriquece o sistema do qual decorreu. Do sistema à palavra enunciada e pronunciada e desta ao sistema, a linguagem "está em festa" (Ricoeur). Também Santo Anselmo no *De Veritate* dizia que a verdade, parcialmente, é a retidão da oração (verdade lógica), porém que a verdade plena se realiza na referência às coisas (verdade adequada) e na referência de uma e outra à Verdade. Assim, o discurso se enriquece com o objeto que enuncia e com a Verdade à qual remetem tanto o sistema quanto o sujeito e o objeto do discurso[3].

V

Parece estabelecida a validade do estruturalismo para sistemas, por assim dizer, "fechados". Porém, está de fato estabelecida totalmente sua validade formal? O estruturalismo opera por meio de uma lógica ambivalente: de um lado a "natureza", de outro a "cultura", de um lado o sistema de produção capitalista, de outro o sistema marxista; de um lado o transformismo, de outro o fixismo. Certamente a maioria das lógicas é ambivalente: foram-no a lógica platônica, a lógica aristotélico-medieval, é-o a lógica simbólica procedente de Peano, Frege, Russell e Whitehead. O que não é tão certo é que *toda* lógica seja ambivalente.

É discutível que seja ambivalente a lógica dialética, pois apesar de Hegel chamar dialético o processo de oposição (por exemplo, a oposição "ser" e "não-ser") acrescenta um terceiro valor (o que costumamos chamar "síntese" e que Hegel chama "especulativa"). É possível que a lógica dialética não seja submissível (como o pensam Lévi-Strauss e Foucault) a uma lógica analítica pura.

E não só isso. Além das lógicas ambivalentes, nosso século viu surgirem lógicas polivalentes. Encontram-se delas antecedentes mais ou menos remotos em Aristóteles e Occam; delas se encontram sistemas muito precisos nas lógicas trivalentes, tetravalentes e ora finita ora infinitamente polivalentes em Tukasiewc, Post e Tarski. Vejamos um exemplo de lógica trivalente. Nela teremos três valores: Verdade, Falsidade, Nem falso nem verdadeiro. Poderei dizer com verdade: a "Revolução Francesa foi iniciada em 1789"; poderei dizer falsamente: "a Revolução Francesa não foi iniciada em 1789"; poderei dizer, referindo-me ao que na Idade Média se chamava de "futuros contingentes": "a França será uma república anarquista no ano 3 000", o que não é nem falso, nem verdadeiro. O problema ficaria mais agudo em lógicas tetravalentes — onde os valores são Verdade, Falsidade, Mais verda-

---

(3) O problema que o estruturalismo coloca e Ricoeur tenta resolver é, neste caso, o antigo problema do conhecimento. Como conhecer, dizia Platão, se o que está por conhecer é ou já conhecido ou desconhecido e, portanto, incognoscível? De maneira semelhante, Kant supõe que os juízos "sintéticos" são juízos cujo predicado acrescenta algo ao conteúdo do sujeito. Assim, para Kant, conhecer é acrescentar sem que nesse acréscimo se perca o valor de universalidade do conhecimento.

deiro que falso e Mais falso que verdadeiro — e ainda mais agudo em lógicas de *n* valores. Os sistemas binários, com os quais estamos acostumados a pensar, fecham as portas à "possibilidade", à "probabilidade" e a toda gama de matizes que existe entre o Verdadeiro e o Falso.

Mais ainda. A tentativa de estruturalismo consiste em axiomatizar as ciências humanas. Dado um sistema totalmente axiomatizável, seria possível calcular, mediante uma combinatória adequada, todas as variáveis. Pois bem, o estruturalismo leva a cabo essa tentativa quarenta anos depois de Gödel ter provado matematicamente que a matemática não é nunca axiomatizável de todo. Será possível axiomatizar a sociologia, a economia, a filologia, a etnologia, quando parece que a ciência que se fundamenta em axiomas renunciou à pretensão de uma axiomatização total?

Porém, deixemos aos lógicos a discussão dos problemas lógicos. Fica claro, de tudo que foi dito, que o estruturalismo ocupa-se do sistema e não da vida, da forma e não do conteúdo. O estruturalismo parece edificar um sistema sem sujeito singular ou plural; com efeito, um sistema puro carece de sujeito.

VI

Referi-me, no princípio deste ensaio, à possibilidade de uma filosofia da pessoa humana que fosse estruturada se bem que não estrutural. Em que se poderia fundamentar essa filosofia?

Em geral a filosofia contemporânea — isto é, simbolicamente desde Hegel — optou por um desses dois extremos: ou se afirma a existência e o movimento em detrimento do Ser ou então se afirma o Ser em detrimento da existência[4]. Porém, na medida em que optamos pela existência renunciamos ao Ser e na medida em que optamos pelo Ser renunciamos à existência. Nesse sentido é certo que Hegel (viram-no Feuerbach, Marx, Kierkegaard) esquece o homem concreto; é igualmente certo que o existencialismo ou o vitalismo esquecem ou não querem reconhecer um critério para julgar a existência e a vida. Como escapar a essa necessidade binária de eleição? Eu diria que elegendo e optando: porém não optando por nenhuma renúncia mas sim por uma afirmação radical. Essa opção nos conduziria a nosso "estar", a nossa presença dentro de nosso "estar" no mundo. Uma filosofia

---

(4) O problema é, naturalmente, muito mais antigo. Poder-se-iam encontrar suas origens na discussão entre os partidários do movimento — mais nos discípulos de Heráclito que no próprio Heráclito — e os partidários eleáticos da imobilidade.

do "estar" nos diria — próxima de Santo Agostinho ou de Bergson — que nossa vida é ou pode ser presença a si mesma: que nossa vida é matizada presença.

Em outras palavras, nossa vida *não é* um sistema abstrato nem é puro viver sem critério. É atenção a nós mesmos e atenção aos outros e atenção ao Outro que o "nós" e os "demais" reclamam. Como dizia Platão: "a natureza do Outro circula através de todas as coisas". E, parafraseando Platão, a vida, para ser digna de ser vivida, não pode se submeter nem ao império do Mesmo nem sucumbir à gratuidade de uma existência desgovernada.

Temos que optar, sem dúvida, porém nossa opção não pode ser entre isto e aquilo: é uma opção que nos conduz a pensar sistematicamente como queria Pascal sem abandonar nossa estância vital, nossa condição humana de seres encarnados. Viver e pensar não se anulam: complementam-se. A única opção é esta: viver pensando e refletir vivendo. Esse é o sentido de nosso estar em busca de uma estância mais alta. Se o romantismo pode ser simbolizado no barco e o classicismo na casa, por que não tentar fazer de nosso barco — o barco em que vivemos embarcados — nossa casa?

Jorge Guillén, no fim das contas exato, pois poeta, tê-lo-ia dito num único verso:

Soy: más; estoy, respiro.

13. NELSON GOODMAN*

É de suma importância que um filósofo do gabarito de Nelson Goodman ocupe-se de questões estéticas quando estas se encontram, geralmente, na crítica literária, nem sempre sistemática e em formas de filosofia abstrata, muitas vezes distantes da experiência estética. O estudo empreendido por Goodman dos sistemas notacionais possui qualidades de primeira ordem: bom estilo — às vezes estilo excepcional —, grande rigor, resultados e frutos de muita consideração. Antes de tudo há que afirmar, sem nenhuma reticência, até que ponto é bem-vinda uma obra como *Languages of Art*.

(*) NELSON GOODMAN y los lenguajes del arte. *Crítica*, México, v. IV, n. 11-12, maio-set. 1970. (*Languages of art, An approach to a theory of symbols*, Londres, Oxford University Press, 1969, 277 pp.)

É também necessário, ao iniciar esta nota, assinalar quais são os limites e qual o enfoque da mesma. Os limites são os impostos pelo livro. Não tratamos aqui dos aspectos mais puramente formais de *Languages of Art*, pela simples razão de que esses aspectos estão além da especialidade de quem escreve estas páginas[1]. O que me proponho é, assim, limitar-me a certos temas — que ademais considero cruciais — na ordem que se segue: 1) o tema dos símbolos; 2) o do aprendizado e do conhecimento; 3) o das artes e os sistemas de notação; 4) o da arte e conhecimento. A última parte da nota será parcialmente discrepante e não deixará de lado alguns aspectos da querela sobre o inatismo que renovou entre outros, Noam Chomsky e precisamente Nelson Goodman.

I

A palavra "símbolo" é antiga e entrou em uso relativamente comum a partir do século XV. No entanto, desde o século passado, assistimos à utilização múltipla do termo. "Simbolismo" designa uma escola poética; símbolos e mitos foram e são estudados por sociólogos, psicólogos, psicanalistas, antropólogos, etnólogos, filósofos da ciência e da matemática, críticos literários, críticos da arte. A lista é incompleta[2]. Acontece, contudo, que, precisamente pela diversidade de usos e algumas vezes abusos da palavra, esta resulta vaga e ambígua. Que esperar de um livro que, novamente, trata dos símbolos?[3] De fato, não é outro o tema inicial e final de *Languages of Art*. Escreve Goodman: "Os problemas da arte são mais pontos de partida que de convergência. O objetivo é uma aproximação a uma teoria geral dos símbolos" ("Introdução", p. xi). Não é possível — nem fácil — assinalar aqui tudo o que Goodman diz explícita ou, muitas vezes, implicitamente. Limitemo-nos, primeiro, à definição mais ampla e clara da palavra. Desde a "Introdução", Goodman declara que a palavra "símbolo" é usada no livro como termo "muito geral e incolor" (p. xi). Designa tanto letras quanto palavras, textos, quadros, diagramas, mapas, modelos etc.; "não compreende nenhuma implicação do oblíquo ou do oculto" (p. xi). Assim, o mais literal — ou trivial — é tão simbólico

---

(1) Esses aspectos formais apresentam-se no Cap. IV do livro. Trata-se do capítulo mais difícil de um livro nada fácil. Sua leitura requer formação especial em lógica e matemática.
(2) Seria interessante que o leitor recordasse, neste ponto, a importância que o estudo dos símbolos formais adquiriu nas obras de Claude Lévi-Strauss. Também Lévi-Strauss busca sistemas de notação.
(3) As obras de Cassirer e de Susanne K. Langer merecem especial respeito de Goodman, se bem que, com muita freqüência, os resultados que obtêm são não apenas distintos, mas também opostos aos de um e outra.

quanto o mais figurativo ou complexo. De fato, segundo Goodman, a palavra "linguagens" do título deveria ser substituída por "sistemas de símbolos" (p. xii). Pois bem, numa teoria nominalista dos símbolos, como o é a de Goodman, "quase qualquer coisa pode significar outra" (p. 5). O uso dos símbolos é, assim, em boa parte, arbitrário, mesmo quando essa palavra não seja de todo adequada porque, como veremos, os sistemas simbólicos dependem do que se poderia chamar, metaforicamente, fundo cultural. Voltaremos ao tema.

Antes será necessária uma breve excursão pelos terrenos do "realismo", excursão que haverá de levar-nos ao problema da formação de hábitos e costumes e ao do aprendizado.

O Cap. I de *Languages of Art* tem por epígrafe esta extraordinária citação de Virginia Woolf: "A arte não é uma cópia do mundo real. Uma dessas duas malditas coisas basta". Discutir o "realismo" é, em primeiro lugar, discutir formas da denotação. É também discutir o significado da representação. Abreviadamente: se a obra de arte representa algo no mundo real, a obra será realista. Porém, a representação não pode se reduzir à semelhança. Um quadro pode representar o Duque de Wellington, mas este não representa o quadro; isto é, a representação não é simétrica como o é a semelhança e, portanto, esta não pode ser considerada como condição suficiente da representação. A denotação — miolo da representação — é por sua vez independente da semelhança. Porém, se a semelhança não é critério suficiente para o realismo, sê-lo-á por acaso a imitação? Escreve Goodman: "O olho inocente é cego e a mente virgem é vazia" (p. 8). Isto é, mesmo supondo as condições mais assépticas — olho imóvel (estando o outro olho fechado) diante de um objeto imóvel —, condições ademais, claramente impossíveis, a imitação, por assim dizer, textual, é também claramente impossível. O olho, mesmo o olho asséptico, é órgão de seleção. A representação — e com ela a denotação e o realismo — não pode fundar-se no antigo critério helênico da *mimese*. Poder-se-ia pensar no caso da pintura, que a perspectiva proporciona um critério para a imitação. Porém, uma perspectiva nunca é fixa como não é fixo o olho que a olha. Mais paradoxal ainda é falar de representação e realismo no terreno das ficções literárias. A palavra *Pickwick* é, de fato, "descrição de um homem", porém "não descreve um homem". Não há aqui representação porque as ficções não representam nada. Porém, se representar não é referir-se a objetos reais, haverá que pensar que as representações funcionam de maneira semelhante às descrições sempre

149

que aqui entendamos por descrições não apenas as de ordem lógica, mas também as que impliquem predicados de toda ordem com denotação singular, múltipla ou nula. Representar é, assim, mais classificar que copiar, mais caracterizar que imitar. Porém, essa caracterização deve ser ativa. "A representação eficaz e a descrição requerem invenção" (p. 33). A realidade da arte nunca é realidade feita e acabada; é realidade constantemente refeita.

II

Sem sentir acabamos de passar a um dos temas-chave de *Languages of Art*: o do aprendizado e a formação de hábitos. Neste ponto, em que Goodman se refere explicitamente à arte e implicitamente a todo conhecimento, seu antecedente mais claro é o de Peirce e, especificamente, o Peirce de *How to make our ideas clear*. Dissemos mais acima que o caráter arbitrário dos símbolos fica pelo menos levemente modificado na obra de Goodman por aquilo que os condiciona: a formação de hábitos culturais. Nada mais natural, em *Languages of Art* que a multiplicidade de realismos. Já ao falar dos problemas da imitação, da cópia e ainda da perspectiva, Goodman havia afirmado que estas são adquiridas. Escreve: "O realismo é relativo e é determinado pelo sistema de representação estabelecido para uma cultura dada, a uma pessoa dada em um tempo dado" (p. 37). Precisemos: um sistema simbólico — neste caso o das artes — é puramente nominal: porém a noção de arbitrariedade resulta modificada em semi-arbitrariedade quando pensamos que um sistema simbólico depende de um sistema cultural.

III

Indubitavelmente a arte que mais interessa Goodman é a música[4]. Indubitável também que isso se deve ao fato de a música possuir um sistema muito exato de notação. Quais são os fundamentos para que existam sistemas de notação e até que ponto esses sistemas aparecem nas artes? Neste ponto é necessário resumir muito. Em última análise, os requisitos para um sistema de notação são sintáticos e semânticos[5]. Os primeiros implicam que o sistema de notação seja constituído por: *a)* membros intercambiáveis ("que todas as inscrições de um tipo dado sejam sintaticamente equivalentes" (p. 131); *b)*

---

(4) Novo ponto de convergência com LÉVI-STRAUSS, com cuja obra e especialmente *Le miel et les cendres* conviria comparar o livro de Goodman.
(5) Trata-se aqui do Cap. IV, o mais especializado do livro. Muitos aspectos desse capítulo devem ficar para os especialistas.

tipos "finitamente diferenciados ou articulados" (p. 135); *c*) formas "sintaticamente densas" ("densidade" significa que um esquema possa possuir uma quantidade infinita de tipos "ordenados de tal maneira que entre dois deles haja sempre um terceiro"; "densidade" opõe-se a "atenuação") (p. 138); *d*) modos de concordância; o que não implica nenhuma forma de realismo, uma vez que a concordância não requer nenhuma conformidade especial ("seja o que for aquilo que um símbolo denota, não concorda com ele") (p. 144); *e*) a "disjunção" (casos do alfabeto, as notações numéricas, binárias etc.). Os requisitos semânticos implicam, basicamente, que o sistema de notação não seja ambíguo e que seja composto por elementos de diferenciação semântica finita. Disso se conclui, resumidamente, que as partituras são "tipos" dentro de um sistema notacional; que a música é uma arte notacional; que a pintura não é notacional como não o são a escultura ou a literatura, mesmo que esta seja escrita com um sistema de notação que, contudo, não a define.

As artes podem ser classificadas segundo sistemas de notação (ou ausência deles). Porém, isso não implica uma diferença fundamental entre arte e conhecimento científico. Quais são as relações entre arte e ciência?; qual o critério de mérito ou valor para as artes?

IV

Goodman rechaça várias teorias muito comuns da arte e de suas diferenças com a ciência. Vimos que a arte refaz a realidade. Assim "a atitude estética é inquieta, indagadora, verificadora — é menos atitude que ação" (p. 242). Por isso não implica, de maneira especial ou exclusiva, o desinteresse. Mesmo supondo que a obra de arte fosse desinteressada — como o supuseram Kant e Schiller — isso não distingue experiência estética de experiência científica, uma vez que esta é ou pode ser desinteressada. Goodman não aceita também as teorias da experiência estética que a proclamam forma ou projeção das emoções. "Qualquer representação da estética como uma espécie de banho ou orgia é claramente ridícula" (p. 245). Em outras palavras: a experiência estética não é fundamentalmente catártica.

Mais do que se disse significa que o sentimento e as emoções não representam papel algum na experiência estética. De fato, as emoções são, para Goodman, formas do conhecimento: "as emoções funcionam cognitivamente" (p. 248). De um lado, reduzir a experiência estética à emoção é "absurdo"; por outro lado, a experiência científica é também, às vezes, emotiva. Em suma, a experiência estética em boa parte emotiva é também em boa parte intelectual. Arte e ciência são formas do conhecimento do mundo. Porém, sendo assim, como separar o estético do não-estético? Goodman propõe quatro "sintomas" do estético: a densidade sintática, a densidade semântica, o "enchimento" (*repletness*) sintático; a diferença que existe entre os sistemas de denotação e de exemplificação. Já vimos o que Goodman entende por densidade sintática. Por densidade semântica ele entende a densidade de representação, descrição, expressão nas artes; por "enchimento" sintático a presença de elementos constitutivos de um esquema (assim, quando vemos que alguns elementos são constitutivos num esquema pictórico e contingentes num esquema diagramático, dizemos que o primeiro possui a qualidade de "enchimento"); ele entende por distinção entre formas exemplificadoras e sistemas denotativos a diferença existente entre "mostrar" e "dizer", mesmo quando mostrar e dizer possuam sempre algum tipo de referência. Graças a essas distinções Goodman pode deslindar: os sistemas não-lingüísticos (como os "esboços") de sistemas lingüísticos (partituras, escritas), uma vez que os primeiros possuem densidade sintática; a expressão e a representação (características da escrita e da partitura, mas não do esboço pois este possui pouca densidade semântica); as formas mais diagramáticas (e menos densas) das mais "representacionais" (e mais densas). Porém, se essas distinções permitem uma espécie de classificação das artes segundo seus esquemas simbólicos, não constituem critérios distintivos da experiência estética. Os quatro sintomas podem se apresentar em sistemas não--artísticos. Assim, os sintomas citados são "conjuntivamente suficientes e disjuntivamente necessários" (p. 245). Por que esses sintomas não são exclusivamente estéticos? Arte e ciência "não são de todo alheias" (p. 255). Arte e ciência são formas do conhecimento: em ambas, presentes em diversos graus, o entendimento e a emoção.

A "questão de mérito" apresenta-se em *Languages of Art* de maneira secundária. Goodman pensa que a Beleza não pode ser critério de valor estético pela dupla razão de que a própria noção de beleza se modifica e de que o "meio" pode ser e de fato é freqüentemente estético. Por outro lado, a verdade não é critério suficiente da ciência (podemos acumular cascatas de multiplicações tão verdadeiras quanto inúteis). Goodman, cujo propósito central não é oferecer critérios, pensa que provavelmente tanto a verdade como o caráter contemplativo ou comunicativo da obra artística são elementos do valor estético. Porém, em última análise, de que dependeriam a durabilidade e o mérito da obra de arte? "Tanto a dinâmica quanto a durabilidade do valor estético são conseqüência natural de seu poder cognoscitivo" (p. 260). Cézanne, Manet ou Schönberg contribuem para fazer-nos ver o mundo e entendê-lo; mesmo quando nem sempre o *digam*, sempre o *mostram*.

A teoria nominalista de Goodman é também uma teoria ativista do conhecimento. Por isso conclui o livro com esse resumo que não deixa de ser um projeto para futuros escritos: "Meu propósito foi dar alguns passos em direção ao estudo sistemático dos sistemas simbólicos e dos modos de seu funcionamento em nossas percepções e ações, em nossas artes e ciências e assim na criação e compreensão de nossos mundos" (p. 265).

V

Minhas discrepâncias com o livro de Goodman reduzem-se a três que quero apenas enumerar:

1) Concordo com Goodman em que as emoções e as atividades sensoriais e perceptivas são formas do conhecimento. Concordo com ele ao pensar que o que costuma ser mal chamado de "contemplação estética" não é um banho, nem uma orgia, nem um banho orgiástico. Não posso deixar de pensar, no entanto, que a arte pode exercer — mesmo que tal não seja seu fim exclusivo, nem determinante — uma função catártica. Sei muito bem que a função catártica pode ser realizada de muitas outras maneiras que não as que a arte proporciona (desde o salto ginástico até a psicanálise); porém, se por função catártica entendermos uma função disciplinadora da consciência, que também nos permita entender o mundo, a arte pode ser catártica e purificadora. A catarse do público grego do século V não era orgiástica: ela coordenava emoção e cultura.

2) Mais sobre as emoções. Creio que Bergson viu claramente existirem, pelo menos e extremadamente, dois tipos de emoção: as emoções que surgem de idéias e as que criam idéias. As primeiras costumam ser pobres e reduzirem-se a uma forma intelectualizada da vida; as segundas são ricas e permitem que a emoção se encaixe em formas e esquemas intelectuais[6]. Raimundo Lida distingue as formas obstaculizantes da linguagem (formas esquemáticas) das formas criadoras e intuitivas da linguagem poética. Esse é, com efeito, o ponto de vista de Bergson. A linguagem da poesia, para dizê-lo com Lida, não "tem outro fim que o de abrir caminho entre os símbolos utilitários que nos separam da realidade" (*Letras*

(6) Cf. RAIMUNDO LIDA, "Bergson y el lenguaje", *Letras hispánicas*, México, Fondo de Cultura Económica, 1958.

hispánicas, p. 91). Quer dizer, os símbolos formais são, para Bergson, valores de substituição e formas da comunicação utilitária; as emoções e instituições criadoras de idéias — poemas, obra de arte — constituem atividades vivas, apesar de não-orgiásticas; vivas enquanto se manifestam na própria raiz do ato criador e, em certo modo e medida, transcendem-no.

3) Minha reserva básica diante das teses gerais de Goodman — de cuja obra, insisto, há que extrair lições magistrais de precisão e exatidão — consiste no seguinte:

O mais discutível na obra geral de Goodman e, em especial, em *Languages of Art*, é seu nominalismo, talvez de origem pragmática e empirista. A discussão está, por certo, de pé. Goodman escreveu um breve diálogo onde Anticus (isto é, Goodman e Locke e Berkeley) discute com Jasão (Chomsky e também Descartes e Leibniz)[7]. Goodman se opõe à existência das idéias inatas e pensa que a aquisição da linguagem pode ser reduzida a formas empíricas de aquisição, sem necessidade de pressupor o inatismo. Um argumento parece crucial na boca de Anticus: o que Chomsky chama de idéias inatas não são idéias, nem são inatas. Anticus não nega que existam na mente "certas capacidades, tendências, limitações" porém essas não são idéias e falar de idéias inatas como capacidades é supor, sem fundamento, "idéias que são inatas na mente como não-idéias". A discussão é, com efeito, antiga: sofístico-platônica, neo-acadêmica-agostiniana, empírico-cartesiana. Porém, quando Chomsky fala de inatismo, que quer dizer realmente? Creio que sua tese é clara. Ele supõe que para que seja possível adquirir uma linguagem e para que uma criança possa descobrir o uso da linguagem que está aprendendo, deve existir uma estrutura *da* linguagem prévia ao aprendizado e necessária para ele. É sólido o argumento de Goodman contra a existência de "capacidades para" formar idéias ou linguagens? Não o parece de todo se se tem em conta que a palavra "capacidade" pode ser bastante precisa. Uma semente de maçã produz macieiras e não freixos. Descartes dizia que as idéias são inatas na mente da mesma maneira que o fogo está na "pedra sílex". Não me parece estranho, nem surpreendente, que a mente humana produza idéias porque haja nela estruturas que permitam tal produção. A discussão entre o inatismo e o empirismo, entre "apriorismo" e nominalismo teve seu melhor momento nos séculos XVII e XVIII. Não parece ter terminado nesta segunda metade do século XX.

---

(7) "The Epistemological Argument", em *The Philosophy of Language*, ed. por SEARLE, Oxford Reading in Philosophy, pp. 140-145.

14. LINGUAGEM PRIVADA: DE WITTGENSTEIN A DESCARTES[*][1]

A existência da linguagem privada constitui problema medular da filosofia de Wittgenstein e da filosofia atual de língua inglesa. Existe uma linguagem privada?; que significaria esse tipo de linguagem?; tem algum sentido falar de uma linguagem subjetiva e, mais ainda, de uma linguagem puramente — necessariamente — subjetiva?

Neste ensaio proponho-me a afirmar que de alguma forma e maneira essa linguagem existe (veja-se o retorno final a Descartes). Não negarei o que é evidente: a exis-

---

(*) "LENGUAJE PRIVADO: de Wittgenstein a Descartes". Inédito.
(1) A idéia deste ensaio nasceu de uma extensa nota a ALEJANDRO ROSSI, *Lenguaje y significado*, México, Siglo XXI, 1969. Rossi foi o primeiro a escrever sobre o tema, no México. Entretanto, meu ensaio pouco tem a ver com o que Rossi diz em seu excelente livro.

tência de uma linguagem "pública". Negarei, em troca, a negação — muitas vezes obra dos discípulos de Wittgenstein —, da existência de uma "vida privada".

Para conseguir meu intento terei de explicar sucessivamente: 1) as linhas gerais do pensamento de Wittgenstein; 2) o problema da linguagem privada nas *Investigações filosóficas* do próprio Wittgenstein e suas implicações filosóficas; 3) alguns dos aspectos da discussão do problema posteriores a Wittgenstein. Minha conclusão tentará demonstrar: *a*) que as objeções feitas a Descartes a partir de Wittgenstein nem sempre são válidas; *b*) que, em anos recentes, as idéias cartesianas adquiriram nova validade[2].

I. *De Wittgenstein*

Qual é o estilo de pensamento de Wittgenstein? Basta aqui, para nosso propósito, recordar algumas características fundamentais de uma filosofia que começou sendo de ordem lógica (a do *Tractatus logico-philosophicus*) e terminou numa filosofia certamente aberta e flexível — também cética — nas *Investigações filosóficas*.

No *Tractatus*, Wittgenstein desenvolveu uma ontologia fundada na teoria da linguagem e especialmente nas idéias da linguagem lógica. Citando Max Black: "O mais atrevido resumo das concepções de Wittgenstein poderia expressar-se da seguinte maneira: a Realidade (o 'mundo') é um *mosaico* de espécimens independentes — os 'fatos atômicos'. Cada um destes é como uma *cadeia* na qual os 'objetos' (simples de ordem lógica) 'pendem um do outro'. Os objetos se conectam em uma rede de possibilidades lógicas ('espaço lógico'); as proposições 'elementares' mais simples são *representações* (*pictures*) de fatos atômicos e elas próprias são fatos em que os nomes estão concatenados; todas as demais proposições são funções de verdade das proposições elementares; a linguagem é o grande *espelho* em que a rede lógica se reflete, se 'mostra', se manifesta"[3].

Vale recordar que no Prefácio ao *Tractatus*, Wittgenstein escrevia: "a verdade dos pensamentos aqui comunicados me parece intacável e definitiva". Tal era a opinião de Wittgenstein em 1921. Não é pois de surpreender que durante vários anos tenha se desinteressado das tarefas filosóficas. Dezesseis anos mais tarde Wittgenstein chegou à conclusão de que as idéias expressas

---
(2) Este ponto é desenvolvido no ensaio contido neste livro: "Inatismo. De idéias e não-idéias".
(3) BLACK, Max. *A Companion to Wittgenstein's "Tractatus"*. Londres, 1964.

no *Tractatus* não eram tão inatacáveis nem tão definitivas como suspeitara. Começou a ver a filosofia como que com um espírito mais crítico. Desta larga etapa de meditações surgiram as *Investigações filosóficas* — também os *Zettel* e as *Lectures and Conversations on Aesthetics, Psychology and Religious Belief*[4].

O estilo das *Meditações* faz com que o livro apresente-se, no dizer do próprio Wittgenstein, na forma de um "álbum" ou de "esboços de uma paisagem" ("Prefácio" de 1945). Escreve ele:

O que fazemos é mudar todo o estilo do pensamento e tudo que faço é convencer as pessoas que mudem seu estilo de pensamento.

Que idéia da filosofia preside essa mudança?

Creio que Passmore viu claramente a intenção de Wittgenstein quando diz que para este a filosofia seguiu com excesso de proximidade e contágio o modelo da ciência. Não se trata, para Wittgenstein, de que o filósofo encontre a verdade; trata-se de ver como de fato se usam as palavras da linguagem comum e de ver, no uso lingüístico, um dos critérios do significado da linguagem. Wittgenstein pensava que a filosofia pode e deve ter um caráter "terapêutico". O filósofo deve proceder como o homem que quer ensinar à surpresa mosca a maneira de sair da garrafa onde se meteu. Daí um estilo extremamente fluido (e preciso) que pretende liberar-nos de um mundo imaginário de entidades, essências ou noções absolutas.

II. *Linguagem privada. Implicações*

Ao negar a existência de uma linguagem privada, Wittgenstein nega a existência de uma linguagem que seja necessariamente privada; nega a possibilidade de "conhecer" o que costumamos chamar "vida interior", nega a idéia cartesiana (ou platônica ou agostiniana) de um eu capaz de conhecer-se e nega a introspecção. Mais adiante tratarei de alguns desses problemas. Por ora atenho-me a vários textos-chave do próprio Wittgenstein.

Escreve Wittgenstein:

A proposição "as sensações são privadas" é comparável a: "joga-se paciência consigo mesmo" (*Investigações*, 248).

Imaginemos o seguinte caso. Quero manter um diário sobre a reincidência de certa sensação. Para fazê-lo associo-o ao

---

(4) Os três livros são póstumos. Os *Zettel* são trechos reunidos por seus discípulos. As *Lectures* ... notas de alunos.

sinal "E" e escrevo esse sinal num calendário cada dia que tenho a sensação. — Notarei em primeiro lugar que não se pode formular uma definição do sinal. Mas, contudo, posso dar-me uma espécie de definição ostensiva. — Como? Posso assinalar a sensação? Não no sentido comum. Mas falo e escrevo o sinal e ao mesmo tempo concentro minha atenção na sensação — e, por assim dizer, assinalo-a interiormente. Mas, para que serve essa cerimônia? — Porque, é tudo o que parece ser! Sem dúvida uma definição serve para estabelecer o significado de um sinal. — Bem, isso se faz precisamente ao concentrar minha atenção; porque dessa maneira imprime em mim mesmo a conexão entre o sinal e a sensação. — Mas, "imprimir em mim mesmo" só pode significar: esse processo leva a que, no futuro, me recorde corretamente da conexão. Porém, no presente caso não tenho nenhum critério de correção (*Investigações*, 258).
... Pode-se falar consigo mesmo. — Se uma pessoa fala quando mais ninguém está presente, quer dizer que fala consigo mesma? (*Investigações*, 260).
... Olhar um tabuleiro na imaginação não consiste em olhar um tabuleiro mais do que a imagem do resultado de um experimento imaginado é resultado de um experimento (*Investigações*, 265).

Referindo-se à linguagem, escreve Wittgenstein:

na qual uma pessoa pudesse escrever ou dar expressão verbal a suas experiências interiores: As palavras individuais dessa linguagem devem se referir àquilo que só pudesse saber a pessoa que fala; a suas sensações privadas imediatas. Assim, outra pessoa não pode entender a linguagem (*Investigações*, 243)[5].

Até aqui algumas páginas desse "álbum". Resumo seu conteúdo de maneira geral. Passo depois a discutir o sentido que tem a própria noção de "linguagem privada".

Nos fragmentos anteriores Wittgenstein afirmou: *a*) que uma linguagem privada seria tão inútil quanto um jogo de "paciência"; *b*) que a memória não é um critério suficiente para determinar a existência de uma linguagem privada (a "cerimônia" de anotar com o sinal "E" não me oferece nenhum critério de correção); *c*) uma pessoa não pode falar consigo mesma a menos que esse falar seja, pelo menos em suas origens, público; *d*) a imaginação — como a memória — não proporciona critério suficiente para dizer que existe uma linguagem privada; *e*) também não o proporciona a percepção (certa

---

(5) É importante a diferença — assinalada por Ayer e Rossi — entre linguagem *acidentalmente privada* (linguagem de um grupo de pessoas, linguagem codificada de uma só pessoa que, como todos os códigos, seria em princípio decifrável) e *linguagem necessariamente privada*. Rossi, apoiando-se em Wittgenstein, nega a existência desta segunda linguagem hipotética que apenas uma pessoa encerrada a pedra e lodo em sua própria consciência poderia entender — indecifravelmente.

— aqui inexistente ou indemonstrável — percepção interna); *f)* a única linguagem realmente privada seria uma linguagem absolutamente privada; *g)* essa linguagem, que Wittgenstein proclama inexistente, seria incompreensível por parte dos "outros" e anularia a própria possibilidade de comunicação.

Até aqui a teoria, mas ao falar de linguagem privada estaremos falando sempre da mesma coisa?; não existe certa ambigüidade no uso dessas palavras — ou da palavra "interioridade" no próprio Wittgenstein?

Com essa pergunta passo ao ponto:

III. Ayer, Mundle

Em *Can there be a private language*, A. J. Ayer[6] assinala que seriam perfeitamente concebíveis linguagens privadas pertencentes a grupos e ainda uma linguagem privada e codificada pertencente a uma só pessoa. Porém, existe uma linguagem necessariamente privada? Ayer supõe que, pelo menos em teoria, tal linguagem pode existir. Ao discutir o "caso" do sinal "E", Ayer argumenta que sempre se apresenta um problema quando queremos atribuir um significado a um sinal, mas que a dificuldade não é maior ao tentarmos identificar um sinal "interno" do que se tentarmos identificar um sinal externo ou público. Para mostrar a possibilidade — ainda que não necessariamente a realidade — de uma linguagem necessariamente privada, Ayer conta a história de seu novo Robinson. Robinson naufragou em criança numa ilha; não sabia nem falar, muito menos escrever. Alimentado por uma loba, como Remo e Rômulo, o novo Robinson conhece os objetos que o rodeiam. Mas, poderá dar-lhes nome? Até que ponto a linguagem depende do meio social e do aprendizado? Ayer pensa que o primeiro homem — os primeiros homens — deve ter inventado algum sinal e que, portanto, a linguagem deve ter nascido em algum momento. Porém, se Robinson, agora esse primeiro homem, fosse capaz de inventar nomes para a flora e para a fauna, por que não poderia inventar nomes para suas "sensações privadas"?[7]

Robinson (ou o primeiro homem), *poderia* ter inventado para si uma linguagem. Não necessitaria de Sexta-feira. Bastar-lhe-ia sua memória; dar-se-ia conta de que

(6) O texto aparece em G. PITCHER, ed., *Wittgenstein, The Philosophical Investigations*, Londres, 1968; reaparece em O. R. JONES, ed., *The Private Language Argument*, Nova York, 1971.
(7) Ao falar de seu Robinson, Ayer não se dava conta de que este Robinson já fora descrito por Baltasar Gracián no ANDRÊNIO de *El Criticón*.

os objetos externos são mais ou menos fixos; de que a vida interior é mais ou menos passageira[8]. Poderia ser entendido por Sexta-feira; o que não significaria que tudo o que Robinson pensasse fosse verdadeira e completamente entendido. Que é precisamente o que acontece com todos os homens quando trocam palavras ou, na falta delas, gestos, sinais, olhares.

Porém, ao chegar a esse ponto, não acabamos de assistir a uma série de ambigüidades precisamente no que se refere aos termos "linguagem privada" e "interioridade"?

Assim o pensa Mundle. O que contribui para a confusão é a pergunta — posterior a Wittgenstein — que se coloca assim: existe uma linguagem privada?

C. W. K. Mundle descobre três perguntas dentro dessa mesma pergunta. As seguintes:

1) É possível que uma pessoa fale consigo mesma de maneira significativa sobre suas experiências privadas?

2) É possível que uma pessoa possa comunicar a outras suas próprias experiências privadas?

3) Pode existir uma linguagem cujas regras sejam segredo da pessoa que as inventou?

Mundle argumenta, creio que corretamente, que Wittgenstein, inimigo das teorias feitas e acabadas, sucumbe algumas vezes a explicações de tipo comportamentista. Assim, a linguagem estaria ligada ao que Skinner chamou "conduta verbal" e dependeria estritamente de sistemas e estímulo-resposta e reforçamento da resposta[9]. Mas o comportamentismo nega a própria possibilidade de experimentar a vida interior ao negar o fato da existência dessa vida íntima e pessoal. Para criticar a idéia segundo a qual não pode existir uma linguagem privada bastaria mostrar que pelo menos algumas vezes podemos comunicar "algo" aos outros — nunca necessariamente tudo — do que sucede em nossas mentes. É verdade que a palavra dor só pode ser aplicada a minha dor se antes tiver aprendido essa palavra a partir da experiência pública dos demais? Não é de todo acreditável. Para que possa referir-me à minha dor é indubitavelmente necessário que ostensivamente se me mostre o que significa a dor (por exemplo, assinalando minha mão dolorida com o dedo); porém é igualmente necessário que existam em *mim* os sentimentos de dor. Sinto a dor e ao mesmo tempo posso comunicar *minha* dor — de maneira mais ou menos precisa — a outras pessoas.

---

(8) C. W. K. MUNDLE, *Behaviourism and the Private Language*, em O. R. JONES, *op. cit.*

(9) O comportamentismo de Wittgenstein seria mais sutil; por exemplo, a descrição, por meio de comportamentos, do caso do sinal "E".

É verdade que Wittgenstein não negou que pudéssemos ter experiências "privadas" ("... uma dor cresce e decresce; crescem e decrescem o ouvir uma melodia e uma frase; esses são processos mentais", *Investigações*, 151). Poder-se-ia objetar e de fato objeta L. C. Holbrow[10] que Wittgenstein nega somente a existência de linguagens necessariamente privadas. Mas a quem criticava Wittgenstein quando negava a possibilidade de uma linguagem necessariamente privada? Criticava, de maneira geral, a metafísica idealista mas tinha em mente — e em mente o têm muitos de seus discípulos — outro gênero de crítica: a do cartesianismo que, segundo O. R. Jones "pensa que da mesma maneira se pode ter conhecimento público de um objeto público e se pode ter conhecimento privado de um objeto privado ... Assim, pode haver palavras para objetos privados da mesma maneira que há palavras para objetos públicos"[11].

Porém, essa objeção ao "cartesianismo" é falaciosa. Em nenhum texto escrito por Descartes se pode encontrar jamais o menor assomo de uma linguagem necessariamente privada. A discussão de tal linguagem e, em geral da "intimidade", adquire agora novas dimensões. No fundo, a crítica da linguagem necessariamente privada converte-se em um ataque a Descartes e à própria idéia de vida subjetiva. Não haverá de surpreender ninguém que a conclusão deste ensaio consista numa "defesa" de Descartes com argumentos cartesianos e uma referência à possibilidade de uma vida subjetiva: defesa da intimidade sem nenhuma crítica à publicidade de nossos mundos interiores.

IV. *Descartes e conclusão*

São muitos os autores atuais de língua inglesa que criticaram o dualismo cartesiano. Um deles, Arthur Kenny[12] tentou demonstrar que a filosofia de Wittgenstein "proporciona uma refutação do dualismo cartesiano" e que as idéias de Descartes sobre a consciência conduzem à noção de uma "privatividade" necessária e absoluta.

Interessa-me aqui o segundo ponto onde as falácias interpretativas provêm da sobreposição de um modelo filosófico (o de Wittgenstein) a outro modelo muito distinto (o cartesiano).

Afirma Kenny, para começar, que a "idéia cartesiana de que 'se conhece melhor o corpo que o espírito'

---

(10) Cf. O. R. Jones, ed., *op. cit.*
(11) Cartesianismo representa aqui não só Descartes mas também aos que, segundo Jones, seguem parcialmente Descartes neste tema: Locke, Berkeley, o próprio Hume. Ver O. R. Jones, *op. cit.*
(12) *Cartesian Privacy*, G. T. Pitcher, *op. cit.*

foi em seu tempo uma idéia nova". Não lhe falta razão se Kenny opuser a filosofia de Descartes ao tomismo; falta-lhe razão se se esquece que o pensamento agostiniano, continuado por Escoto Erígena, Santo Anselmo, São Boaventura, outorga uma importância primordial precisamente ao espírito. Escrevia Santo Agostinho: "Não saias de ti, retorna a ti, no interior do homem habita a verdade". De maneira semelhante, São Boaventura acreditava que o modo de chegar a Deus é o "itinerário da mente a Deus". Esse esquecimento histórico pode ser secundário. Por outro lado, ninguém — salvo talvez Santo Agostinho — havia pensado como Descartes que a alma proporciona um conhecimento certo[13]. É bem sabido que Descartes, ao afirmar o *cogito* (penso: existo) está dizendo que meu pensamento revela que sou. Se "pensar" significa para Descartes não só pensar racionalmente mas também sentir, querer, desejar, perceber, está afirmando também que qualquer pensamento pode revelar-me que sou: "imagino: sou"; "recordo: sou" etc. O que não fica claro em nenhum momento é por que Kenny escreve que os pensamentos são, para Descartes, "privados para seu proprietário no sentido de que enquanto outros possam deles duvidar, ele não pode". Descartes seria assim o primeiro a "identificar o mental com o privado"? A resposta deve ser negativa.

Certamente Descartes pensa que nossas idéias "puramente espirituais" (as idéias inatas) são as mais claras e distintas. Não é desnecessário insistir no propósito de Descartes ainda que sob o risco de repetir doutrinas muito conhecidas.

Descartes se propõe antes de mais nada obter um conhecimento absolutamente certo. Para que os céticos não possam duvidar da certeza do conhecimento, Descartes se propõe duvidar mais que os céticos e inventa — coisa que Kenny esquece — a dúvida metódica. Não se trata de que Descartes *acredite* nos argumentos hipotéticos que lhe permitem duvidar; emprega-os para mostrar que a dúvida absoluta conduz sempre ao *cogito*, ao "eu penso". Assim, mesmo quando os sonhos me enganarem e eu não saiba distinguir entre sonho e realidade; mesmo quando existe um "certo gênio maligno tão enga-

---

(13) Recorde-se, neste ponto, o raciocínio de S. AGOSTINHO em *De Trinitate* (XII, 21), tão próximo ao que, séculos mais tarde, será o *cogito* cartesiano. Escreve S. Agostinho: "As verdades deste tipo nada têm a temer dos argumentos dos Acadêmicos. Dizem eles: sim, mas tu poderias estar enganando a ti mesmo. Contudo, se me engano, sou. Porque quem não é evidentemente não pode enganar-se e, assim, se me engano a mim mesmo, sou... Segue-se portanto que inclusive se me engano devo existir para enganar-me e está fora de qualquer dúvida que não me engano quando sei que existo".

nador quanto poderoso", restaria esta verdade: "duvido: existo"; a dúvida é também uma forma de pensar.

Certamente, neste ponto de sua filosofia, Descartes pode estar absolutamente seguro apenas de *sua* existência. Porém, em sua mente existe uma "idéia privilegiada", a idéia de Perfeição que lhe permite comprovar a existência de Deus, o Ser perfeito que não poderia enganar-me.

Pode-se falar aqui de experiência "privada"? Não e por duas razões: a primeira é que todos os homens podem seguir esse mesmo processo (se não fora assim, Descartes não tentaria comunicá-lo a seus leitores oralmente e por escrito, como o fez reiteradamente). A segunda razão é esta: a dúvida cartesiana quanto ao mundo não é uma dúvida na qual Descartes *creia*; é um método ou instrumento *para não* chegar a duvidar. Trata-se não de separar homem e mundo, homem e (demais) homens: trata-se de dar não só verossimilhança mas sim absoluta certeza à comunicação.

Que se possa interpretar Descartes através de suas conseqüências e segundo o modelo de Wittgenstein é uma coisa (e duvidosa); que daí se possa passar a dizer que para Descartes a linguagem é privada e as experiências são privadas é outra coisa e, além disso, incorreta[14].

Não podemos esquecer de que o *Discurso sobre o método* inicia-se com aquela frase famosa: "o senso comum (isto é, a razão) é a coisa mais bem repartida do mundo". Se Descartes pensasse que a linguagem que usa era puramente privada não poderia pensar ao mesmo tempo que a razão é o melhor que há de "melhor repartido". Os argumentos cartesianos, as intenções cartesianas, desdizem as objeções que querem lhe colocar os defensores de um Wittgenstein que pensa, para dizê-lo com Kenny, que o corpo é mais facilmente cognoscível que a alma.

Assim interpretado tanto por seus defensores (Kenny) quanto por seus críticos (Mundle), o pensamento de Wittgenstein das *Investigações filosóficas* tende a ser comportamentista. Porém, em anos mais recentes, o comportamentismo foi criticado de maneira eficaz pelos fundadores da gramática gerativa e especialmente por Noam Chomsky. Será possível dizer que a alma é, novamente, melhor conhecida que o corpo? Tudo dependerá de aceitarmos ou não a existência de idéias inatas, ou pelo menos, de "algo" em nossa mente que, sem ser necessariamente uma idéia no sentido puramente conceitual da palavra, implique: inatismo[15].

---

(14) Dizer que as idéias de Descartes *conduziriam* a uma forma de solipsismo é tão absurdo quanto pensar que a idéia kantiana de vontade racional *conduziria* a Nietzsche.

(15) Ver neste livro o ensaio "Inatismo. De idéias e não-idéias".

15. INATISMO. DE IDÉIAS E NÃO-IDÉIAS*

> *Moral e linguagem são ciências particulares, mas universais.*
>
> PASCAL, Pensamentos.

> *É assim que possuímos muitas coisas sem sabê-lo.*
>
> LEIBNIZ, Novos ensaios sobre o entendimento humano, I.

> *Este léxico é necessário para aprender a linguagem falada pela história universal eterna, cruzada no tempo pelas histórias particulares das nações.*
>
> VICO, Ciencia nueva, Idea de la obra, 35.

(*) INNATISMO. De ideas y no-ideas. In: *Diánoia. Anuario de filosofía*, UNAM y Fondo de Cultura Económica, 1972.

A lingüística gerativa voltou a colocar, no curso dos últimos dez anos, o problema das "idéias" inatas. Referir-me-ei nestas páginas aos antecedentes históricos do problema[1], tanto para delinear o desenho e desígnio da atual querela como para mostrar até que ponto — como o entreviu Noam Chomsky — as discussões antigas podem ser, e de fato são, "contemporâneas".

Esta referência prévia e preliminar me levará a analisar: *a*) os traços principais da recente discussão entre inatistas e antiinatistas e *b*) a formular uma pergunta que me parece decisiva: existe "algo", que de momento chamarei "não-idéia", cuja existência mereça o nome de inata?

I

A teoria das idéias inatas é de estirpe socrático-platônica[2]. Por certo Platão concebe o que hoje chamaríamos de inatismo na categoria de reminiscência. Porém, a palavra reminiscência nem sempre remete a um contexto idêntico dentro do sistema platônico. Algumas vezes a reminiscência fica ligada à transmigração das almas (crença real? afirmação alegórica?). Assim nestas palavras do *Ménon*: "... a alma, imortal e diversas vezes renascida, tendo contemplado todas as coisas, tanto na terra como no Hades, não pode senão ter aprendido tudo. Não é, pois, surpreendente que tenha lembranças do que soube anteriormente sobre a virtude e o resto. Sendo toda a natureza homogênea e tendo a alma aprendido tudo, nada impede que uma única lembrança, que os homens chamam de saber, faça-a encontrar de novo todos os demais ..." (*Ménon* 81 b). Com maior freqüência Platão explica a reminiscência pela participação no mundo das Formas. Sabemos, pelo *Fédon*, que "somente com a alma" podemos alcançar "as coisas em si" (67 c); sabemos pelo *Fedro* que a alma, possuída pela loucura de amor "contemplou todas as coisas que verdadeiramen-

---

(1) Disse Nelson Goodman que o argumento histórico, neste caso, carece de validade e que "Locke demonstrou com aguda clareza" que a doutrina das idéias inatas "torna-se falsa e carece de sentido" (*The epistemological argument*, em J. R. SEARLE, *The philosophy of language*). Contrariamente a Goodman, acredito que o argumento histórico é fundamental para entender as argumentações atuais e que Locke não chegou a refutar o inatismo. Há que se levar Locke em conta; há que levar igualmente em conta a resposta de Leibniz a Locke.

(2) O é na tradição ocidental. Certo tipo de inatismo, mais intimamente relacionado a uma concepção mística do universo, pode ser encontrado na tradição budista. Assim, nestes versos do *Hevajratantra*: "Ninguém pode explicar o inato / Em nenhuma parte pode-se-lhe encontrar / por merecimento é conhecido em si mesmo / e pela atenção a nossos mestres" (cf. E. CONZE, *Buddhist texts through the ages*, Nova York, Harper & Row, 1964, p. 255). CONZE explica: "O inato identifica-se com a verdade absoluta que é considerada como inata em todas as coisas" (*Ibidem*, p. 316).

te são". A tese platônica, mais que uma tese puramente "mentalista", é uma tese mística: nosso conhecimento das Idéias é tanto conhecimento por arrebatamento erótico como conhecimento mental e espiritual. A atitude platônica, de vocação lógica, mas também de vocação místico-religiosa[3], parece estar no pólo oposto do "mentalismo" racionalista e materialista de Noam Chomsky. Contudo, uma idéia central na obra platônica continuará sendo miolo e centro da tese da gramática gerativa. É sabido que esta postula a existência de estruturas lingüísticas de superfície que dependem das leis internas da estrutura lingüística profunda. Algo semelhante podemos encontrar na obra platônica. Assim, no *Filebo*, Platão distingue a lembrança que procede das sensações e que as sensações imprimem na mente, do fundo cognoscitivo que essas sensações nos conduzem a "recordar". Ademais, é outro o sentido da alegoria da caverna? Não é a mescla de luz e sombra deste mundo que nos permite recordar a luz profunda de onde nascem luz e sombras?

Se na filosofia platônica o próprio sentido da filosofia é o de alcançar uma sabedoria amorosa que, memoriosamente, nos conduz ao mundo real das Formas eternas, nos neoplatônicos já não se trata tanto de pensar que as idéias estão em nós, mas sim de pensar e crer que nós estamos nas idéias e, além delas, além do mundo inteligível, vivemos no absoluto visível e indizível. Escreve Plotino: "... direi que nossa alma não entra inteiramente no corpo: permanece unida sempre, por sua parte superior, ao mundo inteligível..." (*Enéadas*, IV). A lúcida mística de Plotino nos diz não que *temos* idéias inatas, mas sim que o mundo dos entes inteligíveis nos possui: somos, por nossa alma, inatos à Totalidade, ao Uno, ao Absoluto. O mundo das aparências se adelgaça até desvanecer e a comunicação profunda — aqui união mística — acaba necessariamente por estar além das idéias e além das palavras.

Santo Agostinho afirma a importância da sensação como começo do conhecimento. Porém, o conhecimento real requer tanto a existência de juízos verdadeiros quanto a iluminação da alma por Deus. Com efeito, as idéias inatas, produtoras de juízos justos, nos oferecem uma noção das idéias que estão em Deus, porém não nos podem oferecer o conhecimento dessas idéias tal como *são* no próprio Deus. Para o conhecimento da Verdade se requer a iluminação divina. Assim, a verdade dos juízos só pode

---

(3) Tentei essa interpretação místico-religiosa a partir, sobretudo, do *Parmênides*, na 2. ed. de *Palabra y silencio*, Siglo XXI, 1971. Ademais é bem sabido que o *Parmênides* foi lido misticamente pelos neoplatônicos.

ser percebida como verdadeira pela alma, quando a alma a contempla à luz dessa Verdade íntima e transcendente que é a própria divindade. Ninguém precisou tão bem a teoria agostiniana da iluminação como Etienne Gilson ao compará-la com a teoria tomista do conhecimento: para Santo Tomás o intelecto ativo produz o juízo; para Santo Agostinho a iluminação produz a verdade. Verdade e ser (verdade e ser e vida) residem, se calamos profundamente em nossa alma, no próprio interior dos homens: verdade e vida feitos à imagem e semelhança da Verdade e da Vida. Escreve Santo Agostinho: "... distinta desses corpos é a luz pela qual a alma se ilumina, para que possa ver e entender claramente tudo, quer em si, quer nessa luz. Porque a luz é o próprio Deus enquanto a alma é uma criatura; porém, como não é racional e intelectual, é feita à Sua imagem" (*De genesi ad litteram*, XII).

Três antecedentes do inatismo. Apesar das claras diferenças entre o espírito e a tônica filosófica de Platão, Plotino e Santo Agostinho, aponto uma semelhança que viria a ganhar novo significado na lingüística de Noam Chomsky: os três concordam em considerar que a estrutura aparente (superficial) de nosso pensamento procede de uma estrutura profunda que lhe dá sentido e significação.

II

Muito mais próxima da teoria da gramática gerativa é a tradição cartesiana que Noam Chomsky descreveu parcialmente em *Cartesian linguistics* e em *Language and mind*[4].

Fez-se notar que são três as razões e motivos que levam Descartes a aceitar a existência de idéias inatas: *a*) o fato de que certas idéias se impõem ao espírito com necessidade; *b*) o fato de que as idéias universais não são explicáveis pelos movimentos corporais particulares; assim as idéias são inatas por serem universais; *c*) o fato de que as noções geométricas devem ser inatas porque os sentidos nunca podem nos proporcionar noções de figuras regulares[5]. Haveria que acrescentar, a essas razões e motivos, dois mais: a teoria cartesiana, apresentada na segunda regra do método, segundo a qual devemos alcançar

---

(4) *Naturalmente* Chomsky considera, antes de tudo, os aspectos lingüísticos do cartesianismo. De minha parte, remeto-me principalmente aos aspectos filosóficos do tema. Assim, lingüisticamente, pode ser válido chamar cartesiano a Von Humboldt; não o é filosoficamente.
(5) HAMELIN, O. *Le système de Descartes*, Paris, Alcan, 1924. Observo que na *Crítica da razão pura*, necessidade e universalidade são os dois critérios para decidir se um juízo é ou não *a priori*. Também o apriorismo não-inatista tem que fundar o conhecimento de fenômenos, sensibilidade, receptividade, em condições profundas de ordem universal e necessária.

noções simples para que a análise lógica seja factível; a teoria, não menos cartesiana, de *uma* idéia inata (a de Perfeição) é a raiz e fundamento para todas as demais.

Descartes define de maneira muito ampla a palavra "pensamento". Nos *Princípios de filosofia* ele escreve: "pela palavra pensar entendo tudo o que acontece em nós de tal maneira que o percebemos imediatamente por nós mesmos; por isso não somente entender, querer, imaginar, mas também sentir são aqui o mesmo que pensar". Da mesma maneira, na *Resposta às segundas objeções*, ele diz: "Pelo nome de pensamento entendo tudo aquilo que está tanto em nós que o conhecemos imediatamente..." (assim, pensamento equivale, novamente, a operações, não só do intelecto, mas também da vontade, do entendimento, da imaginação, dos sentidos)[6]. O que não fica claro é que todos os pensamentos sejam idéias ou, pelo menos, que sejam idéias de uma mesma classe ou um mesmo tipo. Nas *Regras para a direção do espírito*, Descartes traça a distinção clássica entre as idéias "puramente espirituais", as idéias "puramente materiais" e as idéias "mistas". Somente as primeiras são idéias propriamente inatas ("são puramente espirituais aquelas idéias que o entendimento conhece por uma luz inata e sem a ajuda de nenhuma imagem corporal" e, entre elas, o pensamento, a volição, a dúvida, a ignorância). As idéias materiais procedem do corpo (extensão, movimento, figura...); são mistas "as que se aplicam indistintamente às coisas corporais e às coisas espirituais" (a existência, a unidade, a duração etc.). As idéias inatas (naturezas simples, luzes naturais, sementes da verdade) são sempre claras, distintas, verdadeiras. Assim, as idéias são "formas" da reflexão: "Pelo nome de idéia entendo essa forma de cada um de nossos pensamentos por cuja percepção imediata temos conhecimento desses mesmos pensamentos" (*Resposta às terceiras objeções*).

Já foi motivo de discussão esclarecer se Descartes considerava que as próprias idéias são inatas ou se é a faculdade de entendimento que as produz que é inata. Creio que a resposta oferecida por Descartes é, complementarmente, tríplice. De fato, é inata a própria razão, essa "capacidade de distinguir entre o verdadeiro e o falso", que Descartes define desde as primeiras linhas no *Discurso sobre o método*. Por outro lado, Descartes identificava claramente idéias inatas e faculdade de pensar: "Nunca escrevi nem concluí que a mente requer idéias inatas que, de alguma maneira, fossem distintas de sua capacidade de pensar" (*Resposta a Regius, Notas contra*

---

(6) O próprio movimento voluntário não é um pensamento, mesmo sendo-o o "querer" (a volição).

um programa, 12, A. T. VIII B)[7]. Finalmente haveria que recordar que uma idéia (e não apenas certas funções, como o pensamento e a volição) é inata: a idéia da Perfeição equivalente à idéia de Deus. Nesse ponto Descartes é extremamente claro: "... há que concluir necessariamente... que Deus existe; porque mesmo que a idéia da substância esteja em mim, pelo próprio fato de que sou uma substância, nem por isso poderia ter a idéia de uma substância infinita, eu que sou ser finito, a menos que tivesse sido colocada em mim por alguma substância que fosse verdadeiramente infinita" (*Meditações*, III).

O conhecimento de Deus, mais ainda que o das entidades matemáticas, é imediato, intuitivo e inato. O que não significa que quem saiba da existência de Deus conheça totalmente sua natureza: "... compreender é abarcar com o pensamento; porém, para saber alguma coisa, basta tocá-la com o pensamento" (*Carta a Mersenne*, 27 de maio de 1630).

Noam Chomsky enxergou com toda a clareza que, para Descartes, a linguagem possui uma capacidade de criação que não permite pensar que "aquisição" nem "execução" lingüísticas possam ser explicadas apenas por sistemas de estímulo e resposta. Certamente Descartes se refere repetidamente ao que Chomsky chamou de o "princípio criador" da linguagem. Haveria que acrescentar, no entanto, que a criatividade lingüística depende, para Descartes, da criatividade da mente e que essa criatividade, por sua vez, depende de uma liberdade que Descartes concebe como absoluta em Deus, apesar de limitada e relativa no homem. Se Deus é o autor da ordem racional é lógico que Descartes escreva: "... uma inteira indiferença em Deus é prova muito grande de que Deus é todo-poderoso. Não acontece o mesmo com o homem que, ao encontrar a natureza da bondade e da verdade já estabelecidas e determinadas por Deus e uma vez que a vontade só pode se dirigir para o que é bom... aceita com melhor vontade e, portanto, com maior liberdade, o bom e o verdadeiro, quando o conhece com maior evidência... E assim, a indiferença que convém à liberdade do homem é muito distinta da que convém à liberdade de Deus" (*Resposta às sextas objeções*).

As objeções de Locke à existência de idéias inatas são excessivamente conhecidas para serem aqui repetidas. Quero apenas fazer notar que, por duas razões fundamentais, não atingem de todo o alvo que querem alcançar.

---

(7) Frederick Copleston comenta que, mesmo que alguns axiomas não fossem inatos, seriam-no virtualmente, "no sentido de que, por sua constituição inata, o espírito pensa dessas maneiras" (*History of philosophy*, IV, 1).

É certo que Locke pensava nos racionalistas; mas, de fato, suas objeções parecem dirigidas a Cícero mais que a Descartes e aos cartesianos. Com efeito, Cícero, seguindo uma tradição que provém dos estóicos, identificava idéias inatas com "consenso universal". As objeções de John Locke são válidas se o que querem afirmar é não existir um consenso universal a respeito de certas idéias (nem todos os povos pensam segundo o princípio de não-contradição e, menos ainda, segundo os princípios inatos práticos como a virtude; nem todos os homens de todas as nações conhecem a Deus). Porém, o fato é que Descartes nunca acreditou no consenso universal. Descartes não confunde aquilo que é universal em princípio com aquilo que é universal de fato. Bastaria que uma única pessoa conhecesse uma única idéia inata — e principalmente a idéia inata de Deus — para demonstrar que essa idéia, mesmo quando não percebida por todos, é universal e necessária. Essa é a primeira razão pela qual Locke parece não contestar Descartes. Mas existe uma segunda razão: o fato de que tenhamos idéias inatas não implica nem compreende que as percebamos como tais. Em certa medida, podemos e também devemos dizer que as idéias inatas são inconscientes, se bem que sejam aclaradas por um ato de nossa consciência.

Semelhante a Descartes, Leibniz define as idéias inatas como idéias necessárias e, mais que Descartes, insiste que a idéia inata fundamental é a idéia de Deus: "... ainda sou partidário da idéia de Deus que Descartes manteve e, por conseguinte, de outras idéias inatas" (*Novos ensaios sobre o entendimento humano*, I). E se Leibniz aceita o consenso universal como indicativo, não enxerga nele um princípio suficiente. O critério básico para estabelecer a existência de idéias inatas é este: "a prova exata e decisiva desses princípios consiste em fazer ver que sua certeza não vem senão daquilo que está em nós" (*Novos ensaios*, I). Assim, os dois grandes princípios lógicos são inatos como o são todas as "idéias intelectuais". "Assim é que possuímos muitas coisas sem sabê-lo" (*Novos ensaios*, I). Reiterando, o fato de não sabermos que certas idéias são inatas não indica que não o sejam, enquanto o fato de vermos que certas idéias procedem necessariamente de nós mesmos prova seu caráter inato[8].

Escreveu P. F. Strawson que a querela das idéias inatas foi obscurecida pelos "termos em que o debate se

---

(8) Num sentido muito preciso para Leibniz, monadólogo, todo objeto de pensamento ou de sensação é inato. Escreve: "... por assim dizer, somos inatos a nós mesmos e, uma vez que somos entes, o ente nos é inato e o conhecimento do ser é compreendido no conhecimento que temos de nós mesmos" (*Novos ensaios*, III).

171

conduzia" (*The bounds of sense*, Methuen, 1966, p. 68). De fato, de um lado — o lado do inatismo — toda uma série de metáforas: "reminiscência", "luz", "sol", "iluminação", "luz natural", "sementes da verdade", "veios de mármore"; por outro lado — o lado do empirismo — *tabula rasa*, "papel não-escrito", "quarto desabitado", "câmara vazia". Não me parece que o uso de metáforas seja necessariamente danoso para apoiar um argumento. Mais importante parece-me a afirmação de Strawson quando escreve, ceticamente, que a discussão do inatismo é estéril: "... de um lado, todas as capacidades de pensar, reconhecer, classificar etc. ... devem ser adquiridas (a criança não pensa em absoluto); de outro lado, a aquisição dessas capacidades pressupõe a capacidade de adquiri-las" (*Ibidem*, p. 69). Devemos recordar que *The bounds of sense* é um ensaio sobre a *Crítica da razão pura*. Strawson está inteiramente correto quando pensa e escreve que Kant nunca identificou inatismo e "apriorismo". Mas estará também quando, extrapolando e, até certo ponto, identificando-se com Kant, nega a própria possibilidade de discutir o problema da origem das idéias? Essa pergunta nos remete à análise de alguns aspectos do inatismo em anos recentes e nos remete, em primeiro lugar, ao inatismo, talvez mal chamado de "mentalismo" de Noam Chomsky[9].

III

É útil recordar, inicialmente, um dos aspectos da atual atitude psicolingüística adotada por Chomsky diante do livro *Verbal behavior* de B. F. Skinner. Para isso é necessário recordar alguns dos postulados fundamentais do comportamento skinneriano[10].

O comportamentismo de Skinner fundamenta-se na idéia de "reforço" (*reinforcement*). Sem dúvida, a noção de "reforço" já estava presente na psicologia de Pavlov e de Thorndike. No entanto, na tese de Pavlov, o reforço é sempre reforço de um estímulo, enquanto na "conduta operante relaciona-se a uma *resposta*" (*Science and human behavior*, The Free Press, 1953). Condicionar o comportamento humano — inclusive "além da liberdade e da dignidade" — consistirá assim em reforçar de tal maneira as respostas que, se os homens não puderem atingir um "mundo feliz", poderão pelo menos atingir uma vida social tolerável e cien-

---

(9) Insisto que não me ocuparei em discutir os modelos lógico-matemáticos empregados por Chomsky. Tentarei ver as conseqüências filosófico-práticas da filosofia que Chomsky quis fazer derivar da lingüística.

(10) A escola pavloviana deu resultados muito mais positivos na obra de VIGOTSKY, cujo *Pensamento e linguagem* propõe uma teoria da liberação e da liberdade.

tificamente controlada[11]. Em 1957, Skinner tentou aplicar seu modelo de interpretação ao comportamento verbal. Muito resumidamente, as idéias-chave de *Verbal behavior* são as seguintes:

1) nossa "fala" não expressa idéias nem significados e é de fato inseparável de nossa conduta;

2) a conduta verbal é uma conduta reforçada "por intermédio de outras pessoas";

3) estudar a conduta verbal é estudar a probabilidade "de que ocorra uma resposta verbal de uma forma dada, num momento dado". Tal probabilidade constitui o dado fundamental para poder predizer e controlar;

4) a freqüência de uma resposta verbal dependerá da freqüência do reforço;

5) o pensamento não é um "processo misterioso que causa a conduta mas sim a própria conduta em toda a sua complexidade" ... "o pensamento de Shakespeare foi seu comportamento em relação a seu ambiente complexo" (p. 450).

Em sua já resenha de *Verbal behavior* Chomsky assinalava:

1) a importância de analisar a conduta verbal e da teoria do reforço;

2) a carência de provas empíricas, no livro de Skinner, para sustentar a importância relativa do *feedback* a partir do meio ambiente;

3) a existência de provas suficientes para supor que os estímulos "são geneticamente determinados e amadurecem sem aprendizado"[12].

(11) A sociedade utópica descrita por Skinner em *Walden Two* é uma sociedade contente, se não feliz. Skinner situa-se no pólo oposto ao do *Walden* de Thoreau. Ante a crise e violência do mundo atual a atitude de Skinner é compreensível. No fundo, é uma atitude temerosa. Em última análise quem controlará o mundo contentado? Além das intenções de Skinner, sua teoria pode conduzir a uma sociedade totalmente domesticada. Dificilmente a uma sociedade feliz.

(12) Alguns biólogos de primeira importância concordam com a tese de Chomsky. Assim, JACQUES MONOD — recentemente citado por CHOMSKY em *Problems of knowledge and freedom*, Londres, Barrie and Jenkins, 1972 — escreve: "Sabe-se que segundo Chomsky e sua escola, por baixo da extrema diversidade das línguas humanas, a análise lingüística em profundidade revela uma 'forma' comum a todas as línguas. Essa forma, segundo Chomsky, deve ser considerada *inata* e característica da espécie. Essa concepção escandalizou certos filósofos e antropólogos que nela vêem um retorno à metafísica cartesiana. Uma vez aceito o seu conteúdo biológico, essa concepção não me escandaliza de nenhuma maneira. Parece-me natural ... quando admitimos que a evolução das estruturas corticais dos homens não pode deixar de ter sido influenciada, de maneira importante, por uma capacidade lingüística adquirida subitamente..." Monod acrescenta que a linguagem "não contribuiu apenas para a evolução da cultura, mas também que contribuiu de maneira decisiva para a evolução *física* do homem (*Le hasard et la nécessité*. Paris, Seuil, 1970, p. 150). Por seu lado, JEAN PIERRE CHANGEUX, também biólogo, afirma que, apesar de o meio influir, o "essencial é inato. Inato porém adquirido no curso de uma longa evolução, ao longo da qual os acontecimentos internos, as mutações, inscreveram-se no *stock* genético na medida em que coincidiam com um acontecimento externo, de tal forma

O último ponto é de especial importância. Sustenta-se, em termos biológicos, numa das teses fundamentais da lingüística (e da psicologia) de Chomsky: a criança "sabe" muito mais do que o que aprende e, portanto, é insuficiente postular um aprendizado baseado num sistema de estímulos, respostas e reforços.

Mas, que significa dizer que a criança (ou o adulto) "sabe" mais do que o que aprende? Significa, na hipótese de Chomsky, que o comportamentismo lingüístico (seja o de Bloomfield, seja, mais radicalmente, o de Skinner) não explica a maior valia do saber; que a "criatividade" da "execução" lingüística deve conduzir a uma nova idéia da "competência" lingüística; que a estrutura de superfície de qualquer linguagem natural depende da estrutura profunda dessa linguagem (e muito provavelmente de todas as linguagens); que essa estrutura profunda é inata.

Escreve Chomsky: "A execução proporciona evidências para a investigação da competência" e acrescenta: "o aspecto mais surpreendente da competência lingüística é o que podemos chamar a 'criatividade da linguagem', isto é, a capacidade que o falante tem de produzir novas frases, frases que são imediatamente entendidas por outros falantes mesmo quando não contenham nenhuma semelhança física com frases que já são 'familiares'" (*Topics in the theory of generative grammar*, Haia, Mouton, 1969). Essa criatividade implica, a partir dos "cartesianos", de *Cartesian linguistics*, que, além dos aspectos mecânicos da linguagem, a linguagem humana, diferente da linguagem animal, é usada de maneira criadora e, portanto, em boa parte "livre"[13]. Nesse sentido "é difícil sustentar que tenhamos avançado de maneira significativa além do século XVII na determinação das características da conduta inteligente" (*Cartesian linguistics*, 12).

A mesma idéia pode ser expressada segundo um modelo simples que Chomsky adota em *Recent contributions to the theory of innate ideas*[14]. O modelo, muito abstrato e ao mesmo tempo "inteiramente empírico", pode ser projetado nos seguintes termos:

dados ⎯⎯⎯⎯⎯→ | A.L. | ⎯⎯⎯⎯⎯→ conhecimento.

que o cérebro converteu-se, como o exprime com toda precisão J. Z. Young, em um 'modelo' de seu ambiente" ("Le cerveau et l'événement", *Communications*, 18, Paris, 1972). Young, por seu lado, é autor de um livro especialmente interessante: *A model of the brain,* Oxford, Clarendon Press, 1960.

(13) Chomsky não pensa numa liberdade total ou radical: "Russell tinha razão ao intitular seus estudos *Human knowledge: Its scope and limits*. Os princípios da mente proporcionam tanto o alcance quanto os limites da criatividade humana" (*Problems of knowledge and freedom*, Londres, Barrie & Jenkins, 1972).
(14) Cf. J. R. SEARLE, *The philosophy of language*, Oxford University Press, pp. 121-129.

Interpretar o modelo consiste em dizer que o "conhecimento" obtido pelo processo da aquisição lingüística contém mais elementos e maior riqueza que as proporcionadas pelos dados iniciais. *Portanto*, a competência lingüística depende, em boa parte, de uma estrutura inata capaz de nos proporcionar os *novos* conhecimentos e de formalizar os fundamentos da criatividade lingüística (e epistemológica).

De maneira mais estrita, Chomsky deslinda a estrutura profunda da linguagem (e hipoteticamente de toda linguagem) de sua estrutura de superfície. A primeira constitui uma capacidade específica com grande número de componentes inatos. Essa capacidade — formada por axiomas e regras altamente abstratos — gera "estruturas emparelhadas" (fonológicas e semânticas) que, por sua vez, constituem uma gramática. Desse deslindar decorrem duas conseqüências importantes: 1) dado um sistema finito de axiomas e regras na estrutura profunda, poderão gerar-se um número infinito (ou indefinido) de execuções lingüísticas concretas: se a estrutura profunda é "conhecida" — mesmo quando o seja de maneira virtual, latente ou inconsciente — as frases que dela se geram são frases corretas (*grammatical*). O sistema de Chomsky, altamente formalizado, "insiste na independência da sintaxe... Em outras palavras, o componente-base, em sua capacidade de definir estruturas sintáticas profundas, ocupa o lugar central na teoria lingüística de Chomsky"[15].

Os modelos de Chomsky, pondo à parte seu valor lingüístico, nos remetem ao inatismo. Porém, em que sentido pode-se falar aqui de "idéias" inatas? Chomsky colocou em relevo a importância da investigação empírica e, especialmente, biológica, para mostrar que linguagem e conhecimento não só são produtos da evolução mas também que contribuem para o desenvolvimento da evolução humana. Nesse ponto, alguns biólogos concordam com Chomsky[16]. Porém, se falamos de *códigos* hereditários, em que medida se pode dizer que um código é uma idéia? Chomsky seguramente contestaria que uma idéia pertence às estruturas profundas que a criança e o adulto descobrem ao se utilizar de estruturas profundas da linguagem. Porém, uma estrutura inata é ou um código biológico herdado de longa data — e nesse caso a teoria de Chomsky é mais um fisicalismo que um mentalismo[17] — ou é um modelo tão abstrato que dificilmente concorda com

(15) ALLEN, J. P. B. & BEUREN, P. Van. *Chomsky, Selected Readings*. Londres, Oxford University Press, 1971. p. 103.
(16) PIAGET não aceita a tese: *Biología y conocimiento*, México, Siglo XXI, 1967.
(17) LYONS, J. *Chomsky*. Londres, Fontana Collins, 1970. p. 116.

aquilo que, tanto na linguagem cotidiana como na linguagem de um Descartes ou Leibniz, costumamos chamar de "idéia".

Por outro lado, Ferrater Mora parece estar certo quando comenta: "Não há dúvida de que tais teorias lingüísticas são coerentes. O mal é que o são demasiadamente"[18]. Em outras palavras, Chomsky parece deixar-se levar por um excessivo "espírito de sistema". Além disso, não é de todo claro como nem em que sentido uma teoria como a de Chomsky, tão altamente formalizada, permite falar de liberdade[19]. Certamente, liberdade e criatividade mostrar-se-iam ao nível da execução, porém a execução lingüística está tão intimamente ligada à estrutura profunda caracterizada como universal que não é fácil ver em que sentido as frases geradas podem ser consideradas livres.

A esses comentários haveria que acrescentar as objeções que filósofos e lógicos de terras anglo-saxônicas dirigem à obra de Chomsky. Coleto aqui algumas das mais importantes e algumas das respostas de Chomsky.

Hilary Putnam, Nelson Goodman, Sidney Hook e, em certa medida, Quine, fizeram notar — de sua perspectiva variadamente empirista — algumas das dificuldades colocadas pela tese de Chomsky, especialmente em relação ao problema do inatismo.

Os argumentos de Putnam centralizam-se em uma idéia-chave: a hipótese das idéias inatas (H. I.) é *"essencial e irreparavelmente vaga"*[20]. O é, principalmente, porque supõe uma intuição da correção, intuição cujo objeto fica indeterminado. Quanto aos argumentos empregados por Chomsky em defesa do inatismo, Putnam os reduz a quatro: a facilidade de aprendizado de uma língua demonstrada pela criança; a hipótese da universalidade lingüística; a facilidade de aprendizado e o argumento que reza: o que mais, a não ser esta hipótese, pode explicar os pontos anteriores?

Ao primeiro, Putnam contesta que, de fato, existe algum tipo de "bagagem intelectual inata", porém, que os comportamentistas não negam esse fato e que a H.I. pode ser explicada pelas funções da memória, da inteligência, dos sistemas de necessidade etc.; ao segundo, que a universalidade lingüística tem sentido sem ter que recorrer à H.I.: é possível recorrer à idéia de uma origem lingüística co-

---

(18) Ver *Indagaciones sobre el lenguaje*, Madri, Alianza Editorial, 1970, p. 121.
(19) Em seu aspecto comportamentista, a teoria de Chomsky manifesta-se como uma resposta contra as teorias do "reforço" e do controle. Os escritos políticos de Chomsky estão mais ligados do que poderia parecer à sua idéia da lingüística.
(20) *The "Innateness Hypothesis" and Explanatory Models in Linguistics*, em J. R. SEARLE, pp. 130-139.

mum para a humanidade, mas essa idéia constitui "hipótese débil"; ao terceiro, que as crianças se vêem expostas a muito mais palavras do que o supõe Chomsky; um menino de 5 anos já recebeu uma média de 600 horas de informação lingüística e assim a H.I. parece inútil; ao quarto e último que o "O que mais?" ou o "a não ser esta, o quê?" não são uma prova.

Os argumentos de Nelson Goodman[21] podem ser reduzidos a três: o momento *inicial* da linguagem é uma abstração empiricamente inverificável; em troca, são verificáveis os sistemas simbólicos pré-lingüísticos anteriores à linguagem e fundamentais para que a linguagem se desenvolva. Assim, o aprendizado seria passagem de um sistema de símbolos para outro sistema de símbolos; se por inatismo entende-se inatismo de inclinações e tendências, a hipótese é aceitável, porém, falar de inclinações e tendências, não é falar de "idéias". Por fim Chomsky parece postular que as idéias são inatas na mente como "não- -idéias".

Evidentemente, Chomsky tentou contestar essa bateria de objeções. Chomsky pensa que nem Goodman nem Putnam têm conhecimento suficiente de lingüística. Putnam sugere que os elementos-base da linguagem são os nomes próprios e que a natureza da estrutura da frase depende dos nomes próprios. Responde Chomsky: "Do fato de um sistema de estruturas de frase conter nomes próprios não se pode concluir quase nada sobre as outras categorias" (*Language and mind*, Hartcourt, Brace and World, 1968, p. 73). Aos argumentos de Goodman, Chomsky responde que não se pode afirmar que um sistema lingüístico proceda de outros sistemas simbólicos não-lingüísticos, porque é indemonstrável que esses outros sistemas contenham estruturas profundas. O que parece evidente é que quando Goodman (ou o próprio Hilary Putnam) argumentam segundo a lógica, a filosofia e a análise das linguagens naturais, Chomsky responde a partir da lingüística formal e a importância que dá a suas hipóteses deve ser considerada do ponto de vista lingüístico[22]. Porém, nesse caso, até onde são válidas as extrapolações que leva a cabo nos terrenos da filosofia e ainda da psicologia?

Os argumentos de Sidney Hook e de Quine são mais tolerantes — e talvez mais interessantes — que os de Putnam e Goodman. Sidney Hook afirma que Chomsky não leva em conta o empirismo moderno e que, se Choms-

---

(21) SEARLE, J. R. *Op. cit.* pp. 140-144.
(22) O próprio Chomsky fez notar seu "ceticismo" quanto à relação lingüística gerativa-filosofia. É claro que quando fala de filosofia refere-se principalmente à filosofia analítica de hoje. Cf. S. HOOK, ed., *Language and philosophy*, New York University Press, 1970, pp. 51 e ss.

ky tivesse pensado no empirismo de John Dewey, teria visto que, para este, "não aprendemos meramente no sentido tradicional. Sem a *capacidade* de aprender, a experência entendida simplesmente como aquilo que sucede a um organismo não desemboca no conhecimento. O conhecimento é uma *execução* na qual quem aprende não apenas sofre e recebe mas também é ativo e reativo"[23]. Sidney Hook suspeita também de que, por trás do pensamento aparente de Chomsky, se esconde uma espécie de dualismo cartesiano.

No que toca a Quine, suas observações são as mais flexíveis de todas que se publicaram até o momento. Quine distingue entre dois tipos de empirismo e, como Sidney Hook, pensa que o empirismo moderno é totalmente distinto do dos clássicos ingleses. Diferente de Hook, Quine chega a acreditar que a teoria de Chomsky pode se conciliar com o novo empirismo comportamentista. Porque, se o empirismo clássico "internalizava" a experiência, o novo empirismo opera uma "externalização radical" e relaciona as "idéias" com o mundo social do qual, em última análise, procedem. "O empirismo externalizado ou comportamentismo nada vê de incompatível no recurso a disposições inatas... para a aquisição da linguagem"[24].

Em suma, as idéias de Chomsky sobre o inatismo — à parte seu valor como modelo lingüístico — têm, em filosofia e em psicologia, as seguintes conseqüências positivas:

1) recusa a um determinismo radical ao rechaçar o comportamentismo em sua modalidade skinneriana;

2) hipóteses de uma estrutura mental capaz de nos proporcionar critérios para a interpretação de nossa linguagem e — apesar de nem sempre com clareza — da criatividade de nossa linguagem;

3) defesa — também não de todo clara — da liberdade de pensamento e de "execução"[25].

No entanto, a hipótese inatista teve sentido principalmente num conceito idealista ou espiritualista da filosofia e é possível que pudesse tê-lo num conceito personalista da filosofia e do homem. A interpretação idealista — Platão, Santo Agostinho, Santo Anselmo, Descartes, Leibniz — é coerente mesmo quando resulta pouco aceitável para a têmpera dos filósofos de hoje. A interpreta-

---

(23) Hook, Sidney. *Language and philosophy.* p. 163. Hook e Chomsky interpretam Locke muito melhor que Goodman. Eu acrescentaria que as objeções de Locke realmente não se referem a nenhum inatismo moderno e que, em boa parte, são bem contestadas por Leibniz.
(24) Hook, S. *Op. cit.* pp. 96 e 98.
(25) Em um único sentido a idéia geral de Chomsky recorda Saussure: a língua é um sistema de regras precisas, apesar de não arbitrárias em Chomsky; a palavra é o nível da criatividade.

ção que chamei personalista teria a vantagem de evitar o dualismo — ao considerar o espírito tanto realidade como realidade encarnada — e permitiria ao mesmo tempo uma interpretação inatista que levaria em conta o caráter espiritual e corporal, psíquico e biológico de homem e gente[26].

Não desenvolverei aqui uma tese que aponto como possível. Limito-me a uma breve conclusão indicativo-programática por meio da qual seria mais explicável o significado das idéias de integrá-las no que chamo de "não-idéias".

IV

1. Desde Platão, a filosofia ocidental tem estado em busca de arquétipos e modelos universais, não apenas de caráter lógico, mas também de caráter emocional-afetivo. De fato, as grandes filosofias não-redutivas do Ocidente têm tentado harmonizar emoção, ação, razão. Se isso é certo, leva-nos a pensar que, quando quisermos encontrar arquétipos universais para o comportamento humano, para a vida humana, tais arquétipos não poderão ser unicamente racionais, nem unicamente sociais ou emotivos. Terão de ser arquétipos de ordem emocional-racional-ativa; pensamento e encarnação do pensamento[27].

2. Tais arquétipos — cuja existência pode ser aceita em hipótese — não seriam abstratos mas sim universais--concretos. Obedeceriam a esta descrição de Karl Rahner: "... símbolo, desde as últimas posições fundamentais do cristianismo, não significa algo que, separado do simbolizado — ou enquanto distinto unido, real ou conceitualmente, de forma apenas aditiva, com o simbolizado — assinale-o e seja vazio dele. Símbolo é, pelo contrário, a realidade que, como elemento intrínseco de si mesmo, constituído pelo simbolizado, revela-o, manifesta-o e, enquanto existência concreta do próprio simbolizado, está pleno dele" (*Escritos de Teologia*, Madri, Taurus, 1964, IV, pp. 319-320). Esses tipos, arquétipos ou símbolos, seriam, ao mesmo tempo, a vida e a explicação da vida e permitiriam não apenas determinar o sentido de nossas idéias mas também daquilo que acompanha as idéias e que é não-idéia no sentido muito preciso de que não é uma idéia abstrata e apenas intelectual. Sabemos, desde os românticos, desde

---

(26) Tal atitude poderia ser situada numa tradição que chamarei pascaliana. Se o espírito é totalmente espírito e o corpo totalmene corpo e ambos estão intrinsecamente unidos (Mounier, Lacroix), o que chamamos "idéia" teria sentido tanto ao nível de corpo como ao nível de espírito: no nível duplo e complementar de espírito-corpo.

(27) As tentativas foram múltiplas e importantes e de cunhos diversos: poético-histórico-lingüístico em Vico; filosófico-romântico em Schelling; antropológico em Bachofen; psicológico em Freud e em Jung; antropológico-lingüístico em Lévi-Strauss.

Freud, desde Jung, que os sistemas de não-idéias são capazes de explicar o significado de nossos sonhos tanto quanto de nossos atos, de nossa vida imaginária como de nossa vida lógica.

3. A hipótese de Chomsky parece-me fundamental em um aspecto — aceitem-se ou não suas conseqüências filosóficas —: sua intenção — e talvez parcialmente sua capacidade — de exibir-nos livres — livres com uma liberdade condicional — em um mundo que tende aceleradamente para o domínio, o "controle", a previsão e a predeterminação do comportamento humano.

Diante desse nosso mundo — a partir desse mundo ao qual estamos vinculados — resta a esperança de que saibamos tornar a nós mesmos (individualmente) e aos demais (coletivamente). Outra não é a esperança que Erich Fromm tenta descrever quando pensa que, para o homem de hoje, o importante não é o condicionamento, mas sim o "descondicionamento".

Idéias, afeições, volições, imagens, são parte íntima de nossa "condição humana". Todas elas, consideradas como universais-concretos, podem e devem se integrar nessa moral e nessa linguagem que Pascal concebia ao mesmo tempo universal e particular. Essa condição humana reclama, descondicionadamente, uma liberdade que leva primordialmente o nome de consciência; consciência individual e compartilhada: consciência *pessoal*.

16. PALAVRA E SILÊNCIO*¹

À primeira vista, pode surpreender a quantidade de termos comuns à filosofia e à arquitetura. A filosofia procura a substância, o fundamento; a arquitetura funda para construir a casa, a morada, o templo; filosofia e arquitetura partem, ambas, da matéria para construir a partir dela a casa interior ou a casa exterior (até que ponto exterior na arquitetura uma vez que a construção de espaços faz dela talvez a menos realista das artes?); filosofia e arquitetura não andam juntas na busca das "mora-

(*) "PALABRA Y silencio" (último ensaio de *Palabra y Silencio*).

(1) Este texto é baseado em uma conferência que o autor proferiu no Ateneu Cultural da Faculdade de Arquitetura (Universidade do México). Mesmo sendo a presente versão "escrita", o autor não quis suprimir as referências iniciais à arquitetura porque lhe parecem necessárias como indicação de seu conceito integrador de filosofia, poesia, arte.

das" íntimas da alma, dos "castelos da alma" para que seja possível nosso habitar completo, nosso habitar pessoal que é coisa da alma e do corpo ao mesmo tempo? A arquitetura edifica e, em seu edificar, não deixa de existir um fim humanista e até mesmo ético. Não pretende a filosofia edificar e ainda ser edificante? Quando Platão constrói seu mundo — mundo por sua vez construído pelo *demiurgo*, o arquiteto — as idéias, essências eternas vistas a olho — constrói-o para encontrar a habitação do homem, o lugar do homem, a morada onde possa se assegurar de seu onde e de seu para quê.

Pelo menos isso há em comum: filosofia e arquitetura dão aos homens seu lugar no espaço e no tempo. Toda metafísica tem, sem metáfora, uma arquitetura; toda arquitetura, sem metáfora, implica uma visão do mundo ou, mais concretamente, uma metafísica. Não são poucas as vezes que o barroco responde às próprias necessidades espirituais — a religião entra pelos olhos — e também visuais dos exercícios de Santo Inácio; o racionalismo arquitetônico da França coincide com o intelectualismo de Descartes e o neoclassicismo de Boileau. Linguagens distintas? Jogos distintos de linguagem? Talvez; mas jogos de linguagem que se referem a uma mesma experiência diferentemente conceitualizada, erigida, edificada. Filosofia, poesia, arquitetura querem fazer com que nosso mundo seja habitável. "A natureza gosta de esconder-se", porém as diferentes linguagens dos homens tratam precisamente de revelar essa natureza escondida: mais tarde no tempo, mais próximo de nós um mesmo *Deus absconditus.*

Inclinar-me-ia a conceber um pensamento, uma arte, uma ciência que estiveram sempre em busca do Mesmo. Não estamos edificando, todos, seja qual for o estilo, seja qual for o motivo que nos impulsiona em direção a uma mesma Visão? Arte, pensamento, poesia, seriam assim traduzíveis a uma mesma língua: a das aproximações, das perspectivas múltiplas e criadoras de uma Visão total da vida, do mundo e de seus fundamentos, suas fundações, seus governos (αρχαί). Teologicamente e para qualquer homem deveriam existir duas vias compatíveis e complementares: a *via negativa* que purga a Visão de imperfeições; a *via atributiva* que outorga à Visão qualidades humanas depuradíssimas.

Cada um de nossos vislumbres, reflexo luminoso do próprio olhar, o próprio ver-nos atraídos pelo mesmo olhar.

Aproximações. Nosso é hoje e muito precisamente o de uma aproximação. Que é o silêncio? — também nas moradas falam os silêncios — que é a palavra? — também nas moradas as palavras são silenciosas. Seguem as seguintes reflexões *empós de*, e somente empós de, um resquício de resposta.

À primeira vista as duas perguntas parecem se excluir. Não se poderia pensar que o silêncio é ausência de palavra? Não se teria de pensar que a palavra, por momentânea que seja, é cessação do silêncio?

Porém, é também claro que a palavra engloba o silêncio e o silêncio a palavra: só podemos deixar de falar se já existe a fala; só podemos falar se antes, depois e talvez mesmo sobretudo durante o processo de falar estejamos habitados pelo silêncio. Diz Pontet: "Como na arquitetura a massa e o vazio, como em pintura a luz e a sombra, o silêncio e o som constituem o binário essencial da palavra". E, pouco mais adiante: "A palavra deve descansar sobre um fundo de silêncio".

De que silêncio estamos falando aqui e agora quando pronunciamos a palavra "silêncio"? De imediato é necessário dizer de que tipo de silêncio não falamos.

Não se trata da paz das tumbas, silenciosa porque morta; não se trata de falar do silêncio ladino daquele que atua na "calada"; tampouco do silêncio alheio a compromissos declarado no mote: "em boca fechada não entra mosca".

Existe um silêncio que os músicos chamam de pausa. Intervalo entre palavra e palavra, frase e frase, gesto e gesto, esse silêncio ainda não é silêncio-essência, mesmo quando chega a ser *expressão* de um silêncio que está encarnado na própria palavra. A pausa expressa o silêncio, porém não é a carne do silêncio.

Existe um silêncio que costumamos designar com a palavra "calar-se". É certo que há muitos modos de calar--se ou de fazer com que os demais se calem: desde o balbucio, a timidez ou o mutismo até o golpe seco sobre a mesa e a voz em riste do professor exasperado. Porém, em geral, o silêncio depende de fatos ora externos, ora puramente psicológicos: da disciplina para o professor que a busca; das diversas formas de afasia que é bom deixar nas mãos dos especialistas.

Estar em silêncio não é necessária nem fundamentalmente calar-se. O silêncio não é mutismo nem mudez.

Existe um terceiro gênero de silêncio que se aproxima mais da própria essência do silencioso. Todos recordamos dos céticos. O que não é de todo seguro é que tenhamos entendido sempre e com toda clareza o que os céticos "diziam" por meio de gestos e sinais. Costumamos entender por cético aquele pensador que *afirma* a impossibilidade do saber e, portanto, acaba por se contradizer quando *verdadeiramente* afirma que nada se sabe. Porém é esse *tipo* ou protótipo escolar o tipo ou protótipo do verdadeiro cético? Quem afirma a impossibilidade da verdade é mais um duvidador por profissão. E duvidadores por profissão foram, entre os gregos, os sofistas. O que é que nunca foram? Verdadeiros céticos. Aquilo a que se propunham os sofistas era convencer de qualquer coisa, nivelar toda realidade, aplainar o mundo e reduzi-lo — mundo e palavra — ao que Heidegger chamaria falatório. Inventores da retórica, os sofistas não foram silenciosos, mas sim ruidosos. Sua linguagem constituiu uma técnica de falar bem de todas as coisas. Os sofistas fundam o mundo das palavras gritadas, do barulho, do estrondo, um mundo que hoje em dia (anúncios, néon, marcas, convencimento pelo mau uso da psicologia profunda, ditadores, ditafones, "convencedores escondidos"...) invadem-nos de todos os lados. O que a técnica de convencer conseguiu nada tem a ver com o verdadeiro falar. Destrói a palavra; destrói a fala que nos constitui. A técnica do sofista — anunciador-promotor — consiste em objetivar-nos e nivelar-nos. Quem de fato fala ou quer falar do fundamento da palavra e do silêncio englobado pela palavra aproxima-se de Kierkegaard quando ele diz que devemos ser objetivos com nós mesmos e subjetivos com os demais. As palavras da publicidade resultam intercambiáveis: todos somos iguais, indiferenciados; um, todos e o mesmo.

Para a palavra autêntica, para o silêncio de verdade, cada pessoa é um matiz, um centro de respeito, uma fidelidade a si mesma e aos demais: consciência íntima.

Se o sofista não é o cético, quem é o cético? O que "suspende" o juízo. "O 'suspense' é um estado de paz mental segundo o qual nada afirmamos nem negamos nada" (Sexto Empírico, *Compêndio de pirronismo*). O cético de verdade é o que pensa — sim, o que pensa verdadeiramente — que nada é de todo expressável e que portanto há que calar-se. O cético se aproxima do contemplador e não é surpreendente que a misteriosa frase de Pirro — "nem isto, nem aquilo" — se pareça tanto com certas fórmulas místicas: o que não se pode dizer não se diz, precisamente porque é indizível[2].

O cético pode não convencer ninguém. Também não quer que o convençam. Por isso, dizia Antonio Machado, com lucidez e verdade: "Contra os céticos se esgrime um argumento arrasante: 'quem afirma que a verdade não existe pretende que isso seja verdade incorrendo em clara contradição'. Contudo, esse argumento irrefutável não

---

(2) Como é indizível a experiência espiritual de Meister Eckhart, San Juan de la Cruz, Edith Stein e o zen-budismo.

convenceu seguramente nenhum cético. Porque a graça do cético consiste em que os argumentos não o *convencem*". O cético se cala. Essa é uma fórmula essencial do silêncio? É uma aproximação, mas não é uma forma porque carece de formulação. O único silêncio que dá sentido às palavras, e que, por sua vez, adquire sentido graças às palavras e nelas, é o que nasce e vive com a palavra. O silêncio essencial é o que está na própria palavra como em sua residência, como em sua morada; é o silêncio que expressa: o silêncio que, dito, entredito, visto, entrevisto, constitui nosso falar essencial.

E aqui uma digressão necessária.

A poesia moderna mostra, em suas experiências mais álgidas que, em boa parte, se perdeu o significado da palavra e, ao mesmo tempo, que a poesia é uma das rotas para encontrar a palavra perdida.

É, naturalmente, impossível datar o começo de um fato histórico; é também impossível mostrar todos os elementos que o condicionam. Porém, se por poesia moderna entendermos aquela forma de poetar que tem consciência da linguagem e que sabe que a essência da poesia é a essência da linguagem, é provável que possamos começar a falar de poesia moderna a partir de uns quantos nomes: Hölderlin, Novalis, Baudelaire. É provável também que a linha de poesia, que se sabe palavra e que sabe igualmente que a palavra se perdeu, se manifeste, criticamente, em Mallarmé.

A obra de Mallarmé é, antes de tudo, uma obra de negação. Poucos poetas repetem, como ele, a palavra "abolir". Isso porque Mallarmé, poeta criador, pretende antes de tudo suprimir o mundo para refazê-lo por meio da palavra. É conhecida sua carta autobiográfica a Verlaine. Recordemos apenas que nela ele confessa seu desejo de escrever *O* livro, livro absoluto que fosse ao mesmo tempo imagem e reflexo, original e cópia, expressão do mundo e fundação do mundo: totalidade. Essa ambição de criar um mundo não é exclusiva de Mallarmé. Feuerbach pensava também que, abolido Deus, o homem era o fim do homem, que a antropologia substituiria a teologia, que "a natureza sempre acrescenta à tendência monárquica do tempo o liberalismo do espaço"; Comte pretendia suprimir Deus para glorificar — catecismo positivista — a Ciência, a Humanidade e a Sabedoria; Nietzsche anunciava a morte de Deus e o nascimento do Super-Homem e da eternidade do instante num tempo circular de eternos retornos. O pensador, o escritor, o poeta do século XIX tendem a suprimir Deus para que um ser relativo — História, Ciência, Sofia, Poema — venha a ser o novo deus. Trata-se precisamente do que De Lubac chamou de "drama do humanismo ateu". Drama porque uma vez perdido Deus não se encontra a divindade nos ídolos da história. É certo que para Nietzsche Deus morreu; também o é que "o deserto está crescendo"[3]; é certo que para Feuerbach o homem é deus do homem; também o é que o tempo continua a ser "monárquico". A crença no progresso tende a anular-se — a menos que se "redima" —, quando o progresso divinizado mostra-se um novo deus destruidor; a crença no super-homem se anula quando os homens querem ser super-homens na história; a união de essência e existência (definição aristotélica de Deus e marxista do mundo comunista) não é apenas longínqua mas mesmo impossível na história (a menos que se anulasse a última das "alienações" humanas, a alienação do tempo; porém, estaríamos então em plena teologia e já não seria possível falar de marxismo, mas sim de crença numa realidade transcendente, absoluta, eterna).

Em resumo:

1) o pensador e o poeta do século passado (ainda nosso antecessor imediato) nega Deus;

2) uma vez negada a divindade pretende estabelecer o valor absoluto do homem;

3) uma vez estabelecido o absoluto dentro do homem e este considerado como anjo ou como ente angelical percebe-se a crise de todo "angelismo".

Pois bem, ninguém como Mallarmé para mostrar claramente tanto a tentativa de divinizar o poema como o saber que essa tentativa é impossível. Os caminhos de *Igitur* conduzem o poeta à constelação apenas luminosa de *Un coup de dés*.

A tentativa de realizar absolutos neste mundo não desapareceu de todo em nosso século. O Surrealismo, em busca da unidade dos opostos no mais profundo inconsciente, é uma boa mostra da mesma tentativa; também o foi o Futurismo quando buscava o absoluto na agressão e sobretudo na velocidade total, isto é, na velocidade anulada. Porém, em nosso século, dois sentimentos se tornaram agudos: primeiro, sabe-se muito bem que a tentativa de converter o homem, a história, a técnica ou qualquer outra relatividade em deus, é impossível; segundo, quando se leva a cabo a tentativa divinizam-se os objetos: sociedade-utensílio, Estado-utensílio, comodidade-utensílio, berço a substituir os ídolos do século passado. Um desses deuses foi o que a poesia quis ser.

Porém, que tem a ver essa digressão histórica com nosso tema: o da palavra, o do silêncio na palavra? Precisamente isto: boa parte dos poetas do nosso século per-

(3) HEIDEGGER, *Holzwege* e *Que significa pensar?*

deram o sentido da palavra absoluta; não a encontram nem em Deus nem no homem. Exploram o significado das palavras, mas em vez de encontrarem unidades encontram multiplicidade. Para o poeta Narciso fez-se em cacos o espelho de águas em que pretendia refletir-se. Literalmente cacos se tomarmos, como caso extremo, um dos poetas mais significativos de nossos dias: Henri Michaux. O homem já não é um rosto mas sim uma vertiginosa multiplicidade de rostos; não é o eu que sintetiza as percepções mas sim uma variedade multiplicada de centros subjetivos que se desconhecem entre si. E quando Michaux busca a unidade perdida nas experiências alucinantes não encontra uma solução. Sua experiência dos abismos o leva, certamente, a um milagre; um "miserável milagre".

A grandeza de boa parte da poesia de hoje está em sua busca: busca presente tanto em Michaux como em Eliot, em Huidobro como em García Lorca, em Paz como em Olson. O problema vital da poesia contemporânea pode ser expressado em palavras de Max Picard: "Hoje o poeta divorciou-se da realidade; vai em caça da realidade por meio de palavras. A poesia só pode viver se estiver verdadeiramente relacionada com as coisas reais".

Quais são em última análise essas coisas reais? Podem ser, sem dúvida, as imagens que nos nascem do mundo: a cor azul da tarde, o verde do pinheiro, a presença da noite; imagens que são reflexos das próprias coisas tal e como, pelo menos, as percebem nossos sentidos. Além delas, o poeta — o fazedor, o portador da palavra — é, como o filósofo, aquele que busca o fundamento, a origem, o governo, as fundações. E a fundação é palavra, a palavra secreta que em si leva a própria virtude de uma semente silenciosa. A frase de Max Picard poderia ser modificada para que nos dissesse: a poesia só pode viver de verdade se estiver relacionada com coisas reais e, além delas, com a Palavra, que é fundamento das palavras da poesia como é também fundamento das coisas reais.

A essência da realidade é a Palavra; a palavra verdadeira contém silêncio. Que significa essa afirmação? Significa, primeiramente, que a palavra, sem sua semente em nós, seia impossível de falar ou calar. A palavra é prévia da mesma maneira que o Uno de Plotino — ou melhor, o Uno que foi dado a Plotino expressar — é prévio a número, entes, qualidades; da mesma maneira que o *Logos* de Heráclito — ou melhor, o *Logos* que falava por Heráclito — era prévio a todo discurso; da mesma maneira que, essencialmente, por e para São João Evangelista, no princípio era o Verbo.

A palavra é prévia como o fundamento é prévio às fundações. Só por sermos construídos essencialmente pela Palavra é que podemos construir, falar, dizer para nos aproximarmos da Palavra.

Porém o próprio termo "aproximação" denota uma distância. Somos palavra e estamos distantes da palavra; somos palavra e temos que ir em busca dela. Qual é o significado dessa distância?

Pode e creio que deve significar que a palavra que nos fundamenta é ilimitada, enquanto que nós somos limitados; pode e creio que deve querer dizer que somos contingentes e que em nossa contingência estamos em busca de visão e graça.

Aproximação e distanciamento. A palavra, em nossa encarnação, vive em nós não apenas como espírito, não apenas como corpo mas sim como espírito entranhado. Há que regressar ao limitado, ao silencioso por impronunciável, para saber que esse silêncio inpomderável é também a própria Palavra que nos pondera. Há que regressar a nós mesmos, na quietude silenciosa de nós mesmos, para ouvir o verdadeiro dizer da palavra: seu dizer anunciado, pronunciado e calado. Ao que San Juan chamou a solidão sonora; o que San Juan chamou de música calada.

Por isso a experiência dos poetas é privilegiada: entrega-nos silenciosamente o sentido das palavras na Palavra. Por isso é duplamente privilegiada quando essa experiência dos poetas decorre da experiência do místico. Nunca entenderemos a poesia de San Juan de la Cruz se não soubermos, de antemão, que tudo o que nos diz se nos diz no modo indicativo. Sua linguagem indica da mesma maneira que o riacho aponta para a fonte de onde brota.

Uma vez San Juan *disse* claramente qual era a própria fundação que é a Palavra silenciosa: "tudo isso se pode sentir, mas não dizer".

A experiência mística, como a experiência poética, são indizíveis precisamente porque se referem ao escondido que se oferece, ao infinito que se outorga:

> Entréme donde no supe
> y quedéme no sabiendo
> toda ciencia trascendiendo*.

Não se pode propor a mística como única solução aos problemas do homem moderno; e isso rigorosissimamente porque a visão depende da graça. Digo apenas, em

(*) Entrei onde não sabia / e fiquei sem saber / transcendendo toda ciência. (N. do T.)

termos de Hegel depois repetidos por Simone Weil, que o homem se deixou levar pela gravidade, pela queda, pela distração, pela tagarelice, pelo ruído que tudo esconde. A gravidade é ruidosa, não inspirada; é dizer, mas não falar; é mudez, mas não silêncio.

Em última análise, trata-se é da comunicação, da comunhão, verdadeiros fundamentos da comunidade. Não há comunidade se não há, previamente, comunhão, como não há paz externa se não existe paz interior. Trata-se de encontrar a palavra calada que está em todos e, nela, o significado da realidade e da vida. Então, no perfil da palavra, o silêncio adquire seu âmbito verdadeiro: é recolhimento, centralização da consciência para projeções reais e seguras ao *tu* que nos constitui tanto quanto o nosso próprio eu. Poderíamos falar de nós, se em cada um já não existisse previamente o nós?

Sim: é o que Sóror Juana chamava "império silencioso". Esse império está escondido, porém "o que está escondido é mais real que o que se manifesta e isto é verdade em toda a escada que nos leva do menos escondido para o mais escondido... Podemos dizer desde o cubo, em relação à percepção e, passo a passo, até chegar a Deus" (Simone Weil).

17. DEUSES, ÍDOLOS, ARGUMENTOS*¹

A Joaquín.

Ce qui fait donc que certains esprits fins ne sont pas géomètres, c'est qu'ils ne peuvent du tout se tourner vers les principes de géométrie; mais ce qui fait que des géomètres ne sont pas fins, c'est qu'ils ne voient pas ce qui est devant eux, et qu'étant accoutumés aux principes nets et grossiers de géométrie... ils se perdent dans les choses de finesse, où les principes ne se laissent pas ainsi mannier.

PASCAL, *Pensées.*

(*) DIOSES, ÍDOLOS, argumentos. In: *Cuadernos Americanos,* n. XXXII, México, jan.-fev. 1973.

(1) O título deste ensaio lembra o título de um dos grandes ensaios contemporâneos: *Gods* de JOHN WISDOM. O "caso" do jardineiro procede de Wisdom mas não o repete nem o limita. O resto do texto tem pouco a ver com *Gods.* Minha tentativa é menos analítica que a de Wisdom e mais declaradamente "finalista".

Argüir, mostrar, argumentar: três palavras de significados diversos. Se por "argumento" se entende uma forma de raciocínio lógico-formal, não se encontrarão aqui argumentos. Também não é meu propósito argüir no sentido polêmico ou no sentido retórico da palavra. Não discuto diretamente com ninguém nem tento convencer ninguém por indiferenças necessárias.

Porém, se minha intenção não é a de polemizar ou necessariamente convencer, para que escrever o que aqui e agora começo a escrever?

Discutir. Não escapa a ninguém a utilidade da discussão. Quando digo que não discuto aqui com ninguém quero dizer que não discuto teses atribuíveis a tal ou qual pessoa; discuto e implicitamente critico posições, atitudes, vestimentas mais ou menos teóricas — mais ou menos "passionais" — que circulam hoje em dia freqüentemente por nossas terras.

Convencer. Quando afirmo que não tento necessariamente convencer, não quero dizer que ignore a existência de uma possibilidade: a possibilidade de que alguém *concorde* ou parcialmente concorde com o que digo. Não pretendo convencer nem mediante argumentos de exatidão matemática nem mediante argumentos que Borges chamaria de "policiais". Nesse sentido muito preciso — e adiantando algo do que sugerirei mais adiante — creio que o antigo "Initium sapientia timor Domino" dos *Salmos* teria de ser substituído por: "Initium sapientia amor Domino".

Argumentar. Com efeito, pretendo dar argumentos sempre que essa palavra implique discurso coerente. Argumentar é aqui dar provas; provas que são demonstrações; demonstrações que provêm não necessariamente de mim mesmo, mas sim do que disseram, século após século, poetas, artistas, homens de religião e de religiões. Minhas provas são também suas provas; provas de todos os homens capazes de passar por prova e experiência.

I. *Jardim incrível — Jardim crível*

Entramos no jardim: os arbustos estão bem cortados. Os prados ordenadamente brilham ao sol. A poda recente anuncia ramos novos· A clara disposição das plantas, flores, fontes, respira harmonia. Não há ninguém nesse jardim. Porém, não parece evidente de toda evidência que alguém esteve aqui; que aqui trabalhou o jardineiro?

A resposta é menos simples do que parece a pergunta. A recente visita e obra do jardineiro é uma "persuasão provável". Contudo, são imagináveis várias hipóteses, várias respostas. São pelo menos imagináveis as seguintes hipóteses:

a) o jardim não foi ordenado por *ninguém*;
b) o jardim foi ordenado por um jardineiro que é jardineiro e jardim ao mesmo tempo,
c) o jardim foi ordenado por "Algo";
d) o jardim foi ordenado por Alguém;
Que pode significar cada uma dessas respostas, cada uma dessas hipóteses?

a) Afirmar que ninguém ordenou esse jardim de presença ordenada pode querer dizer que sua ordem autônoma é acidental ou que sua ordem autônoma é necessária. Em ambos os casos a resposta remete — formuladamente ou não — ao materialismo.

Se o jardim tivesse sido ordenado pelo azar, não seria fácil entender como pôde alcançar a precisão de linhas, a clareza de desenho que mostra e demonstra. Poder-se-ia argüir que "azar" não significa "casualidade". "A idéia comum de casualidade é a de uma seqüência de ensaios constantemente favoráveis ou desfavoráveis, sem que possamos perceber como um ensaio depende de outro" (Alain). Porém, é pouco inteligível dizer que a casualidade compreende sempre ensaios favoráveis (ou desfavoráveis). Parece mais preciso pensar e imaginar que a casualidade é ausência de coerência (ensaios desligados, desunidos e, nesse sentido, caóticos). Assim sendo, a casualidade resultaria imprevisível. Porém o azar — pelo menos no sentido muito preciso da palavra azar — indica probabilidade. Em um jogo de dados, certo número de jogadas produziria os resultados que esperamos. Assim, azar e necessidade — a necessidade tal como é entendida pela ciência contemporânea — seriam praticamente coincidentes. Porém, deixemos de lado digressões que aqui e agora talvez venham pouco ao caso.

Parece difícil imaginar, pensar ou conceber — de fato: imaginar e pensar e conceber — que o jardim se organize e ordene sem que ninguém o organize ou o ordene. Esta mesa de pinho revela a passada presença do carpinteiro. Não tem que existir, igualmente, alguma relação entre o jardim e o jardineiro?

Referi-me à palavra "materialismo". A palavra aparece entre aspas porque a própria idéia do materialismo é, hoje em dia, sumamente ambígua, se pensarmos que designa uma "matéria" que, no sentido tradicional da palavra, foi anulada pela ciência. Se há que falar hoje em dia e contemporaneamente de matéria, a palavra já não se refere à antiga matéria sólida, tangível. Os antigos partidários do "vazio" ganharam a batalha dos também antigos partidários do "cheio". O que não significa que devamos pensar que, ausente de matéria clássica, a matéria seja espiritual[2].

Porém, regressemos ao jardim. Se o concebemos tal como no-lo entregam os sentidos ou se o pensamos ordenado por azares ou ordens menos visíveis: não exigirá esse jardim cuidado, arrumado, ordenado, a presença do jardineiro: a passada presença do agora ausente jardineiro?

b) Podemos personalizar o jardim. A hipótese não é desonesta. Porém, nesse caso, haverá que pensar, imaginar, conceber que o jardim coincide com o jardineiro, que jardim e jardineiro são um e o mesmo.

O panteísmo tem suas vantagens. A mais clara dessas vantagens é que une e reúne a explicação do jardim do mundo em um só e único princípio. *Deus sive natura*. Porém, se o panteísmo explica e dá contas claras da Unidade e da totalidade, o faz às expensas e despojo da pluralidade. A presença total do Uno tende a eliminar o Outro. Reais as árvores? Reais os caminhos? Não. A única coisa verdadeiramente real seria agora o jardim *puro*: jardim ausente de plantas, flores e caminhos. Porém, o jardim puro — leiam-se as sucessivas "abolições" de Mallarmé — é o jardim impossível. A Unidade anula a presença viva das coisas; o Todo é igual a Zero.

Se a hipótese do jardim carente de autor conduziria a um Ninguém pouco imaginável (pensável, concebível), a de um jardineiro de si mesmo poderia conduzir a um pouco imaginável (pensável, concebível) Nada: consolo na miséria? Em todo caso, desconsolo de esperanças.

c) Deixemos, de pronto, a palavra "Alguém". Pensemos brevemente na palavra "Algo". Poderíamos contestar que esse jardim foi ordenado e organizado por "Algo". Porém, que significa Algo? Palavra vaga e neutra, "algo" pode designar "qualquer coisa". E referir-nos a "qualquer coisa" para explicar a origem da ordem e da regra — por matizadas que sejam regra e ordem — é pouco sensato. Que seria esse "algo"? Natureza?, Deus?, Deus-natureza?, Azar?, Nada?, Ninguém?

d) Naturalmente (é "naturalmente" a palavra?) o jardim do mundo poderia ser uma ilusão dos meus sentidos, um sonho de meus desejos, uma imagem de minhas volições. Naturalmente (é "naturalmente" a palavra justa?) o jardim do mundo poderia ser uma cópia, boa ou má, do jardim celeste. Porém, essas maneiras de pensamento — solipsista o primeiro, platônico o segundo — não parecem ser "naturais".

---

(2) O materialismo das ciências sociais tem hoje um defeito; continua um modelo que proporcionou uma física hoje já inaceitável para os homens de ciência.

Se penso no jardim que vejo e percebo não posso deixar de pensar no jardineiro. Se penso no jardim do mundo não parece que possa deixar de pensar no Jardineiro do mundo. Jardineiro que está no mundo para ordenar o mundo e que está fora do mundo desde o momento em que sei que ordenou o jardim, mesmo que neste momento em que percebo o jardim se tenha ausentado — ou tenha parecido ausentado — de sua presença.

Jardim dos poetas, dos artistas, dos místicos, dos homens de religião e ainda de religiões. Pelo menos nos conduz ao Jardineiro como a mais provável das "persuasões".

II

No Jardim há cizânia e ervas daninhas. Constâncias contra a presença do jardineiro? Seguramente o mal nos cerca, seguramente nos intoxica, nos limita, seguramente nos angustia. Conheço duas respostas que me parecem ser também "persuasões prováveis". Limito-me a elas.

Escreve Santo Agostinho:
"Nenhuma natureza é má enquanto natureza; o mal para cada criatura não é senão a diminuição do bem" (*De natura boni*).

Mais próxima no tempo, escreve Simone Weil: "Quando fazemos o mal, não o conhecemos porque o mal refugia-se da luz" (*La pesanteur et la grâce*).

Há desordem no jardim. Se olharmos atentamente veremos que existe desordem. Há também harmonias — idéia, poema, firmamento. Parecem indicar, provavelmente, a presença de Quem ordena o tempo e a presença.

III

Inverteram-se os papéis. Acreditou-se e pensou-se que o homem era feito à imagem e semelhança — possível semelhança — de Deus. Nos últimos duzentos anos espalhou-se a crença contrária: Deus seria feito à imagem e possível semelhança dos desejos, impulsos, volições dos homens. Aqueles que acreditam e pensam assim — sem sabê-lo e às vezes por oposição aos que aparentemente querem e sabem — o reino dos ídolos. As denúncias dos modernos são muitas vezes tão justas como justificáveis; não o são suas conclusões "teológicas" (ateológicas, antiteológicas). Poderemos voltar a pensar que os homens são feitos à imagem e semelhança de Deus?

Prescindo da história. Anoto apenas que múltiplos modernos — e não apenas filósofos modernos — tendem

195

a concordar com aquela frase crítica e também humanamente entusiasta de Ludwig Feuerbach: "O único deus do homem é o próprio homem". O novo humanismo nasceu do entusiasmo — do endeusamento do homem; esgota-se e se caba diante de nossos olhos na desilusão.

Porém, por que criam ídolos aqueles que pensam ser o homem o único deus do homem? A resposta é esta: criam ídolos — falsas imagens de Deus, falsos deuses — por orgulho, vaidade; soberba[3].

A criação dos ídolos brota de uma tentação: querer ser como Deus onde o "como" se transforma, em última análise, num sinal de identidade. Mas quando os homens querem ser seu próprio absoluto têm de: a) negar a Deus e, mais radicalmente, abolir a Deus; b) substituir Deus por uma criatura — falso deus, falsa imagem de Deus; c) acabar sabendo que essa substituição é impossível. A ausência (a morte) de Deus leva à tentação de construir paraísos na terra: no Progresso, na História, no Homem-espécie, o Poema puro. Porém, os novos deuses, os falsos deuses, são deuses guerreiros porque seu ser é contraditório: finitude, que finge ser infinita, tempo que se pretende eternidade em um hipotético fim da história (não é assim desde Hegel?), contingência que se engrandece da necessidade, parte que se toma pelo todo.

Além disso, o cientificismo moderno é redutivo e é redutivista. Não se trata aqui de negar as descobertas de Freud nem de voltar a exaltá-las. Gostaria de negar uma de suas negações porque, em sua redutividade, conduz também à idolatria.

Quando Freud analisa a religião e a arte[4] ele as vê como uma espécie de neurose. Escreve em seu *Leonardo*: "A psicanálise nos ensinou a reconhecer o último laço que une o complexo paternal com a crença em Deus, mostrando-nos que o Deus pessoal não é outra coisa, psicologicamente, senão um pai transfigurado. O Deus bondoso e onipotente e a natureza bondosa se nos apresentam como grandes sublimações do pai e da mãe, ou melhor, como renovações e reproduções das primeiras impressões infantis". Freud concebia a religião como reiteração, como ritual e como pensamento ritualizado.

Não há dúvida: o tipo de religião que Freud descreve é um fato. Bergson a teria definido como religião fechada ou religião estática, mecanismo de defesa da so-

---

(3) Refiro-me aqui ao que Proudhon chamou "antiteísmo"; de Comte a Nietzsche; do marxismo absolutizado a Bakunin. Refiro-me também aos aspectos ateológicos, antiteológicos dessas filosofias, cujos enfoques e abordagens ninguém discute. A palavra idolatria, no sentido que aqui se lhe dá, foi utilizada pela primeira vez por Tertuliano.
(4) Além do *Leonardo*: *Totem e Tabu, Moisés e o monoteísmo*. Ver P. RICOEUR, *Freud, una interpretación de la cultura*, México, Siglo XXI.

ciedade ante a rebeldia da inteligência tanto quanto mecanismo individual-social diante da inevitabilidade da morte.

Além de religião fechada, além de religião ritualizada[5] e mecanizada, Bergson concebia uma religião aberta na qual o amor "não mais apenas o amor de um homem a Deus, é o amor de Deus pelos homens" (*As duas fontes*...)

Nesse segundo sentido autêntico da palavra religião, é necessário pensar que o pai precede ao Pai?

Diz Mateus: "Vosso pai sabe o que vos é necessário, antes de vós lho pedirdes" (6-8).

Não é possível pensar, não é inclusive uma "persuasão provável", pensar que o Pai precede ao pai mesmo quando, sem dúvida, possamos deformar tanto o pai quanto o Pai?

IV. De perfeições

Perguntar que *é* a perfeição? é uma pergunta vã. Sabemos por Santo Anselmo que a perfeição, considerada em si mesma, transcende nosso entendimento. "Senhor, essa luz em que habitas é verdadeiramente inacessível, porque ninguém além de ti penetra o suficiente em sua profundidade para contemplar-te claramente nela... Tu estás por onde quer que seja, presente e inteiro, e eu não te vejo. Eu me movo em ti, estou em ti, não posso chegar até ti. Tu estás em mim, em torno de mim e eu não te sinto (*Proslogio* c. XVI).

Esse conhecimento da Luz é, essencialmente, conhecimento pela fé e pela graça. Só a título de ajuda pode a inteligência argumentar sobre a existência de Deus. Conhecimento harmônico que compreende razão, fé e amor, esse conhecimento é alegria: "Pedi e recebereis, a fim de que vossa alegria seja completa", repete Anselmo. A luz da perfeição produz alegria.

O argumento proposto por Anselmo no *Proslogio*, o argumento que Kant chamou "ontológico", fundamenta-se na idéia da perfeição para alcançar a existência da Perfeição.

O argumento é essencialmente de caráter lógico e é por esse seu caráter lógico que Bertrand Russell, sem aceitá-lo, admira-o. A crítica de Kant implica que a prova anselmiana — cartesiana, leibniziana — é falaciosa. Para Kant da idéia de Deus se pode inferir tanto que Deus existe quanto que Deus não existe. Porém, a contraprova kantiana é, *logicamente*, mais débil do que parece à primeira vista. Demonstrou-se recentemente que Kant aceita

---

(5) O rito parece-me fundamental em qualquer religião. Uso aqui ritualização no sentido de conduta estereotipada.

como universalmente válida a proposição "Deus existe necessariamente". Fez-se notar também que Kant reduz essa proposição à seguinte proposição hipotética: "Se Deus existe, sua existência é necessária". Porém, essa redução é ilógica porque, em sendo aceita, haveria que aceitar contraditoriamente seu oposto: "É possível que Deus não exista", proposição que não é universalmente válida[6]. Dizer "é possível que Deus não exista" resulta incompatível com dizer "Deus existe necessariamente"[7].

Porém, essa discussão é de ordem estritamente lógica e ainda de uma lógica estritamente formal. Que outro significado mais vivo — talvez menos probatório — pode ter a palavra perfeição?

Gostaria de recordar aqui apenas um sentido usual e também exato da palavra perfeição.

Perfeição indica o estado de um ser completo, acabado, terminado (essa é sua conotação clássica) e excelente (essa sua conotação judaico-cristã). *Sole perfecto* ("sol per-feito", dia arredondado e terminado) diziam os romanos.

Buscar o ser perfeito seria assim buscar a plenitude que nossa plenitude reclama pela metade. Mas andar em busca da plenitude significa andar em busca de nosso fim e andar em busca de nossa finalidade.

Da mesma maneira que o jardim ordenado — apesar da desordem, da cizânia, da erva daninha — conduzia ao jardineiro, nossa desejada e entrevista plenitude pode conduzir, apesar de nossas tensões, conflitos e paixões à Plenitude.

É provável — é "persuasão provável" — que a prova pela perfeição tenha um sentido mais claro se partirmos da ordem de nosso pensamento e, dele, procurarmos buscar o sentido e o fim dessa ordem. Do jardim ao jardineiro.

Assim sendo, poderíamos repetir com Anselmo: "Não tento, Senhor, penetrar tua profundidade porque de nenhuma maneira posso comparar minha inteligência a ela; mas desejo compreender tua verdade, mesmo que imperfeitamente... (*Proslogio* c. I).

V

Dirigida ao conhecimento, a inteligência; dirigida ao erro e à falsidade, a emoção. Essa cisão é freqüente; essa cisão é também falaciosa. E o é porque tanto a emoção

---

(6) NORMAN MALCOLM, em A. PLANTINGA, *The Ontological argument*, Nova York, Doubleday Anchor Books, 1965.
(7) *Idem, ibidem.*

como a inteligência são parte da razão. Assim o viram os pensadores que concebem o homem como possível harmonia: harmonia de *Logos*, *Mythos*, *Eros* em Platão; harmonia de razão, amizade e justiça em Aristóteles; harmonia de "iluminação", fé e amor em Santo Agostinho, em Santo Anselmo[8].

A filosofia de nosso tempo se especializou. Ensina-se nas escolas entre as demais matérias e pretende ser uma delas; pretende ser uma ciência a mais ou uma reflexão sobre a ciência. Isso sucede na maioria das tendências do pensamento anglo-saxônico, no estruturalismo francês, em boa parte do marxismo contemporâneo. A nova filosofia tende a ser filosofia intelectualizada. Não se deve semelhante intelectualização a uma redução do que é a Razão a formas de pensamento unicamente intelectual? Porém, a Razão é também sentimento e percepção, memória e vontade.

Escreve Karl Jaspers:

A autocrítica das ciências mostrou-lhes seus limites, mas de uma nova maneira mostrou também a independência da filosofia. A filosofia não é uma ciência como as ciências modernas: aquilo que lhes pertence se distancia dela. Resta, para o filósofo, a antiga substância: um tipo de conhecimento que, se não válido para qualquer intelecto, é um movimento do pensamento, a iluminação da fé filosófica... Na ciência, a prova depende de investigações, indagações, verificações; em filosofia depende da realidade existencial (*Philosophical fait and revelation*, Collins, 1967).

Conhecer não é apenas analisar (palavras, conceitos, idéias). Conhecer é, conjuntamente, perceber, sentir, nascer com o mundo, com os outros, com o Outro. Não dizia Claudel que o conhecimento é *co-naissance*?

Ver o jardim é vê-lo de muitas perspectivas compatíveis: emotivo-intelectivas, volitivo-sensíveis... O Jardim continua sendo o mesmo. O Jardineiro é conjeturável, dizível-indizível, por vários caminhos que são "métodos". O Jardineiro continua sendo o mesmo. Sua presença se revela em suas pegadas; suas pegadas remetem ao que uma vez quis chamar de "sentido da presença".

---

(8) Filosofias harmônicas também as de Bergson e Whitehead. Não as que racionalizam e intelectualizam a vida (Hegel) nem as que, puramente emotivas, renunciam ao intelecto (Kierkegaard ou Nietzsche).

III. PAISAGEM

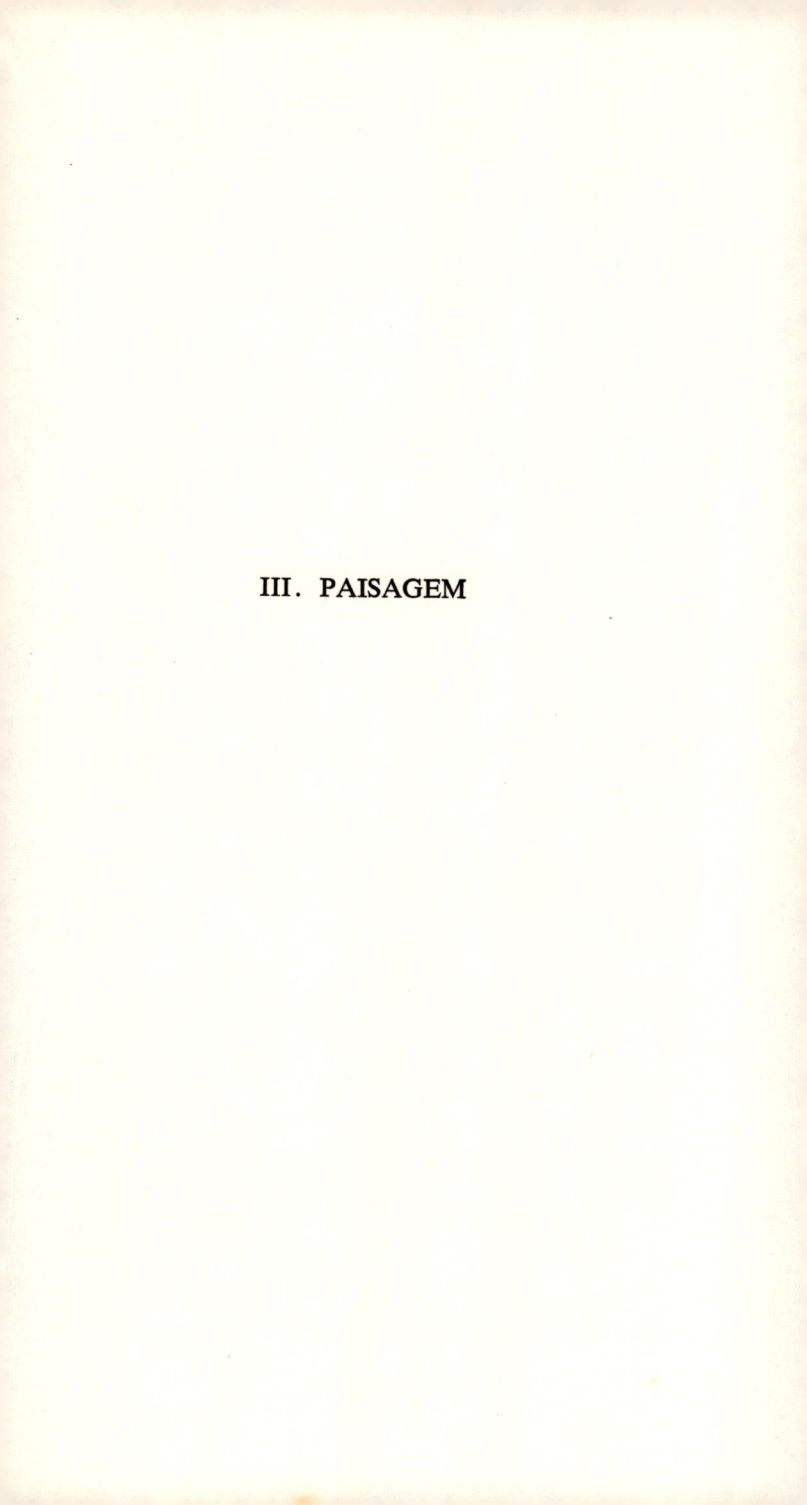

18. FLORENÇA*

Aqui em Florença, onde as pontes traçam ágeis e poderosos arcos sobre a curva líquida do Arno, nasceram Giotto, Dante, Cimabue, Masaccio, Brunelleschi, Donatello, Maquiavel, Boccaccio, Guicciardini, Cellini, Ghiberti...; aqui Lourenço, o Magnífico, escreveu poemas à vida; aqui a Academia desejosa de Platão e Atenas e meio filha de Bizâncio foi Grécia renovadamente milagrosa; aqui, uma palavra: dignidade.

Vejo-a do cume não muito alto de San Miniato al Monte.

O caminho sobe, envolto em uma suspeita de outono. As árvores escondem as *villas* que vão sendo desertadas por seus antigos donos. Abaixo, estendida e colhida

(*) FLORENCIA. In: *Ciudades*, México, Ediciones Dallal, 1970.

num só olhar, a cidade de Florença. A noite é escura, úmida e transparente. Numa curva do caminho aparece, desenhada e ereta, a igreja de San Miniato. A inclinada e altíssima escadaria é bordejada por pequenas lâmpadas e bordejada de lâmpadas idênticas toda a fachada da igreja. Um desenho de lâmpadas votivas debrua San Miniato para arrancá-lo da noite. Dentro do espaço da nave dividida em dois níveis, descansam — tudo é quietude — os ecos do órgão que toca Bach. Qual seria aqui a música apropriada, a que acabaria de construir esses espaços íntimos?; qual música do século XII?; ou talvez fosse melhor pensar que aqui seriam apropriadas qualquer música ou qualquer canto, qualquer voz ou qualquer silêncio? Josquins des Prés ou Evangelisti?

Bizantino, desse bizantino que na Itália vem iluminar a sobriedade do romântico, preside a tudo o Pankreator, o Senhor verdadeiro, estático, pintado alado sobre a tríplice superfície da abóbada. As relíquias de San Miniato perduram na cripta. Relíquias reais porque em Florença, estrita cidade de pedra, tudo é verdadeiro.

Em San Miniato os afrescos dos discípulos de Giotto sugerem o que haverá de ser a obra do mestre em Pádua e Assis. Os quatro medalhões de Luca della Robbia são, numa capela lateral, olhos azuis de luz profunda como a claridade que o mar às vezes adquire próximo das rochas. De azul a azul remetem os medalhões luminosos polidos por Andrea della Robbia no primeiro edifício do renascimento florentino: o Hospital dos Inocentes.

Abaixo está Florença: Torre della Signoria, Bargello, Santa Maria Novella, Orsanmichelle, agilidade gososa do gótico que Giotto inventou ao construir o Campanile. Diz-se que os florentinos decidiram encarregar Giotto do Campanile porque era pintor de fama: nada mais realista, nada mais justo nem mais significativo que esta improvisação que foi e é, disciplinadamente, a cidade de Florença.

> Nossa bela Florença contém no presente ano duzentas e sessenta tendas que pertencem ao grêmio dos mercadores de lã. Daqui suas mercadorias são enviadas a Roma e a Nápoles, à Sicília, Constantinopla, Adrianópolis, Brusa e toda a Turquia.
>
> BENEDETTO DEI, *Carta a un Veneciano,* 1472.

Basta passear pela Via Porta Rossa, Via Tornabuoni, as joalherias da Ponte Vecchio, para ver a riqueza das mercadorias que Florença ainda envia para o mundo. Há aqui um luxo artesanal apenas ameaçado pela "taylorização" e automação de nosso tempo. Em Florença tudo é único. Penso em dois escultores. Uma educação que, se bem o entendo, procede do Romantismo e que hoje quer converter-se em gosto universal, nos fez pensar que o primitivo é o bom ou ainda o melhor. Renasceram os pré-socráticos, a escultura africana, a arte popular, tudo o que tem certo sabor de arcaico no duplo sentido que a palavra *arkhé* teve entre os gregos: governo e origem. Já Vico pensava que o melhor dos tempos foi o dos deuses, paraíso hoje perdido, no qual a linguagem real era a dos poetas. Nada vejo de mau neste renascimento do primevo por primeiro. Má me parece ser a afirmação, às vezes explícita, às vezes tácita, de que o primitivo é melhor que o clássico. Platão sim, mas sobretudo Heráclito; Rafael sim, mas sobretudo — e para muitos unicamente — Duccio ou Fra Angelico. Os dois escultores nos quais penso são Donatello e Michelangelo. Entre o primeiro nu do Renascimento, o "Davi" de Donatello e o desnudo "Davi" de Michelangelo, encontra-se, às vezes, a brecha que separa o artesanal do artístico. Mesmo que já se perceba na obra de Donatello a tríplice confluência de humanismo, individualismo e liberdade, que haverá de ser proclamada peo Renascimento, dir-se-ia que, sobre ela, pesa ainda certa tendência ao anonimato. Uma educação hoje em dia universal leva-me a gostar de Donatello e, às vezes, quase a preferi-lo. Mas sei que Michelangelo, em seu lúcido paganismo de histórias e lendas, é o escultor mais completo já produzido por nossa história.

Repousa "Davi" sobre a perna direita e é todo repouso o braço que descansa na certeza de sua própria força. Repouso muscular, forte, orgulhoso, capaz, como escrevia Michelangelo, "de reviver os mortos". Monumental "Davi" elevado à dimensão dos deuses olímpicos que imaginamos brancos. Porém, ainda mais que a monumentalidade, impressionam, na nudez total desse nu, a claridade e a transparência. Como se as águas em que Narciso se olha se tivessem confundido com o ser que refletem, a pele de "Davi" confunde-se com a luz de um mármore que é mármore e qualidade de carne. Davi-Narciso se contempla a si mesmo na segurança de sua fortaleza triunfante. O mal penetra esse esplendor. O mal e a soberba. Porém, em seu "Davi" pagão, Michelangelo é todo pagão e já sabemos que as "virtudes dos pagãos foram esplêndidos vícios".

> Porque este século, como uma idade de ouro, devolveu à luz as artes liberais que estavam quase extintas: gramática, retórica, pintura, antigos cânticos ao som da lira órfica. E tudo isso é Florença.
>
> MARSILIO FICINO, *Carta a Pablo de Midelburgo*, 1492.

Para os que estão acostumados ao gótico do norte europeu, o gótico florentino, o de Santa Maria dei Fiore, parece estranho. Alguns chegaram a pensar que esse gótico, aliado às estrelas que brilham na fachada e ao forte colorido das pedras, é muito mais doçura que estrutura. De fato, é um gótico forte e alegre. A fortaleza da abóbada, que finalmente Brunelleschi conseguiu construir, é quase tão poderosa como a do Panteão de Roma; a alegria se aninha no ondulado das fachadas. A energia que mantém de pé esse gótico tardio é uma verdadeira linha de tensão. Mas a poesia, a música, as artes de que fala Ficino, são melhor encontradas na porta Oriente do batistério. De cima abaixo transcorre a história da humanidade: a criação, o pecado original, a expulsão do Paraíso, a condenação, o trabalho, Abel assassinado, Noé, Abrão, Isaac, Esaú, até chegar à história verdadeira de Salomão e a rainha de Sabá. É justo que a história da rainha de Sabá e Salomão arrematem a porta: tudo é ouro nesse bronze de Ghiberti. Tudo idade de ouro.

> Marsilio Ficino, canônico, começava suas lições na Academia dizendo: "Mui queridos irmos em Platão".

Florença, cidade de banqueiros, políticos, *condottieri*, artistas e velhacos, agudeza das artes e ainda arte de engenho na intriga, foi a terra onde veio a renascer Platão. A história do platonismo já era longa no século XV. A Academia Platônica foi matemática com Speusipo, probabilística e ainda cética com os Novos Acadêmicos, mística com Plotino, Jâmblico e Proclo, cristã com Santo Agostinho, o Pseudo-Dionísio, Escoto Erígena e Santo Anselmo. No século XV Cosimo de Medici fundou a Academia de Florença influenciada por Plethon, o Bizantino. Bizâncio trouxe a Florença a tradição ateniense. Plethon escreve sobre a diferença entre platônicos e aristotélicos. João Argyropoulos ensina o grego na Academia de Cosimo. João Bessarion de Trebizonda trata de unir a Igreja de sua Bizâncio natal e de Roma e escreve um livro que é, ao mesmo tempo, defesa e explicação do platonismo: *Adversus calumniatorem Platonis*. Os sábios de Bizâncio derramaram-se em Florença; a eles deveu-se, em boa parte, o renascimento do platonismo em fins do século XV. O pensamento de Platão teve vigorosa influência em Florença (e partindo de Florença, em toda a Europa): Marsilio Ficino, Pico della Mirandola e, mais tarde, Giordano Bruno foram mestres no platonismo e no neoplatonismo. Florença nos faz regressar a Platão e especialmente ao último Platão mais místico que dialético ou, melhor dizendo, místico depois de descobrir no *Parmênides* que a dialética é insuficiente, que ao Espírito (o *Nus*) só se pode chegar depois de passar por essa esplêndida e reverberante feira de contradições lógicas que é a noite clara de sua mística. Não é o caso de se entrar aqui em detalhes sobre a estrutura do *Parmênides* — onde Platão ao mesmo tempo se autocritica, critica Parmênides e, ao criticar-se e criticá-lo, parece chegar à mais extremada perplexidade: não existirá por acaso no mundo das idéias?; não existirá por acaso aquele sol que era fim de toda vida contemplativa e ativa na caverna da *República*? — não é também o caso de se explicar a resposta dialética e matemática que Platão dá a suas próprias dúvidas no *Filebo* nem tampouco de recordar com todos os seus detalhes a história da criação que nos conta no *Timeu*. Acontece o seguinte.

Platão, em seus últimos diálogos — sem dúvida, os mais difíceis; também os mais belos quanto à clareza e rigor — empreende uma crítica de sua primeira filosofia e chega a pôr em dúvida a própria existência não-contraditória de um mundo perfeito de formas. Já se pôde ver no *Parmênides* — precisamente o diálogo crítico e autocrítico — uma espécie de ginástica espiritual; é, na realidade, uma ascese da razão, que se despoja de todas as suas contradições para que nos últimos diálogos reapareçam a Beleza, o Bem, e o Ser (também Deus ou os deuses) e nasça, além da *dianóia* (o espírito de análise) a revelação, a revelação de uma verdade espiritual e eterna que Platão chamou Forma, Idéia, Gênero, Deus, deuses. Em outras palavras: o último Platão abria as portas para a filosofia neoplatônica; abria as portas para a mística propriamente platônica e, mais tarde, plotiniana e cristã; abria as portas para que Marsilio Ficino dissesse, ao dizer "Queridos irmãos em Platão", esta outra frase para ele nada contraditória com a primeira: "Queridos irmãos em Cristo".

Platão

Na minha maneira de ver as coisas podem-se, em primeiro lugar, estabelecer as seguintes divisões. Qual é o ser terno que não nasce jamais e qual é aquele que nasce sempre e não existe nunca? O primeiro é apreendido pela inteligência e o raciocínio pois é objeto da opinião unida à sensação irracional, já que nasce e morre; porém não existe jamais, realmente. Tudo o que nasce, nasce necessariamente pela ação de uma causa, pois é impossível que, seja o que for, possa nascer sem causa. Assim, pois, todas as vezes que o Demiurgo, com olhos postos sem cessar no que é idêntico a si, se serve de um modelo de tal classe, todas as vezes que ele se esforça por realizar em sua obra a forma e as propriedades daquilo, tudo o que dessa maneira produz é necessariamente belo e bom. Pelo contrário, se seus olhos se fixassem no que é nascido, se utilizasse um modelo sujeito ao nascimento, o que o Demiurgo realizasse não seria belo nem bom.

... É necessário, tratando-se do Universo, perguntar segundo qual dos dois modelos o terá feito aquele que o criou, se o terá feito de acordo com o modelo que é idêntico a si e uniforme ou se o terá feito segundo o modelo gerado e nascido. Pois bem: se o Universo é belo e o Demiurgo é bom, é evidente que repousa seus olhares no modelo eterno.

Timeu, 28.

Plotino

Adentra a ti mesmo e olha. E se ainda não te achas belo, atua como o criador de uma estátua que deve ser feita bela; corta aqui, cinzela ali, suaviza em outro lado, faz esta linha mais leve e a outra mais pura, até que nasça um rosto belo de sua obra. Faze tu a mesma coisa: corta tudo o que é excessivo, endireita tudo o que está torcido, ilumina tudo o que está encoberto, trabalha para que tudo se converta em brilho de beleza e nunca deixes de cinzelar tua estátua até que de dentro de ti surja luminoso o esplendor da virtude que é semelhante aos deuses, até que vejas a bondade perfeita no templo sem mácula.

Enéadas, I, 6.

Marsilio Ficino

Intellectus anima mundi semper ex divinorum contemplatione, inde gravida parit naturam similiter fecundam rationibus quasi speculativa, et tali speculatione generat omnia.

Plotini Enneades cum Marsili Ficini Interpretatione castigata.

Ficino

A providência universal pertence a Deus, que é a causa universal. O homem que de maneira geral é proveniente em relação a todas as coisas tanto vivas como inanimadas, é uma *espécie* de deus. Sem dúvida é o deus dos animais, posto que os usa a todos e domestica a muitos deles. É também claro que é o deus dos elementos porque os habita e cultiva a todos. É, finalmente, o deus de todos os materiais porque os manipula, transforma e dá forma a todos. Quem governa o *CORPO* de tantas e tão importantes maneiras e é também vigário de Deus imortal, é sem dúvida ele próprio imortal.

Teologia platônica

O ideal simétrico é recente. Inaugurou-o em boa parte o Descartes do *Discurso sobre o Método*, o Descartes que preferia as cidades bem traçadas e os caminhos retos do bosque às antigas e desordenadas cidades medievais ou os caminhos serpeteantes. Prolongou-o Le Nôtre em seus jardins medidos e raciocinados para que Napoleão o convertesse na Paris das perspectivas. Era necessário *dompter la nature*. Ao domesticá-la, alcançou-se a dupla perfeição de Versalhes e das Tulherias mas cometeu-se, textualmente, um erro de perspectiva. Olhemo-nos no espelho; todos sabemos que nosso rosto é assimétrico; todos sabemos que a composição artificial de um rosto simétrica produz resultados monstruosos. Poucos objetos naturais são, por sua vez, simétricos: não o são as árvores, montanhas, rios, nem os signos do zodíaco que os gregos batizaram para nós. O neoclassicismo é geometria plana. Não o é a arte verdadeira que tem em comum com as formas naturais o que costumamos chamar vida. Uma praça assimétrica, mesmo que não seja natural, mesmo que seja trabalho de arte, é viva na medida que sua ordem responde à ordem rítmica e vivida das assimetrias harmônicas. Na Itália são múltiplas as ruas que desembocam numa praça. Somente uma consegue harmonizar, exata e assimétrica, leveza, graça e dignidade: a da Signoria de Florença. Presidem-na os escudos dos senhores, a pedra dura, a solidez do palácio; resguardam-na de intromissões as ruas estreitas que a ela conduzem. Mas uma praça deve se abrir e a praça da Signoria se abre: para o Bargello e, sobretudo, para o alto, no ascendente equilíbrio da torre que os céus livres atraem. Será por essa liberdade que Florença emana que ela foi berço, tão centro e berço como o foi Atenas?

> Arda di dolcezza il core!
> Viva Baco e viva Amore!
> Non fatica, non dolore!
> Quel ch'ha esser, convienen, sia:
> Chi vuol esse lieto, sia;
> Di doman non c'e certezza.

LORENZO DI MEDICI, *Trionfo di Bacco ed Arianna*

A capela dos Medici é um monumento imperial à família cesárea de Florença. Existem nela excelentes virtudes. Existem nela também não esplêndidos mas sim estranhos vícios. Pela primeira vez senti que Michelangelo pode ser acadêmico. Talvez seja mais válido dizer que os discípulos de Michelangelo foram, ao seguir o estilo da capela, os verdadeiros acadêmicos. Como se Michelangelo tivesse querido, nas figuras de Lorenzo e Giuliano de Medici, seguir a idéia platônica do que é um ser abstrato de um "César". Que diferença entre esses dois jovens florentinos e aquele "Davi" que é todo leveza apesar de suas dimensões! Não está aqui o Michelangelo do "Moisés" romano, nem o transparente, lúcido, único Michelangelo da "Pietà" vaticana. Os dois "Césares", jovens meditativos, parecem algo forçados, algo obrigatórios. É como se tivessem forçado a Dante escrever um poema épico sobre as excelsas virtudes dos grandes homens e sem piedade tivesse tido de subtrair Francesca de Rimini ao inferno para colocá-la, fria e absoluta, entre suas figuras celestes. Michelangelo intimamente obrigado? Esse Michelangelo cesáreo não é o Michelangelo forte e poderoso, delicado, das grandes obras. Ei-lo aqui, de golpe, arquiteto e escultor oficial. Tudo isso seria certo se não fosse pelos quatro símbolos: Aurora, Crepúsculo, Noite, Dia.

Escrevi a palavra "símbolos" levado por uma tradição que me é tão difícil sustentar quanto esquecer. Um símbolo é, em geral, algo abstrato, consciente, que os críticos querem apreciar dentro da obra viva do artista. Melhor dizer aqui esses quatro ciclos da pedra que vivificam o túmulo marmóreo dos Medici. Além disso, símbolos de quê? Propuseram-se várias teorias. Ocorrem-me algumas e nenhuma me convence. A seqüência Aurora, Crepúsculo, Noite, Dia poderia sugerir, abstratamente, o nascimento, a vida, a morte e a ressurreição. Porém, a mesma seqüência poderia também sugerir o dia de um homem: do despertar ao adormecer e novamente ao despertar. E poderia enunciar também, se olharmos o rosto dorido da Aurora, que a vida é dor até a morte. Poderia enunciar "idéias". Mas aqui não se trata de idéias. Trata-se de presenças que são sensibilidade, volume, carne, pensamento e isto cada uma delas e o volume preciso de cada uma delas. Examinemos aqui as duas figuras de mulher: a Aurora e a Noite. São as mais belas das mulheres esculpidas por Michelangelo. São criaturas, estão entre nós como formas vivas. Há que vê-las assim, completas, a Noite com a coruja sábia e séria, a Aurora com as pernas e os lábios entreabertos, como a imagem de uma sensualidade sem erotismo. Deixemos meditar essa Aurora em carne viva, repousada, amorosa. Deixemos que siga espreguiçando-se continuamente a caminho do amor que pronuncia e anuncia.

Mesmo nascido na aldeia à qual deu nome e renome, Leonardo é florentino. Florença, terra de artistas, poetas, políticos, foi terra de homens de ciência. Berenson faz notar que alguns dos pintores florentinos foram exclusivamente cientistas e naturalistas. Já a Uccello preocupava-lhe a perspectiva até o ponto de sua pintura ser, às vezes, apenas uma ilustração de suas teorias e de suas observações. Não é esse o caso de da Vinci. Ciência, experiência, observação, balística, engenharia, construção de tartarugas guerreiras, fábulas, livros de contas, música, escultura, arquitetura, anatomia: tudo estava em da Vinci, para quem a vista é a faculdade suprema e o espelho o modelo do pintor. Não é necessário teorizar demais sobre da Vinci, se bem que Huxley e Freud puderam entrever algumas agudas teorias em fontes distintas. Da Vinci, o pintor, é uma das poucas presenças espirituais produzidas pela pintura. Algumas obras, nem todas elas do período florentino, mostram da Vinci o homem de espírito, da Vinci transformador da experiência em espiritualidade: a "Ceia" de Milão, a "A Virgem dos Rochedos" — do Louvre ou da National Gallery — a "Anunciação" da Galeria Uffizi, a "Gioconda". A quantas frases retóricas se presta tanta grandeza (não será já retórica esta frase?). Ali está o anjo anunciador, ali a Virgem emoldurada na escultura e nas árvores copiadas das árvores da Toscana. A "Ceia" conduz ao silêncio diante do gesto ordenado de cada um dos apóstolos e ao silêncio que impõe a imagem de Jesus. Quem pintou a obscuridade de uma cova com a luminosidade azul que aparece em "A Virgem dos Rochedos"? Não se pode esquecer a crueldade de da Vinci, que alguns quiseram classificar como espírito faustiano. Escreve: "O homem e o animal são propriamente trânsitos e condutos de comida, sepulturas de animais, albergues da morte... visto que eles sustentam a vida com a morte de outros". Escreve também: "a brutalidade e a beleza se fazem mais poderosas quando andam juntas". Porém, da Vinci é também aquele que diz que "onde há liberdade, não importam as regras" e — expressão do mesmo sentido que sugerem os escuros de "A Virgem dos Rochedos" —; "Nosso corpo está debaixo do céu e o céu está debaixo do espírito". Leonardo sempre pintou esse, o espírito que está mais além das paisagens de sua toscana transparente e doce. Para ele, como para Pascal mais tarde, o homem não é nem anjo nem fera; é, na verdade, um animal de experiência que, por meio da razão, da fé e da esperança, pode transformar-se — regra que cinge mas não constrange — em deus, no mesmo deus que, segundo São Paulo, se salva em Deus. A "Ceia" de Milão é um desses momentos nos quais da Vinci vê a essência sagrada dos homens. A "Gioconda" é a imagem de uma mulher muito real em quem aparece o espírito. Seria difícil não se deter um momento na "Gioconda". Tudo nela se viu e se a converteu em mistério. Não digo que não seja misteriosa essa mulher florentina que da Vinci parece ter pintado com amor. De onde virá esse mistério? Creio, sem querer generalizar nem construir aqui uma teoria quando trato é de dar simples impressões, que a "Gioconda" é misteriosa porque é humana: nela estão o humano e o divino; que pode ser mais misterioso que essa união na humanidade de carne e espírito? Dureza e doçura no olhar, sorriso e seriedade na boca, repouso nos braços e nas mãos finíssimas, ziguezague e claridade na paisagem. Quantas contradições! Porém essas contradições se resolvem quando se pensa que a "Gioconda" é uma mulher, uma mulher encarnada, complexa como o pode ser a humanidade inteira. Que sorriso tem agora em sua amargura? Que alegria tem agora em sua melancolia? Que engano em sua própria consciência de bondade? A "Gioconda" não é nem mais fácil nem mais difícil de entender que os homens e a humanidade. Só me ocorre pensar que essa "Gioconda" terrestre se transcende e abandona, por assim dizer, suas contradições humanas, quando se transforma naquela outra mulher já divina que é a "Virgem da Anunciação" na Galeria Uffizi.

Mas da Vinci impõe silêncio. E sua pintura, seus esboços, suas caricaturas, seus desenhos devem ser olhados para depois, em segredo, sentir lentamente sua presença. "Nosso corpo está debaixo do céu e o céu está debaixo do espírito."

Maquiavel

ARTIGO 1: Nenhum homem poderá ser admitido na dita sociedade se não tiver completado trinta anos; as muheres serão aceitas em qualquer idade.

ARTIGO 2: Nomear-se-á um chefe de jogos, sucessivamente homem e mulher, cujas funções durarão oito dias. Nesse posto se sucederão, segundo categoria e talhe, do lado dos homens, os de nariz mais comprido; do das mulheres as de pés mais pequenos.

ARTIGO 3: Quem quer que seja, cavalheiro ou dama, que omita informar um só dia de tudo o que tenha ocorrido na dita sociedade, será castigado da seguinte maneira: se se tratar de uma dama, colocar-se-ão suas sapatilhas em um lugar visível para todos, com um letreiro no qual esteja inscrito o nome da culpada; se se trata de um homem, se pendurarão suas calças pelo avesso num lugar alto para que todos possam observá-las.

ARTIGO 4: Todos deverão murmurar constantemente dos demais e, se aparecer um estranho na sociedade, dir-se-á publicamente tudo o que se saiba de seus pecados, sem maiores considerações.

ARTIGO 5: Nenhum membro da sociedade, homem ou mulher, poderá se confessar em tempo algum fora da Semana Santa; quem quer que contravenha esta proibição será condenado, se se tratar de uma mulher, a carregar o presidente e, se se tratar de um homem, a ser por ele carregado da maneira que aquele julgue melhor. O confessor deverá ser cego; e se, além disso for surdo, tanto melhor.

ARTIGO 6: Proíbe-se expressamente falar bem uns dos outros, sob as penas aqui determinadas contra os delinqüentes.

ARTIGO 7: Se um homem ou uma mulher crêem ser mais bonitos que os demais e se houver duas testemunhas desse fato, a mulher se verá obrigada a mostrar sua perna nua até dois dedos abaixo do joelho; se se trata do homem, deverá fazer ver à sociedade se leva em suas calças um lenço ou algo parecido.

ARTIGO 8: As damas deverão ir às Servidoras de Maria pelo menos quatro vezes por mês e, além disso, todas as vezes que se lhes requeira por parte de alguém da sociedade, sob pena de que se dobre o castigo.

ARTIGO 9: Quando um homem ou uma mulher da sociedade tiver começado a contar uma história e os demais permitirem que termine de contá-la, estes últimos serão condenados à pena imposta por aquele ou aquela que tenha começado a história.

ARTIGO 10: Todas as decisões da sociedade serão tomadas pela minoria dos membros presentes e sempre serão eleitos os que tenham obtido menos votos.

ARTIGO 11: Todo confidente de um segredo confiado a um membro da sociedade por um de seus irmãos ou por qualquer outra pessoa, que não o tenha divulgado no prazo de dois dias, seja homem ou mulher, será condenado a fazê-lo ao revés sem jamais poder deixar de fazê-lo assim direta ou indiretamente.

ARTIGO 12: Será proibido guardar silêncio; quanto mais se tagarela e mais confusamente, tanto mais a coisa será digna de elogio e o primeiro que deixar de falar deverá ser pressionado por todos os membros da sociedade até que confesse os motivos que o obrigaram a calar-se.

ARTIGO 13: Nenhum membro poderá ou deverá pedir favores aos demais e se algum deles lhe pede que dê um recado deverá sempre fazê-lo a contragosto.

ARTIGO 14: Cada um é obrigado a invejar a felicidade dos demais e, por conseguinte, a causar-lhe todos os incômodos que possa; e se tem a possibilidade de assim fazê-lo e não o faz será castigado segundo decisão do presidente.

ARTIGO 15: A todo momento e lugar e sem maiores considerações cada qual será obrigado a voltar a cabeça ao ouvir rir ou cuspir ou qualquer outro sinal e deverá responder da mesma maneira sob pena de não poder recusar nada de quanto se lhes peça durante um mês inteiro.

ARTIGO 16: Desejando, além disso, que cada qual se sinta cômodo, far-se-á com que cada homem ou mulher durma pelo menos durante quinze dias do mês, um sem sua mulher e a outra sem seu marido, sob pena de serem condenados a dormir juntos durante dois meses seguidos.

ARTIGO 17: Quem disser más palavras sem dizer nada será mais honrado.

ARTIGO 18: Todos os membros da sociedade, homens e mulheres, irão a todos os perdões, festas, cerimônias que se celebrem nas igrejas; encontrar-se-ão em todas as festas, colações, ceias, espetáculos e serões que tenham lugar nas casas, sob pena de verem-se relegados ao convento de monges, se se tratar de um homem e ao de freiras, se é uma mulher.

ARTIGO 19: As mulheres serão obrigadas a passar três quartas partes do tempo em suas janelas ou portas, como quer que seja, a seu gosto, diante ou detrás e os homens deverão se apresentar diante delas pelo menos doze vezes por dia.

ARTIGO 20: Nenhuma mulher da sociedade deverá ter sogra; e se alguma delas ainda a tiver, deverá livrar-se dela num prazo de seis meses, por meio de um purgante asiático ou algum outro remédio semelhante. O mesmo remédio poderá se aplicar aos maridos que não cumpram com seu dever.

ARTIGO 21: Nenhuma dama da sociedade poderá usar por baixo de seu vestido uma armação, nem nenhuma outra prenda que impeça; os homens deverão estar sem agulhas nem alfinetes, especialmente proibidos para as damas, sob pena de ter que olhar o gigante da praça (o "Davi" de Michelangelo) com óculos bem colocados.

ARTIGO 22: Quem quer que seja, homem ou mulher, para alcançar maior crédito, deverá gabar-se do que não tem e não faz; se disser a verdade e assim revelar sua miséria ou qualquer outra coisa, será castigado segundo a decisão do presidente.

ARTIGO 23: Nunca se manifestará por meio de nenhum sinal exterior o que se sente na alma; tratar-se-á sempre de fazer exatamente o oposto e quem melhor souber dissimular e mentir merecerá mais elogios.

ARTIGO 24: Passar-se-á a maior parte do tempo adornando-se e embelezando-se sob pena de não ser tratado por nenhum dos membros da sociedade.

ARTIGO 25: Quem quer que em sonhos repita o que tiver dito ou feito durante o dia, será condenado a ficar meia hora com o traseiro para o alto e cada membro da sociedade deverá dar-lhe uma chibatada.

ARTIGO 26: Quem quer que durante a missa não olhe a todo momento a seu redor ou não se situe em algum lugar onde possa ser visto por todos, será castigado como culpado de lesa-majestade.

ARTIGO 27: Todo homem ou mulher e todos os que desejem ter filhos deverão começar a se calçar pelo pé direito sob pena de ter que caminhar com os pés descalços durante um mês ou mais, conforme parecer conveniente ao presidente.

ARTIGO 28: Ao adormecer, ninguém deverá fechar ambos os olhos ao mesmo tempo; deverá fechar um, depois o outro: não há melhor remédio para conservar a vista.

ARTIGO 29: As damas, ao caminhar, deverão manter os pés em tal posição que não se saiba se estão calçadas mais ou menos decotadamente.

ARTIGO 30: Ninguém poderá se assoar quando possa ser visto, salvo em caso de necessidade.

ARTIGO 31: Cada qual é obrigado a *in forma camerae*, coçar-se quando algo lhe pique.

ARTIGO 32: Limpar-se-ão as unhas dos pés e mãos a cada quatro dias.

ARTIGO 33: As damas, quando se sentarem, serão obrigadas a colocar algo em seu assento para parecerem mais altas.

ARTIGO 34 E ÚLTIMO: Escolher-se-á para a sociedade um médico que não tenha mais de vinte e quatro anos para que possa remediar os acidentes e resistir ao cansaço.

Regulamento para uma sociedade de prazer

Maquiavel: do homem e da história

Numa carta a Francesco Vettori de 10 de dezembro de 1513, escrita na residência vigiada em San Casciano, Maquiavel descreve sua vida retirada, explica como se levanta ao despontar do dia, como vê destruírem-se os seus bosques "sobre os quais haveria mil coisas a dizer", como mais tarde se dirige "com um livro debaixo do braço" a uma fonte e lê Dante ou Petrarca, Tíbulo ou Ovídio para que a leitura dos versos amorosos o recordem de seus próprios amores, como vai ao albergue para observar "a variedade dos gostos e a diversidade de caprichos dos homens", como, depois de comer em sua casa, regressa do albergue para entregar-se ao jogo e às querelas, como, de noite, escreve um opúsculo: *De Principatibus*.

Esse retiro de Maquiavel é um dos exemplos empregados por Arnold Toynbee para explicar a necessidade de alheamento requerida por todos os grandes homens — e povos — antes de voltar ao mundo e atuar no mundo. Com efeito, os meses de San Casciano foram meses de intensa diversão — há muito de hedonismo nos freqüentes amores de Maquiavel — e de trabalho. Os grandes livros de Maquiavel foram escritos, ora em San Casciano, ora nos anos posteriores a seu retiro forçado.

1513. Nesse ano Maquiavel está completando quarenta e quatro anos. Nascido entre a Ponte Vecchio e o

Palazzo Pitti a 4 de maio de 1469, era filho de pai inscrito no grêmio dos notários e de mãe escritora de poemas religiosos de estilo medieval. Desde os primeiros anos de sua vida, Maquiavel assistiu à desintegração da República florentina, aos sermões político-proféticos de Savonarola e, depois da morte deste, foi nomeado secretário da segunda chancelaria de Florença.

Por suas origens, Maquiavel não podia aspirar a ser diplomata, mas a partir de 1498 converte-se *de facto*, no diplomata mais hábil, sempre utilíssimo, de sua Cidade-Estado. Sabe vencer o *condottiere* Paolo Vitello, apaziguar os soldados suíços descontentes por falta de pagamento, pôr ordem na revolta cidade de Pistóia, vigiar os enviados de César Bórgia que se dispunha a conquistar boa parte da Itália e, segundo mais de um rumor, a Itália inteira. Em 1506 Maquiavel, sempre criticando as tropas mercenárias, organiza a milícia de Florença, negocia com Júlio II, viaja para a Alemanha. Em 1509 obtém o comando de sua milícia e, com ela, põe fim à guerra contra os pisanos. Porém, o êxito conduz à inveja. Maquiavel leva a cabo mais algumas missões diplomáticas: já em 1508 tinha voltado a visitar a Alemanha e a Suíça; em 1509 viaja pela segunda vez (a primeira viagem foi em 1500) para a França a fim de observar de perto as intenções de Luís XII. De regresso a Florença recomenda que os florentinos aliem-se aos franceses contra o Papa. O êxito, com efeito, conduz à inveja. Ninguém escuta Maquiavel. Os Medici regressam a Florença com os espanhóis e Maquiavel se vê obrigado a retirar-se para seus bosques onde o vimos viver instável, namorador e escritor: escreve *O Príncipe* e os *Discursos sobre a primeira década de Tito Lívio*.

1518. Regresso a Florença, onde Maquiavel trata com os humanistas reunidos no Palazzo Ruccellai; redação de *A arte da guerra*. Nesse mesmo ano propõe, com valor e audácia, desembocar na democracia. Júlio II convida-o a Roma onde faz representar, ante o gosto e a admiração do Papa, *A Mandrágora* e *Clizia*. Propõe a organização de uma milícia nacional para a defesa dos Estados papais. Mas o ano de 1526 é um ano áspero: ano do "saque de Roma". Maquiavel regressa a Florença onde a República foi vagamente restaurada. Também dessa vez não se escuta a voz de Maquiavel. No ano de 1527 esse espírito observador e esse homem ativo que Ribademeyra haverá de chamar "homem ímpio e ministro de Satanás" morre em sua cidade natal e é sepultado na Santa Croce sob protesto dos fiéis. Sua obra será posta no *Index* pelo Concílio de Trento. Como diz Emile Namier, morreu

Maquiavel, mas com sua morte nasceu algo inquietante: o maquiavelismo[1].

Maquiavel foi homem de variadíssimos interesses mesmo quando — vê-lo-emos — obcecado por uma única idéia: explicar o nascimento, o desenvolvimento e sobretudo a eficácia dos Estados mediante uma doutrina cujo fim é o poder. Poeta, Maquiavel escreve os *Capitoli*, os *Cantos de carnaval*, *O asno de ouro*, as *Decenales*: narrador — é narrador nato em toda sua obra — nas páginas magistrais de *Belfagor Arcidiavolo*; dramaturgo, traduz a *Andria* de Terêncio, hoje perdida, e escreve duas comédias de primeira ordem tanto pela picardia remanescente de Boccaccio como pela limpeza da estrutura: *A Mandrágora* e *Clizia*, que deve a Plauto apenas o primeiro ato. Escritor político, Maquiavel discorre e julga sobre "as coisas de Pisa", relata o estado "das coisas da França" e "das coisas da Alemanha" e escreve sobretudo *O Príncipe*, talvez excessivamente lido pela posteridade, os *Discursos sobre a primeira década de Tito Lívio* nunca lido como merece e *A arte da guerra*. Historiador, narra em suas *Histórias florentinas* as querelas constantes de sua cidade natal. Propósito de historiador? Mais exatamente propósito de político, já que Maquiavel quer mostrar em sua história de Florença as origens da desordem civil com a intenção de atingir o que ele mesmo batiza com o nome de "concórdia"[2].

Convém recordar que Maquiavel foi contemporâneo de Copérnico, da Vinci, Michelangelo, Vitória, Vives, Morus, os irmãos Valdés, Lutero e mesmo Calvino, quarenta anos mais jovem que Maquiavel. Convém recordar porque não existe menção alguma, na vastíssima obra de Maquiavel, às ciências naturais de sua época nem às artes que Florença explorava, nem aos humanistas. Maquiavel parece se desinteressar totalmente da arte e desconhecer as teorias políticas que em seu próprio tempo o direito dos povos defende na Espanha, França, Holanda e Inglaterra. Isso é importante, talvez sobretudo porque Maquiavel, perspicaz como poucos em seu tempo, não parece ter--se dado conta da importância das idéias religiosas — muito especialmente as da Reforma — no desenvolvimento da história. Talvez a causa dessa cegueira variada seja precisamente sua obsessiva dedicação para salvar Floren-

---

(1) A melhor biografia de Maquiavel é a de Pasquale Villari, *Niccolò Machiavelli ed i suoi tempi*, Milão. Hoepli, 1883. Um bom resumo de sua vida em Emile Namier, *Machiavel*, Paris, Presses Universitaires de France, 1961. Para uma informação de primeira mão ver: *Lettere familiari di Niccolò Machiavelli*, reunidas por Edoardo Alvisi, Florença, Sansoni, 1883.
(2) Observo que a palavra é freqüente no Renascimento e que, com outro estilo e outros fins, é a palavra preferida de Erasmo e de Vives.

ça e para sonhar — o mesmo que Guicciardini sonhava — com a possível unidade da Itália.

Bertrand Russell não estava de todo desencaminhado quando escrevia que "seria divertido e não de todo falso interpretar Maquiavel como um romântico desiludido"[3]. Só que o romantismo de Maquiavel não é exatamente o tipo de romantismo em que pensava Russell: não se trata de que ele pense num homem naturalmente bom caído, algo rousseaunianamente, no labirinto da vida social; trata-se mais de que Maquiavel, realista, sonha; sonha com o modelo de Estado que foi a República romana restando-lhe, tão-somente, a desilusão pragmática de quem tem de contentar-se com a ordem de um Príncipe mais ou menos hipotético.

Idéia do homem; idéia da história. Antes de passar a esse duplo tema — ao fim e ao cabo um e o mesmo — é preciso referir-se ao método de Maquiavel, principalmente porque estudos sobre ele são infreqüentes e um pouco parciais quando existem.

A partir do século XIII e sobretudo a partir da obra de Robert Grosseteste e de Roger Bacon, ambos preconizadores do método experimental apoiado nas matemáticas, as ciências naturais inclinam-se a empregar o método indutivo. Leonardo proclama que a experiência nunca engana; Copérnico e Kepler aplicam tanto o método experimental quanto a matemática para estudar os fatos naturais. Com o nascimento da ciência moderna, nasce também o empirismo. Maquiavel não podia escapar ao método experimental. Maquiavel foi, antes de mais nada — já o notava Butterfield — homem de observação e descrição. O que me parece muito menos exato é que Maquiavel empregasse, consciente ou inconscientemente, um método indutivo. É certo que, como observa Butterfield, Maquiavel, algumas vezes, baseando-se em exemplos do passado, chega a "vastas generalizações", isto é, procede indutivamente. Mas essas generalizações não são mostra de novidade — poderiam ser encontradas igualmente em historiadores da Grécia e principalmente em Tucídides — e menos ainda de modernidade. O método de Maquiavel parte da observação precisa, aguda e cotidiana, para depois buscar exemplos de suas idéias no passado histórico de príncipes, reis e povos. Recordemos a estrutura dos capítulos de *O Príncipe* ou dos *Discursos*. No Cap. III de *O Príncipe*, Maquiavel discute os "principados mistos". Neles, descreve as dificuldades diante das quais se encontra o príncipe. Só depois passa aos exemplos e mostra como os romanos, "entendidos nessas ques-

---

(3) RUSSELL, Bertrand. *A History of Western Philosophy.*

tões", dominaram os atenienses, como o rei Luís dominou os italianos. Esse procedimento é constante. Resumo: o método mais freqüente nas obras políticas e históricas de Maquiavel é esse: passar de uma descrição geral aos exemplos históricos que podem lhe dar caráter de verossimilhança. É inegável que o método de Maquiavel é o da observação — essa mesma observação que praticava na hospedaria de San Casciano —; é também inegável que não pratica um método indutivo, mas sim que sua via se parece muito mais com as formas narrativas de seu tempo: Montaigne, em seus ensaios comprovados pela autoridade do passado, Boccaccio ou Margarida de Navarra, para dar exemplos de moralidade picaresca.

Mas a intenção de Maquiavel não se reduz à descrição para descrição; sua obra quer ser terapêutica — como em boa parte o foi a *Política* de Aristóteles — e assim Maquiavel tem necessariamente que passar de juízos de existência a juízos de valor. Em três palavras: Maquiavel descreve, diagnostica e receita. Daí que, à maneira do método dos médicos, o de Maquiavel seja enumerativo e descritivo ou, talvez melhor, enumerativo-descritivo. Daí também que vários intérpretes modernos — principalmente Namier, seguindo de perto M. G. Prezzolini — considerem ser esse um método organicista e assim capaz de descrever um ser vivo que podemos chamar história ou sociedade.

Uma leitura atenta da obra de Maquiavel e principalmente de *O Príncipe* revela que, além da descrição, enumeração e exemplos, ele emprega, com uma freqüência que ninguém parece ter notado, os juízos disjuntivos. Valham algumas amostras do que parece ser uma constante metódica. Quando no Cap. IV de *O Príncipe* afirma-se que todos os participantes são governados, quer por um príncipe com escravos, quer por um príncipe e barões, o escritor propõe uma disjunção que leva a afirmar que os primeiros são sempre mais fortes que os segundos; quando no Cap. VII de *O Príncipe* afirma que um homem pode se converter em governante seja pelo talento ou pela fortuna e decide que em ambos os casos o príncipe pode ser forte (o primeiro é o caso de Sforza; o segundo o de César Bórgia), ele propõe novamente uma disjunção; quando no Cap. VIII de *O Príncipe* explica que se pode chegar ao poder e mantê-lo pela perversidade, ele afirma que a perversidade é ora uma crueldade que se exerce radicalmente e de uma vez por todas (segundo ele a mais eficaz), ora a crueldade que aumenta pouco a pouco. Assim também o príncipe civil o é ou pelo favor do povo ou pelo favor dos grandes; os grandes ou se unem ao destino do príncipe ou se separam dele e, quando dele se separam, o fazem quer por covardia ou por cálculo.

Não me parece obra do acaso que seja especialmente em *O Príncipe* que Maquiavel emprega esse método de disjunções e dicotomias. *O Príncipe* — livro realista e pessimista sobre o Estado real de Florença — é um livro conflituado. Não são assim os *Discursos* onde Maquiavel propõe um Estado exemplar: o Estado Republicano de Roma. A disjunção se propõe quando existe o conflito; quando o conflito não existe, basta a narração, a história comparada, a descrição. É muito exatamente nesse sentido que *O Príncipe*, quanto ao método, se aproxima de *A Mandrágora*. O drama do poder é tão conflitivo como o é, no estrato da comédia, o hedonismo do engano.

Já disse que em boa parte o método de Maquiavel é mecanicista e que o é precisamente no emprego de disjunções e dicotomias. Com efeito, se estamos descrevendo um ser vivo, teremos de matizar a descrição de tal maneira que a disjunção se torne ineficaz. Descrever uma vida é narrá-la e revivê-la na narração. Se queremos descrever a mecânica da sociedade e decidir, vez após outra, qual é o melhor dos dois estudos, não resta outro método que o da dicotomia-disjunção.

Ante uma sociedade que aparece em bloco para ser analisada e assim atingir, como o pretende Maquiavel, recomendações, conselhos e receitas, o método mais adequado consiste em decidir entre "isto" e "aquilo", entre uma possibilidade e a possibilidade oposta.

Resumo. O método de Maquiavel é, de fato, experimental, descritivo, exemplificador. Mas é, sobretudo nos casos extremos — e *O Príncipe* é um caso extremo — método dedicado a afrontar os conflitos. Em suma: é um método mais mecanicista que organicista.

Mesmo interessando-se pela geração e genealogia dos sistemas, Maquiavel se interessa sobretudo pelo mecanismo necessário que determina os próprios sistemas. Não é em vão que examina um estado constante de coisas — condição humana sempre una e a mesma — por meio da qual explica a mudança de um estado para outro. Teórico que se aproxima da análise do que Comte chamara de "estática social", Maquiavel não podia prever ainda que as civilizações fossem nascimento, isto é, "nações" no sentido dinâmico que essa palavra haverá de compreender para Vico.

Filosofia do homem? No sentido técnico e professoral que a palavra adquiriu, Maquiavel não é um filósofo. Porém, talvez não seja inútil recordar que, em suas origens helênicas, a palavra filosofia não significava técnica nem erudição; significava sabedoria vital, sabedoria de quem chega a entender como viver esta vida. A filosofia mais autêntica sempre foi e continua sendo aquela que se propõe problemas radicais: o que somos?; que fazemos nesta vida?; quais são nossas origens e nosso destino tanto histórico quanto transistórico? Pois bem, nesse sentido da palavra e por falaciosa que possa parecer a sabedoria de Maquiavel, existe nele uma filosofia que começa sendo uma pessimista sabedoria da natureza humana.

Creio que em largos traços são clássicas as três idéias sobre a natureza do homem. Para alguns — caso extremo é o do primeiro Rousseau (ou de Bernardin de Saint-Pierre) — o homem é naturalmente bom; para outros — caso extremo é o de Hobbes — o homem é mau por natureza; para outros enfim — tal é o pensamento cristão, tal o pensamento de Kant — o homem é ao mesmo tempo mau e bom; radicalmente mau mas redimível e capaz de alcançar o reino de Deus. Maquiavel pertence a este segundo grupo. Para ele a observação dos homens e a lição da história mostram que o homem é feito de tendências negativas nascidas principalmente do desejo de poder. Nesse sentido é exato dizer como Merleau-Ponty que para o homem de Maquiavel — sempre homem social — "a sociedade é o inferno". Porém, se o homem é mau, é também verdade que tende a buscar um equilíbrio que não nasce da compaixão mas sim da necessidade de se conservar e do medo; esse equilíbrio se chama segurança e se chama concórdia no fundo humanista das *Histórias florentinas*. A sociedade, por infernal que seja, pode modificar o caráter inatamente mau das pessoas que a integram. Por isso a República romana foi para Maquiavel o modelo de todo Estado e de toda Constituição.

No que se refere ao homem, Maquiavel o trata em três planos: o plano da natureza humana em geral e os planos particulares do príncipe e do povo.

Maquiavel, que já vimos empregar um método que se aplica a sistemas feitos e acabados (o que hoje se chama estruturas), pensa que os homens foram e serão sempre os mesmos. Poderão mudar as situações, poderão variar as circunstâncias; o homem — novamente visto como ser vivo cuja conduta é previsível porque segue sempre a mesma mecânica — é sempre idêntico a si. No Prólogo aos *Discursos sobre a primeira década de Tito Lívio* podemos ler: "Ao refletir sobre a marcha das coisas humanas estimo que o mundo permanece no mesmo estado em que se encontrou desde sempre; que há sempre a mesma quantidade de bem e a mesma quantidade de mal; mas que esse mal e esse bem não fazem senão percorrer os diversos lugares e os diversos países". Certamente, nesta frase introdutória, Maquiavel fala de um duplo aspecto da natureza humana: mau e bom. Mas há que notar, em primeiro lugar, que essa dualidade se refere ao homem no melhor dos estados possíveis — o Estado Romano —; há que notar que esse tipo de pensamento é muito pouco freqüente em Maquiavel. Sempre que se refere à natureza do homem — sua natureza íntima e essencial — Maquiavel o vê na espécie de malignidade.

As análises psicológicas de Maquiavel são agudas *e* pessimistas. No melhor dos casos é o homem aquele hedonista que repete o clássico *carpe diem* na primeira *Canzone* de *A Mandrágora*: "esgotemos estes poucos anos, dóceis aos desejos que nos impulsionam". Porém, o essencial é que para Maquiavel, como mais tarde para Hobbes, o homem é um ser constituído de desejos e apetites. Diz Maquiavel: "A Natureza nos criou com a faculdade de desejar tudo e a impotência de obter tudo; dessa forma nossos desejos são sempre superiores a nossos meios e disso resulta que o possuído está descontente e o possuidor pouco satisfeito" (*Discursos*, XXXVII). Não era muito distinta a teoria sustentada pelo mais ou menos hipotético Cálicles no *Górgias* de Platão. Não é outra a teoria que Hobbes haverá de sustentar no *Leviatã*, quando afirma que o Estado nasce de uma espécie de mecanismo de autodefesa ao verem os homens que a luta dos desejos e dos apetites conduz necessariamente à "guerra contra todos". Com efeito, para Maquiavel, esse desejo fundamental é o de conquista — desejo nada alheio ao que mais tarde se chamará vontade de poder. Por isso afirma categoricamente: "O desejo de conquistar é certamente algo muito comum e concordante com a natureza" (*O Príncipe*, III). Nada resume tão bem a idéia que Maquiavel fazia do homem como os atributos descritos nos quatro *Capitoli* que ele escreveu em sua juventude: O homem é um ser que, não querendo arrepender-se — o arrependimento é aqui o que será para Nietzsche nossa moral de débeis — tem de aproveitar a ocasião imediatamente; é, além disso, um ser que depende em boa parte do reino da fortuna sempre seguida do Poder, da Fama, da Riqueza e da Saúde; é um ser "ingrato feito de avareza e suspeita"; é um ser ambicioso capaz sempre de utilizar os meios como se fossem os próprios fins. Inclusive o amor se reduz a desejo e obrigação e, para dizer como Sartre, para o homem de Maquiavel "amar é o projeto de se fazer amar". Lemos nos *Discursos*: "O amor se mantém por um laço de obrigações, já que os homens são malignos" (*Discursos*, II, XVI).

Quer isto dizer que não existam virtudes para esse homem que tanto e tão ambiguamente fala de *virtú*? De fato existem e se chamam heroísmo, desprezo pela vida medíocre, sentido da justiça, afeto e gratidão apenas ocasionais, reconhecimento infreqüente. Porém, se existem — e mesmo quando existem, existem escassamente — as virtudes provêm da moderação dos vícios inatos.

No que se refere ao príncipe é sabido de sobra que o Maquiavel que sonha organizar sua Florença não o descreve nem moral nem imoral, mas sim pura e simplesmente amoral. Em poucas palavras: o príncipe deve empregar todos os meios úteis para permanecer no poder e engrandecê-lo; deve pensar que o fim de sua gestão é sempre o poder e que não importam os meios que se empreguem contanto que se realizem os fins. Maquiavel dirá certamente que mais vale um príncipe religioso que um príncipe descrente. Porém, pragmaticamente, para ele o príncipe, seja religioso ou não, deve aparentar sê-lo. Estamos no alucinante jogo das aparências. Não há por que negá-lo; Maquiavel, como todos os que consideram ser o homem um ser naturalmente mau, propõe em *O Príncipe* um estado totalitário. Maquiavel acredita que a ordem é necessária para que o Estado sobreviva sem ter em conta os meios que se devem empregar para estabelecer a ordem; para Maquiavel é de pouca importância se o príncipe é ladrão desde que não seja rapace e provoque com sua rapacidade o ódio do povo. Pragmatismo, dir-se-á. Sem dúvida. Mas um pragmatismo que, em suas últimas conseqüências reais, conduz de fato ao governo do mais Sábio sempre que aqui o Sábio não seja o filósofo generoso e amante de Platão mas sim o homem forte, inteligente e astuto.

Maquiavel sempre foi partidário do povo. Sugere sempre que o povo é melhor que o príncipe. Mas não nos deixemos enganar. Por natureza, todos os homens — príncipe ou povo — são igualmente maus; e se o povo é *de facto* melhor que o príncipe, o é porque não quer ser submetido. Quando se refere à totalidade dos homens escreve: "os homens, no fim das contas, sempre acabam por se mostrar malignos" (*O Príncipe*, XXII).

Conceito da História

Quando falamos sobre o conceito da história na obra de Maquiavel há que levar em conta que esse conceito é duplo: de um lado está a história real da Itália e de Florença; de outro a história ideal de um Estado-modelo. A única terapêutica para o primeiro é o Principado; a condição necessária do segundo, a República romana.

Em ambos os casos trata-se de um estado de coisas que obedece a leis precisas. E em Maquiavel pode-se discernir dois sentidos da palavra "estado". O primeiro é o que se refere a um estado permanente da humanidade, presidido por um complexo de leis invariáveis; o segundo é o que se refere a "estados" no sentido de momentos culturais mais ou menos passageiros. No primeiro sentido da palavra nada muda precisamente porque não muda a natureza da natureza humana; no segundo tudo é mutável segundo leis que obedecem a princípios invariáveis. O sistema geral de leis que regem a humanidade subsistirá enquanto subsista a humanidade; os sistemas particulares e eventuais que chamaremos civilizações são, para Maquiavel, como para Spengler e Valéry, mortais.

Dessa maneira, o estado geral da humanidade — as leis que nos regem a todos — apresenta-se como uma estrutura fixa graças à qual é possível explicar a mudança dos Estados, dos governos e das instituições particulares. O mundo histórico é programado mesmo quando existam muito raramente falhas na programação. Certamente, boa parte da mecânica das mudanças descritas por Maquiavel havia sido descrita por Platão no Livro VIII da *República* e por Aristóteles no Livro IV da *Política*. É certo também que Maquiavel refina e precisa os princípios esboçados pelos clássicos.

Maquiavel parte do valor intrínseco da República romana. Nela, sem abandonar a idéia-chave da eficácia que se apresenta em *O Príncipe,* ele vê uma constituição que pode alcançar alto grau de estabilidade precisamente graças ao conflito inicial entre o Senado e o povo e graças, sobretudo, ao *mecanismo regulador* que os tribunos representaram em Roma.

O Estado da República romana é praticamente perfeito. Mas, por perfeito que seja, não é permanente. A história das civilizações é cíclica e a permanência mais ou menos duradoura de um Estado depende, em última análise, do equilíbrio interno das forças que o compõem.

Seguindo os clássicos, Maquiavel distingue três tipos de Estados bons: os principados, os optimates e os governos populares. As depravações respectivas a cada um deles levam por nome tirania, opressão e licenciosidade.

Quando, em um Estado, se escolhe para governante o mais Sábio — sábio aqui nada platônico, mas sim pragmático e muitas vezes astuto — funcionam bem os principados. Porém, os filhos do príncipe zelam mais por seus próprios interesses que pelo interesse comum para se converterem em tiranos e degradar a coisa pública em "precauções" e "ofensas". Diante da anarquia produzida pelos abusos dos filhos do Príncipe nascem os Optimates — similares à timocracia platônica — governos dos melhores cujos descendentes seguem o mesmo curso depravado que antes seguiram os herdeiros do príncipe. Nascem assim novas tiranias de um pequeno grupo aos quais Maquiavel dá o nome de grupos opressores e com eles nasce a rebelião das maiorias e, em última análise, os governos democráticos que, por serem governos de muitos, são sempre de pouca duração e conduzem à licenciosidade. Afirma Maquiavel: "Esse é o círculo que estão destinados a percorrer todos os Estados" (*Discurso*, I, II).

De um lado os bons governos; de outro os governos maus. Porém, a originalidade de Maquiavel consiste em dizer que nenhum deles, nem mesmo os bons, são realmente bons, "Os que qualificamos de bons duram muito pouco. A natureza dos outros é ser *maus*" (*Discursos*, I, II). A lei circular da história preside o desenvolvimento de todas as nações porque de fato preside a própria natureza humana. Já no *Asno de Ouro* Maquiavel escrevia: "Sempre se viu, se vê e se verá que o mal sucede ao bem e o bem ao mal e sempre um será a causa do outro" (*Santo*, IV).

Pois bem, é precisamente por esse caráter instável de *todos* os governos que a República romana — desejada República florentina — resulta uma exceção mesmo que a própria República romana tenha sido mortal. A República de Roma foi boa porque combinou três tipos de governo que Maquiavel qualifica de bons, de tal forma que, principado, optimate e governo popular, funcionaram conjuntamente para um mesmo fim: a estabilidade, a ordem e a relativa liberdade, isto é, o relativo bem-estar dos cidadãos. Roma conseguiu estabelecer um sistema no qual "os três poderes se vigiavam" (*Discursos*, I, III) de tal forma que o conflito inicial entre o povo e o Senado fez nascer o terceiro poder. "Combinaram-se três poderes graças aos quais a constituição foi perfeita" (*Discursos*, I, III).

Maquiavel, como Montesquieu mais tarde, propunha uma forma de divisão do poder. Diferente de Montesquieu, essa divisão nascia do mecanismo das necessidades e não de um ideal de liberdade dos povos.

Não se insistiu o bastante sobre a relação entre Maquiavel e Aristóteles. Como Aristóteles, Maquiavel deslinda séries de situações de fato, às quais devem se adaptar povo e príncipe; como Aristóteles, ele vê também a necessidade e, em algumas ocasiões, a possibilidade de curar as sociedades enfermas; como Aristóteles, percebe também a existência de uma constituição. A grande diferença entre Aristóteles e Maquiavel reside em que aquele vê nas virtudes morais o próprio motor da história, enquanto para Maquiavel a lei, a justiça e a própria religião são resultados naturais de um estado social dado.

Tudo muda. Tudo, menos a lei da mudança; a lei que, mecanicamente, guia a história das sociedades e dos

Estados. O entusiasmo e o otimismo de Leon Battista Alberti, para quem a Fortuna depende do livre arbítrio de cada homem, são substituídos por Maquiavel por um mundo em boa parte guiado pela fatalidade e acaso. Filosofia da mudança, a filosofia de Maquiavel não pode ser uma teoria do progresso. É, sem dúvida, uma filosofia do conflito.

Conflito, dissensão: palavras que vêm se infiltrando no curso destas páginas. Mas o fato é que os conflitos particulares descritos por Maquiavel obedecem, em seu próprio ânimo, a um conflito profundo e severo do qual não se teve plena consciência: o conflito, para dizê-lo com os títulos de dois de seus livros, entre *O Príncipe* e os *Discursos sobre a primeira década de Tito Lívio*. Em *O Príncipe* — o mais lido, e eu já disse lido demais, dos livros de Maquiavel — trata-se de averiguar como podem se manter e crescer os Estados sem ter em conta valores morais, éticos ou religiosos. Nos *Discursos* trata-se de ver como se manteve de fato a República romana, ainda que também nos *Discursos* não sejam primordiais os valores éticos ou religiosos. Qual é o conflito? Parece-me que é este: o de um florentino que declara em suas *Histórias florentinas* que o que deseja é a concórdia italiana e a unidade da Itália. E o sonho desse florentino foi — mesmo que se o veja como sonho impossível — que Florença e a Itália pudessem viver como soube viver Roma. Não em vão Maquiavel propôs uma vez com valor e coragem que a ditadura florentina se transformasse paulatinamente em República.

Maquiavel quis descrever um governo de eficácia imediata (o que descreve em *O Príncipe*) e um governo desejado e querido de eficácia duradoura (o que descreve nos *Discursos*). É nesse sentido que talvez se possa dizer, como Bertrand Russell, que Maquiavel foi um romântico desiludido.

Imaginemos Maquiavel caminhando com um passo rápido e vivo como a sua figura enxuta pela atual Via Tornabuoni. O Palazzo Ruccellai, sede dos últimos humanistas, é todo volume em sua pedra firme — tem algo de montanha, algo de madeira talhada. Entra Maquiavel pelo amplo portão. Ali estão Cosimo Ruccellai, Battista della Palla, Zanobi Buondelmonti e Luigi Alamanni, ainda humanistas, mas, já na mente de Maquiavel, protagonistas de sua *Arte da guerra*. O humanismo deixou de ser humanista e Maquiavel entra sem entrar no palácio, entra sem entrar no renascimento das letras clássicas, entra sem entrar no humanismo. Mais que à Academia Maquiavel se dirige, pela atual Via Porta Rossa, à Piazza della Signoria e ao Palácio de onde sonha governar republicanamente Florença-Roma. Do Horti Cricellari só lhe restam recordações melancólicas de um "belo jardim". A caminho do Palácio, Maquiavel não leva consigo os livros de Tibulo. As letras ficaram em seu refúgio de San Casciano. Só com seus pensamentos — tenho a impressão de que Maquiavel em sua cidade de Florença era antes de mais nada um nervoso pensamento ativo — ele quase não olha os monumentos, quase não admira os edifícios. Sua vida é toda urgência. E sua urgência se chama política. A plástica de Florença se converte, no espírito de Maquiavel, em geometria do intelecto, em cálculos precisamente computados de sua cidadania que é sua política.

A importância de Maquiavel reside, muito principalmente, em seu duplo papel de fundador de um novo método para entender a história e de escritor que sabe sempre adaptar-se à exigência de seu tema: cálido em suas obras de teatro, frio e exatíssimo em *O Príncipe* ou na *Arte da guerra,* incisivo e apaixonado em seus estudos sobre Roma e suas *Histórias florentinas.* Em suma, no que toca ao nosso tema, Maquiavel inaugura uma forma de pensar que já é pensar social e início de ciência política.

Qual foi o erro? Parece-me que não se deve falar de um só erro, mas sim de dois erros. O primeiro é o que consiste em reduzir os valores éticos, morais e religiosos a aparências. Porém, a realidade da aparência é aparência de realidade. Em *O Príncipe,* descreve-se um mundo de desvalor e engano que não pode senão levar às ambigüidades da ditadura e do totalitarismo. Com efeito: se tudo é igual; se nivelamos verdade e mentira; se nivelamos meios e fins, não será verdade apenas que as civilizações são mortais mas sim que será mortal viver em uma civilização fantasmagórica e opressora.

O segundo erro de Maquiavel consiste em esquecer--se de um tipo de direito que, apesar de não se realizar sempre nos fatos, devemos postular como realíssimo: trata--se das leis não-escritas de que já falavam Hesíodo e Sófocles, das leis não-escritas que constituíram o que, nos tempos de Maquiavel, os humanistas chamaram direito dos povos; trata-se de leis que provêm de nossa natureza racional e social. O direito natural, entendido como direito do homem enquanto ser de razão, é a única garantia não só moral mas também concreta e realíssima. Por isso, opondo-se a Hobbes e Filmer, Rousseau escrevia com profunda razão: "O mais forte nunca será bastante forte para ser sempre o dono se não transformar a força em direito e a obediência em dever".

A glória de Maquiavel, agora quinhentos anos após seu nascimento, consiste em seu valor republicano. Sua tristeza — porque há tristeza naquele retrato dele pintado em 1541 por Santi di Tito — é a mesma que Kierkegaard chamou uma vez de "tristeza de hedonista". Certamente Maquiavel quis buscar a verdade mas buscou-a na aparência. Não soube, como Kierkegaard queria que se fizesse, superar o estágio do estético, o estágio da nivelação do prazer e do poder. Não soube, em uma palavra, desesperar de verdade para alcançar a verdadeira esperança.

Pico della Mirandola

> Por fim o Grande Artesão ordenou que o homem, a quem não podia dar nada que a Ele pertencesse, tivesse em comum todas as propriedades privativas das demais criaturas. Recebeu ao homem como a uma criatura de natureza indeterminada e, colocando-o no meio do universo, disse-lhe: "Nenhum lugar estabelecido, nenhuma forma que te pertença a ti somente, nem nenhuma função especial te demos, oh Adão, para que possas ter e possuir segundo teu desejo e teu juízo qualquer forma e quaisquer funções que desejes. A natureza de outras criaturas, que foi determinada, está limitada às fronteiras que lhes prescrevemos. Tu, que não estás limitado por fronteira alguma, determinarás por ti mesmo tua natureza, segundo teu livre arbítrio, em cuja mão te colocamos. Situamos-te no centro do universo para que daí vejas facilmente quanto existe no universo. Não te fizemos celestial nem terrestre, nem mortal nem imortal, de modo que, mais livremente e honradamente modelador e fazedor de ti mesmo, te formes segundo a forma que prefiras. Poderás descer até às formas mais baixas do ser, que são as feras; serás capaz de renascer a partir do juízo de tua própria alma nos seres mais altos que são divinos"... "Quem não se surpreenderá com esse camaleão que somos?; quem se admirará mais de qualquer outra coisa? Porque foi o homem que, baseando-se em sua mutabilidade e capacidade de transformar sua própria natureza, foi simbolizado, segundo Esculápio de Atenas, por Prometeu e os mistérios."

> *Oração sobre a dignidade do homem* (1486)

Queimados alguns quadros de Botticelli pelos partidários de Savonarola, restam mostras de iluminação na pintura e mostras principais de sua obra, *A primavera, O nascimento de Vênus, A Calúnia*. Há que apagar uma primeira impressão enganosa. Botticelli recorda Dali e, um pouco pela mesma razão de recordar os surrealistas, o Bosco decepciona, decepciona à primeira vista, Botticelli. Esqueçamos Dali e então surgem com toda sua verdade *A primavera* e *O nascimento de Vênus*.

Botticelli não foi discípulo dos "naturalistas" nem dos "científicos", não foi um pintor experimental como pode sê-lo Uccello em seu jogo de perspectivas. Discípulo de Fra Filippo Lippi, herdou dele a claridade e uma das características essenciais de sua obra: sua qualidade escultórica. *A Madona e o Menino* de Fra Filippo Lippi já indica, naqueles anjos preciosos e um quase que rococó, o que será estrutura em Botticelli. Resta dizer que Botticelli paganizou seu mestre para criar uma pintura nua e livre. São essenciais, tanto no *Nascimento* como na *Primavera*, as flores que se multiplicam em vestidos angélicos e nos prados de um verde vivo e escuro. Mais revelador talvez é um novo e personalíssimo sentido do nu. Que diferença entre a nudez transparente das três graças e aquela seminudez provocante, sensual e irônica de Lucas Cranach! Não há em Botticelli também a sensualidade suntuosa e abundante da *Flora* do Tiziano, nem a pudica e recatada nudez da *Vênus* de Velázquez. Com efeito: para entender Botticelli parece-me indispensável entender o sentido da escultura. Isso o aproxima de Michelangelo. Algo de marmóreo existe nessa pintura, na qual, como no *Davi*, o mármore se converte mais em pele transparente que em carne. Esculturais são o ser alado que sopra ventos visíveis, a concha construída de onde surgiu Vênus, as árvores de tronco perene, quase colunas. A grande diferença entre Michelangelo pintor e Botticelli não reside em que as obras de ambos sejam, como o são, escultóricas. Reside mais no sentido de sinal contrário que um e outro pintor dão ao volume. O volume de Michelangelo salta das paredes como se para nos saltar em cima num vôo de pedra feito de cor e forma. O volume de Botticelli nos interioriza às águas de ondular florido e algo rococó, às flores, ao olhar sonolento e um pouco vazio de *Vênus*. Botticelli não é um pintor da luz; é, mais precisamente, um pintor da transparência que nos atrai, como a gaze colada aos corpos das três graças, até superfícies que são pele de mulher, pele da roupa, pele da paisagem, pele do prado juncado de florzinhas esmaltadas. Aqui não há segredos: tudo é evidente como uma idéia platônica.

> Quando morreu seu cachorro favorito, escreveu para ele uma oração fúnebre.
>
> LEON BATTISTA ALBERTI, *Opere volgari*
>
> Todos se queixam do ruído; com as janelas abertas, ninguém pode dormir.
>
> MARY MCCARTHY, *The stones of Florence*

Nesta cidade severa, alguns sinais de insensatez. Insensatez a de Alberti para nós modernos; mas insensatez que se compreende se se pensa que Alberti tentava criar em si mesmo o *uomo universale*. Alberti arquiteto, matemático, bom músico e discreto em quantos ofícios multíplices praticava, tem algo da universal insensatez dos homens. A insensatez das "janelas abertas" e do "ruído" é um fenômeno moderno: deve-se ao turismo invasor e fotográfico e deve-se à loucura do tráfego florentino. Enquanto nos mantivermos entre as faixas brancas para pedestres os carros apenas ameaçam, chiam e freiam. Porém não saia o transeunte das faixas que lhe são próprias e que formam seu pequeno reino de rua. Há em Florença, como há em Roma, perigo de morte. Os cafés da Piazza della Signoria se tranqüilizam, em outubro, às seis da tarde. Pela Via Tornabuoni, o luxo dos artefatos de couro e a serenidade de antiquários e artesãos. Via Dante está deserta e guarda silêncio para que não estorvemos caminhos amorosos. Via Porta Rossa nos leva entre um florilégio de sendas e *gelattos* até o Mercado da Palha. Os palácios continuam repousadamente sua vida: o Palazzo Strozzi com sua parede rochosa de grandes pedras salientes, o Palazzo Pitti, com os jardins ascendentes do Boboli, o Bargello, com o pátio mais senhorial que existe na Florença dos senhores. Também com olhar sereno caminham pelas ruas as florentinas belíssimas, algumas delas parte da plástica antiga dos grandes mestres da pintura. O Arno também repousa a um passo da igreja de Santa Trinità. Dia de igrejas: Santa Trinità, Santa Maria Novella, Orsanmichelle, a Santa Croce.

Mais que arquitetura, Santa Trinità é ambiente. A fachada de Buontalenti é digna, mas nada mais. Seu renascer já é tardio comparado ao de Brunelleschi e é pouco imaginativo comparado ao de Alberti. Os muros de Guirlandaio são apenas visíveis na penumbra e na névoa que o tempo pôs neles. Lucca della Robbia poliu nobremente a tumba do Bispo Federoghi. Mas nada de tudo isso enche o ambiente. Aqui parece que a verdadeira mestra é a sombra iluminada dos severos fogos triangulares projetados por velas sempre acesas. São oito da manhã e a luz é da tarde; são duas da tarde e anoitece. Santa Trinità, lar de recolhimento e, como poucos em Florença, de oração, é a própria negação das pretensões que fizeram Cosimo de Medici levantar a altiva estátua sobre pedestal romano.

Por outro lado, é arquitetura, principalmente, Santa Maria Novella e o é também o Ospedale degli Innocenti que a olha face a face. A igreja está fechada para restauração dos murais. Restam a vista da fachada e o claustro. Este é de feitio bonito e se eleva para os picos dos ciprestes interiores, para o cume do Campanile. A fachada é outra coisa. Em poucas obras de arte se vê, como aqui, a presença de um arquiteto: Alberti. Como a Santa Croce, Santa Maria Novella é protótipo do gótico florentino. Gótico sim, mas apenas; um gótico que o verde dos pilares, o branco e preto rajado das paredes laterais alegra. Esse gótico florentino se lança às vezes a experiências quase barrocas. Mas é graças a Alberti que essa estrutura gótica, bonita, desenhada, tranqüila, alegre, adquire sua dignidade presente. Literalmente coroada por Alberti, rematada no cume pelo triângulo dos clássicos, assinada pela mão de arquiteto que foi também matemático, Santa Maria Novella é o protótipo da união dos opostos. Valeria mais dizer que aqui os opostos não se opõem e que transcorrem para novos estilos que os complementam. Em outras palavras: Alberti pôde terminar, no sentido mais real da palavra, a estrutura de Santa Maria Novella porque soube levá-la a suas próprias e últimas conseqüências. Somente mais tarde e em Roma, Borromini saberá seguir um espaço já criado séculos antes para fazê-lo seqüência verdadeira.

Também grande arquiteto foi Brunelleschi. Com efeito, o mesmo que construiu a abóbada do Duomo muito antes de que se construísse a abóbada de São Pedro em Roma. Não sei se o Hospital dos Inocentes é ou não o primeiro edifício do Renascimento. É um dos muito primeiros, sem dúvida, quanto à sua qualidade. As amplas curvas dos portais, sustentadas por pilares clássicos, breves e esbeltos, dão altura a esse edifício de um só andar. Dão-lhe colorido os medalhões de Andrea della Robbia arrumados em fila precisa sobre cada uma das colunas. Hospital dos Inocentes iluminado pela luz dos medalhões. No que toca a Brunelleschi — o da abóbada, o do Hospital, o de Santo Spirito — há que relembrar o que dele dizia o arquiteto Michelangelo ao projetar o Duomo de São Pedro:

> Io faro la sorella
> Già piu gran ma non piu bella.

Comenta Mary McCarthy: "A arquitetura de Michelangelo está sempre consciente de Brunelleschi, já há muito tempo morto quando Michelangelo nasceu. Brunelleschi a quem não podia sobrepujar mas sim exceder: sim, maior, mas não mais bela".

Orsanmichelle, Horto de São Miguel. Sua fachada — relevos e fachadas de Donatello, Michellozzo, Verrochio — remete a um dos museus mais extraordinários do mundo: o Bargello, onde a melhor arquitetura de Florença guarda severamente boa parte de sua melhor escultura.

Parênteses: Borromini. Roma.

Que é um espaço? Geometricamente um nada; vitalmente nosso corpo; arquitetonicamente a criação de um âmbito corpóreo para que nele nosso corpo adquira sentido.

Falo da palavra. O espaço, em arquitetura, é a letra do espírito.

Só quero explicar-me um pouco: da mesma maneira que teu olhar, teu gesto traduz, ao pé da letra, teu espírito, o espaço arquitetônico traduz, ao pé da letra, o olhar, o espírito de uma época.

Falo também do silêncio. O espaço, em arquitetura, é a pausa expressiva que se filtra no interstício das palavras. Como no poema.

Só quero explicar-me um pouco: da mesma maneira que os silêncios, as pausas expressam melhor as notas e as palavras para nos sugerir o que as palavras diretamente não dizem; o espaço de uma igreja, uma casa, uma capela, uma cidade, aspira encher-nos da mesma comunhão cálida, íntima, vívida, com que nos pode encher o silêncio expressivo.

Por isso o barroco, e aqui agora, San Carlino, levou-me a falar da palavra e de seu complemento: o silêncio.

Ao se referir aos planejadores barrocos (Cervadoni, Inigo, Jones, Bernini) diz Lewis Mumford: "A nova cidade era, em realidade, um ensaio de desenho cênico formal". A nova cidade, a cidade barroca, era feita para o prazer. Assim será em Bernini — demasiado falado para permitir silêncios —; não é a íntima mutabilidade falada e silenciosa — íntima — de Borromini.

Por isso San Carlino não obedece ao "embelezamento que acompanha modos e maneiras de palácio".

San Carlino é uma Igreja. Não um palácio. Um silêncio e uma palavra: uma comunidade para dizê-lo com palavras que apenas a experiência vivida do lugar pode colocar em seu nível significativo.

Como é San Carlino? Abundam as descrições. As ogivas, que se entrelaçam para culminar no domo central, criam movimento, um movimento que se volta sobre si mesmo para envolver-nos na sensação de íntima presença.

O sol que transluz em San Carlino é interior. Sua luz nasce de dentro. Nada mais vivo e móvel que estar no centro claro-escuro da luz.

Mais que a suntuosidade, o barroco é sentimento vivo

e vivido da intimidade. E nisso San Carlino me recorda sempre essa intimidade — sim, mais despojada, mais fixa, mais pedra — que foi o romântico em terras catalãs.

Florença é úmida. De umidade petrificada parece estar construído o Bargello, antiga residência do capitão da Aldeia, antigo palácio da Podestà e dos Juízes da Rota. O exterior ameiado tem seteiras de fortaleza. Se Florença é severa, o Bargello é a quintessência da severidade. Entremos no pátio. É o mais bonito dos pátios de Florença, onde abundam os pátios severíssimos. A escada exterior ascende, com uma virada em ângulo reto, cheia de antiga majestade. Únicas mostras de alegria, os múltiplos escudos de pedra enquadrados simetricamente nos altos muros deste pátio. Hoje, o Bargello é o museu onde estão reunidos os grandes escultores da Florença medieval e renascente: Donatello, Verrocchio, Pollaiuolo, Cellini, e novamente Michelangelo. A essa série deve-se acrescentar a dos três della Robbia, mestres da construção de medalhões e relevos em terracota com porcelana. Os melhores, Lucca e Andrea; o menos interessante, Giovanni, já cheio de coloridos que seus antecessores souberam evitar.

Pesa, na "Madona" de Paolo di Giovanni, a massa que parece romântica — apesar de a estátua ser do século XIII ou XIV. Existe nela, entretanto, três sinais não tanto de gravidade, mas de graça. Celeste madona artesanal! Graça da mão estendida, de dedos longos e finíssimos, que sustenta, branca e pura, o Menino Santo; graça do Menino, de pé, sobre o joelho da Mãe com seus cachos soltos, sua mão em bênção ainda com certa falta de garbo infantil. Graça do rosto da Madona, mas uma graça aqui já transformada em santidade. Não é esta uma santidade ausente, uma santidade dominada por halos externos à terra. A "Virgem" de Paolo di Giovanni é uma mulher que se parece com as florentinas de hoje, suas contemporâneas. Sua divindade, um pouco como na obra de Fra Angélico, provém aqui do amor com que o escultor soube, artesanalmente, entender a essência terrena da mulher escolhida.

De um dos corredores aparece a obra de Donatello. Ver agora um Donatello depois de ter visto Paolo di Giovanni é sair da Idade Média. Bruscamente Donatello está mais perto de Michelangelo que do artesanato. Não se modifica de todo a primeira impressão: Donatello continua arraigado à Idade Média.

Narciso e Jacinto são duas das mais ágeis interpretações que Cellini soube dar da mitologia. O é também, no Bargello, o baixo-relevo em que Perseu, enamorado, liberta Andrômeda de suas cadeias. Porém, o nome de

Cellini nos faz sair de Bargello uns momentos para voltar à Loggia degli Lanzi. Ali o seu Perseu.

Diz a lenda que Perseu prometeu presentear ao rei a cabeça da Medusa, única mortal entre as Górgonas. Diz a história que Cellini era filho de pai músico e que o pai queria dedicá-lo à mesma arte. Cellini ourives, Cellini escultor, deve ser concebido musical. Suas esculturas têm a leveza da melodia e a disciplina da matemática que sublinha toda boa partitura. Perseu, o verde Perseu, ergue-se, não sem brutalidade na expressão, com a cabeça da Medusa em uma de suas mãos e as escamas monstruosas do corpo da Górgona mortal a seus pés. A estátua é poderosa e leve. Seu refinamento a relaciona com o Jacinto e o Narciso. Mas há no "Perseu" de Cellini uma violência que poucas vezes encontramos na escultura florentina. O próprio Cellini conta, em sua *Autobiografia*, os trabalhos quase míticos que teve que enfrentar para levar a bom termo a sua obra. Há algo de mitológico dentro da cena nestas palavras: " 'Olha, Benvenuto — diz Alessandro Lastricati, um de seus ajudantes — estás levando a cabo uma empresa que as leis da arte não sancionaram e que não pode ter êxito'. Voltei-me para ele com tal fúria e tão cheio de malícia que ele e todos os demais exclamaram em coro: 'Então dá-nos as ordens. Obedeceremos às mais mínimas delas' ". Feito contra o destino, construído contra as regras da arte, o Perseu se ergue, espírito dionisíaco apesar de suas aparências apolíneas. Dionísio e Apolo: não foi Dionísio o inspirador dessa labareda verde feita violência intensa que foi esse Perseu? Não foi Apolo quem convenceu a Jacinto, o "Jacinto" do Bargello, em uma flor que perpetuasse a memória do amigo morto? Cellini, o ourives, o músico capaz de vencer o metal, fica como mostra de uma arte menos profunda que a de Donatello, menos poderosa que a de Michelangelo, menos séria que a de Verrocchio ou do Pollaiuolo, mas intenso e aéreo. Fica, guerreiro e solitário em sua vida e na história, como o escultor da mitologia, de uma mitologia na qual entrou também seu nome de Benvenuto.

Não há nenhum escritor que, como Donatello, nos faça saber que existiu uma época na qual o Renascimento se convertia em mundo moderno. Essa impressão, não tanto graças à terrível e ameaçadora "Maria Madalena" — homem, mulher, livre monstro enrugado e velho, sofrido e penitente no Batistério — mas sim graças, sobretudo, a duas obras incomparáveis: o duplo "Davi" e o São João Batista, talvez esculpido em colaboração com Desidério de Settignano. "Davi", espada na mão, olha vencedor a cabeça de "Golias". Este é o primeiro nu escultórico do Renascimento. Feminina é a queda do longo cabelo cacheado, feminina a perna curvada. Mulher ou anjo? Talvez o que se propôs Donatello tenha sido, principalmente, deixar-nos um anjo acabado. Mas este — e aqui a proximidade com Michelangelo — um anjo pagão. Pouco resta, senão a história, dos versículos bíblicos. O que acontece é que Donatello, cavalgando entre duas épocas, inclina-se mais geralmente para o sagrado que para o profano. Escreve Ludwig Goldscheider que Donatello foi "antes de tudo o escultor do delicado e gozoso". É difícil dizer o que domina em um escultor. Mas esse "Davi", sobretudo nesse "Davi" de bronze, domina um surpreendente gozo pela matéria polida e, em seu volátil peso carnal, a dolorosa glória de viver.

Em seu perene exílio importava a Dante construir um mundo: fê-lo, império universal do Rei e do Papa, em *De Monarchia*; fê-lo hierárquico nos ciclos superpostos presididos por "L'Amor che move il sol e l'altre stelle", na *Divina Comédia*. Esse duplo desejo de harmonia, que Dante encontrava no amor e no Amor, levava-o a condenar as lutas intestinas da Itália e Florença. Levava-o igualmente a pôr nos lábios de Beatriz a descrição de uma Florença dourada, precisa e quase paraíso e modelo da ordem que não encontrava entre os florentinos seus contemporâneos. No canto XV do *Paraíso* diz Beatriz:

> Fiorenza dentro dalla cerchia antica,
> Ond'ella toglie ancora e terza e nona,
> Si stava in pace, sobria e pudica.

É irreal essa Florença que Dante descreveu, com boa etimologia, como lugar das flores? Equivaleria dizer que é irreal seu amor por Beatriz, aquela que pronuncia o elogio da Florença antiga. Desse amor resta a mais bela poesia amorosa ao divino e ao humano que jamais se escreveu. Recordemos o amor que Dante idealizou menino de nove anos e adolescente de dezoito em Beatriz:

> Oltre la sfera che piu larga gira
> Passa'l sospiro ch'esce del mio core;
> Inteligenza nova, che l'Amore
> Piangendo mette en lui, pur su lo tira.

COLEÇÃO DEBATES

1. *A Personagem de Ficção*, A. Rosenfeld, A. Cândido, Décio de A. Prado, Paulo Emílio S. Gomes.
2. *Informação. Linguagem. Comunicação*, Décio Pignatari.
3. *O Balanço da Bossa*, Augusto de Campos.
4. *Obra Aberta*, Umberto Eco.
5. *Sexo e Temperamento*, Margaret Mead.
6. *Fim do Povo Judeu?*, Georges Friedmann.
7. *Texto/Contexto*, Anatol Rosenfeld.
8. *O Sentido e a Máscara*, Gerd A. Bornheim.
9. *Problemas de Física Moderna*, W. Heisenberg, E. Schroedinger, Max Born, Pierre Auger.
10. *Distúrbios Emocionais e Anti-Semitismo*. N. W. Ackerman e M. Jahoda.
11. *Barroco Mineiro*, Lourival Gomes Machado.
12. *Kafka: pró e contra*, Günther Anders.
13. *Nova História e Novo Mundo*, Frédéric Mauro.

14. *As Estruturas Narrativas*, Tzvetan Todorov.
15. *Sociologia do Esporte*, Georges Magnane.
16. *A Arte no Horizonte do Provável*, Haroldo de Campos.
17. *O Dorso do Tigre*, Benedito Nunes.
18. *Quadro da Arquitetura no Brasil*, Nestor Goulart Reis Filho.
19. *Apocalípticos e Integrados*, Umberto Eco.
20. *Babel & Antibabel*, Paulo Rónai.
21. *Planejamento no Brasil*, Betty Mindlin Lafer.
22. *Lingüística. Poética. Cinema*, Roman Jakobson.
23. *LSD*, John Cashman.
24. *Crítica e Verdade*, Roland Barthes.
25. *Raça e Ciência I*, Juan Comas e outros
26. *Shazam!*, Álvaro de Moya.
27. *As Artes Plásticas na Semana de 22*, Aracy Amaral.
28. *História e Ideologia*, Francisco Iglésias.
29. *Peru: Da Oligarquia Econômica à Militar*, Arnaldo Pedroso D'Horta.
30. *Pequena Estética*, Max Bense.
31. *O Socialismo Utópico*, Martin Buber.
32. *A Tragédia Grega*, Albin Lesky.
33. *Filosofia em Nova Chave*, Susanne K. Langer.
34. *Tradição, Ciência do Povo*, Luís da Câmara Cascudo.
35. *O Lúdico e as Projeções do Mundo Barroco*, Affonso Ávila.
36. *Sartre*, Gerd A. Bornheim.
37. *Planejamento Urbano*, Le Corbusier.
38. *A Religião e o Surgimento do Capitalismo*, R. H. Tawney.
39. *A Poética de Maiakóvski*, Bóris Schnaiderman.
40. *O Visível e o Invisível*, Merleau-Ponty.
41. *A Multidão Solitária*, David Riesman.
42. *Maiakóvski e o Teatro de Vanguarda*, A. M. Ripellino.
43. *A Grande Esperança do Século XX*, J. Fourastié.
44. *Contracomunicação*, Décio Pignatari.
45. *Unissexo*, Charles Winick.
46. *A Arte de Agora, Agora*, Herbert Read.
47. *Bauhaus — Novarquitetura*, Walter Gropius.
48. *Signos em Rotação*, Octavio Paz.
49. *A Escritura e a Diferença*, Jacques Derrida.
50. *Linguagem e Mito*, Ernst Cassirer.
51. *As Formas do Falso*, Walnice Galvão.
52. *Mito e Realidade*, Mircea Eliade.
53. *O Trabalho em Migalhas*, Georges Friedmann.
54. *A Signíficação no Cinema*, Christian Metz.
55. *A Música Hoje*, Pierre Boulez.
56. *Raça e Ciência II*, L. C. Dunn e outros.
57. *Figuras*, Gérard Genette.
58. *Rumos de uma Cultura Tecnológica*, A. Moles.
59. *A Linguagem do Espaço e do Tempo*, Hugh Lacey.
60. *Formalismo e Futurismo*, Krystyna Pomorska.
61. *O Crisântemo e a Espada*, Ruth Benedict.
62. *Estética e História*, Bernard Berenson.
63. *Morada Paulista*, Luís Saia.
64. *Entre o Passado e o Futuro*, Hannah Arendt.
65. *Política Científica*, Darcy M. de Almeida e outros.

66. *A Noite da Madrinha*, Sergio Miceli.
67. *1822: Dimensões*, Carlos Guilherme Mota e outros.
68. *O Kitsch*, Abraham Moles.
69. *Estética e Filosofia*, Mikel Dufrenne.
70. *Sistema dos Objetos*, Jean Baudrillard.
71. *A Arte na Era da Máquina*, Maxwell Fry.
72. *Teoria e Realidade*, Mario Bunge.
73. *A Nova Arte*, Gregory Battcock.
74. *O Cartaz*, Abraham Moles.
75. *A Prova de Goedel*, Ernest Nagel e James R. Newman.
76. *Psiquiatria e Antipsiquiatria*, David Cooper.
77. *A Caminho da Cidade*, Eunice Ribeiro Durhan.
78. *O Escorpião Encalacrado*, Davi Arrigucci Júnior.
79. *O Caminho Crítico*, Northrop Frye.
80. *Economia Colonial*, J. R. Amaral Lapa.
81. *Falência da Crítica*, Leyla Perrone-Moisés.
82. *Lazer e Cultura Popular*, Joffre Dumazedier.
83. *Os Signos e a Crítica*, Cesare Segre.
84. *Introdução à Semanálise*, Julia Kristeva.
85. *Crises da República*, Hannah Arendt.
86. *Fórmula e Fábula*, Willi Bolle.
87. *Saída, Voz e Lealdade*, Albert Hirschman.
88. *Repensando a Antropologia*, E. R. Leach.
89. *Fenomenologia e Estruturalismo*, Andrea Bonomi.
90. *Limites do Crescimento*, Donella H. Meadows e outros.
91. *Manicômios, Prisões e Conventos*, Erving Goffman.
92. *Maneirismo: O Mundo como Labirinto*, Gustav R. Hocke.
93. *Semiótica e Literatura*, Décio Pignatari.
94. *Cozinhas, etc.*, Carlos A. C. Lemos.
95. *As Religiões dos Oprimidos*, Vittorio Lanternari.
96. *Os Três Estabelecimentos Humanos*, Le Corbusier.
97. *As Palavras sob as Palavras*, Jean Starobinski.
98. *Introdução à Literatura Fantástica*, Tzvetan Todorov.
99. *O Significado nas Artes Visuais*, Erwin Panofsky.
100. *Vila Rica*, Sylvio de Vasconcellos.
101. *Tributação Indireta nas Economias em Desenvolvimento*, John F. Due.
102. *Metáfora e Montagem*, Modesto Carone Netto.
103. *Repertório*, Michel Butor.
104. *Valise de Cronópio*, Julio Cortázar.
105. *A Metáfora Crítica*, João Alexandre Barbosa.
106. *Mundo, Homem, Arte em Crise*, Mário Pedrosa.
107. *Ensaios Críticos e Filosóficos*, Ramón Xirau.
108. *Do Brasil à América*, Frédéric Mauro.
109. *O Jazz*, Joachim E. Berendt.
110. *Um Livro 100% Brasileiro*, Blaise Cendrars.

OS SIGNOS E A CRÍTICA
    Cesare Segre (col. Debates)
REPERTÓRIO
    Michel Butor (col. Debates)
TEORIA E REALIDADE
    Mario Bunge (col. Debates)

a exploração do real como: analogia
simulação
representação
simbolização
invenção

Crítica Literária / Filosofia / Filosofia da Ciência